JN187583

政宗の陰謀

——支倉常長使節、ヨーロッパ渡航の真相——

まえがき

十七世紀初頭の慶長・元和年間に、仙台藩主伊達政宗《だてまさむね》は、スペイン人のフランシスコ修道会宣教師フライ・ルイス・ソテロ（一五七四〜一六二四）と家臣支倉六右衛門《はせくらろくえもん》（通称常長《つねなが》、一五七一〜一六二二）を大使として、濃毘数般《ノビスパン》＝ヌエバ・エスパニア＝メキシコ（以下「ヌエバ・エスパニア」と表記する）、そしてヨーロッパへ派遣した。この偉大な史実は、「慶長遣欧使節」の名称で知られ、天正年間に九州の肥前島原の有馬鎮貴《ありましげたか》（後の晴信《はるのぶ》）、豊後の大友宗麟《おおともそうりん》、肥前大村の大村純忠《おおむらすみただ》三大名がローマへ派遣した「天正遣欧少年使節」と並び、日本の対外交渉史とカトリック史上の画期的な事績として、内外の研究書によって広く世に知れわたっている。

日本史と世界史を融合した「慶長遣欧使節」の事績は、二十一世紀に入ってのグローバル社会の到来で、日本を取り巻く国際情勢を理解するうえで重要性が増している。しかし、慶長遣欧使節団の派遣に関して二つの大きな疑問点が指摘される。そのうちの一つが、徳川幕府のキリシタン禁令下、異教徒であった伊達政宗がローマ教皇のもとへ公然と当該使節団を派遣し、「服従と忠誠」を誓った点である。

多くの史家たちは、使節の派遣目的は、①幕府が果たし得なかった、当時スペインの植民地であったヌエバ・エスパニアとの直接通商交易を開始するための外交交渉、②ヌエバ・エスパニアとの貿易実現をはかるため、仙台領内でのキリスト教の布教に必要な宣教師の派遣要請であった、と主張し、わが国においては明治時代以来、これを通説と見なしてきた。ところが、半世紀にわたって、著者が、メキシコをはじめスペインやイタリアの文書館で直接渉猟した、おびただしい数のロマンス語の原文書を精査し解読した結果、宣教師の派遣要請は、ヌエバ・エスパニアとの貿易実現のための方便だった、などというようなものではなかった。

もう一つの疑問点は、慶長十七（一六一二）年六月付で徳川家康が、濃毘数般（ヌエバ・エスパニア）副王宛ての外交文書で、交易は許すがキリスト教の布教は許されぬという「政教分離主義」の政策を正式に表明したが、これに対して政宗は公然と違反し、スペイン側の「商教一致主義」政策を受け入れ、領内でのキリシタンの布教を許可し、スペイン国王とローマ教皇に対して宣教師の派遣要請を行ったことである。これはキリスト教を抱きこんだ国づくりを考える政宗の、家康への挑戦であった。

従来の通説には、このほかにも疑問点や矛盾点が多く散見される。詳細については後述するが、その主なものは次のとおりである。

⑴使節派遣時に幕府はすでにキリシタン禁令政策を打ち出しており、幕府が公然と政宗の宣教師の派遣要請を認めるはずがなかった。

⑵文倉がヌエバ・エスパニア副王に提議した政宗の「申合条々《もうしあわせじょうじょう》」（二国間の平和条約の締結）の内容が、幕府のキリシタン禁教方針やオランダ・イギリスとの関係を重視する対外政策に真っ向から反するものであり、幕府が公に認証できるものではなかった。

(3)使節一行がスペイン滞在中の一六一六年九月、二代将軍秀忠は、「大名領内に一人のキリシタンもいてはならぬ」と命じるなど、キリシタン禁教を厳密に施行したにもかかわらず、政宗は最後まで支倉らに帰国命令を出さなかった。

(4)一六一五年十一月十五日に、日本のキリスト教徒の代表として「訪欧使節団」の首席随行員に加わったトマス・滝野嘉兵衛《たきのかへえ》（または加兵衛）、ペトロ・伊丹宋味《いたみそうみ》、フランシスコ・野間半兵衛《のまはんべえ》の三名のキリシタンがルイス・ソテロ神父につき添われローマ教皇に謁見した際に奉呈した、「日本のキリスト教徒の連署状（書簡）」（一六一三年十月一日付）と「畿内キリシタン連署状」（一六一三年九月二十九日付、ヴァティカン機密文書館所蔵）のどちらにも、「**私たちは彼（政宗）が将来できるだけ早く支配者（将軍）になることを期待しておりますし……、**」とか、「奥州の屋形《やかた》伊達政宗は**日本にて一番の大名、知恵深き人にて御座候えば、日本の主（将軍）になり申すとの取沙汰御座候**」というように、日本中のキリシタンが、政宗が将軍になってキリシタンを保護してくれることを期待していた内容の記述があるなど、二つとも従来の通説以外の使節派遣の目的があったことを裏づけている。

(5)本書第六章でも詳しく述べるが、使節一行の受け入れ国スペイン側では、政宗の「訪欧使節団」が何の目的でスペインを訪問したのか最後までその理由が分からず、通商交易の開始を目的にした使節団ではなく、最初から最後まで「宗教使節団」として扱った。インディアス顧問会議（スペイン国王の諮問機関）は、一六一五年一月十六日付で「奥州国王の使節の処遇について」として、次のように国王に奏議文を奉呈している。

「(支倉を派遣した)奥州の国王(伊達政宗)は日本皇帝(将軍)の家臣である殿たちの一人である以上、イタリアの下級諸侯から派遣されて来た者と同様に待遇してよい。なぜならば、**今日まで、奥州王国の書状は使節からもフライ・ルイス・ソテロからも当顧問会議に提出されていないし、使命の内容やその動機を示す何らかの文書も提出されていないので、**前述したように待遇してよいと考えます」(A.G.I., Filipinas, 1, 4n. 227)

と、使節一行がスペイン政府に対し、政宗の使節派遣の目的の内容を記述した書状を提出しなかったことが分かる。仮に使節一行がスペイン到着後に「メキシコとの直接通商交易開始」の外交交渉が主目的であることを表明していたなら、このように冷遇されることはなかったのである。

一方、ヨーロッパにおいては、デチオ・コルテシ・ファブリアノが『イタリア通信』(一九一八年九月十二日付)の論文で、「オランダ人と対抗するためスペインと同盟を確立することにあった」と指摘しており、また、フランシスコ会士カンディノ・マリオッティの、「相互通商条約の足がかりをつくるために、スペイン国王と同盟を結ぶことにあった」という学説もあるが、どちらも使節派遣目的の真相を究める客観的な論拠に乏しいものである。

結論的に言えば、幕府が政宗の「訪墨(南蛮)使節団」の派遣を容認し、船手奉行《ふなてぶぎょう》向井《むかい》将監《しょうげん》と相談させ、船大工を派遣して五百トンの使節船《サン・ファン・バウティスタ号》の建造を許し、ヌエバ・エスパニア副王へ家康からの進物を持参させたのは、ヌエバ・エスパニア副王の答礼大使セバスティアン・ビスカイノ司令官一行四十人余りをヌエバ・エスパニアのアカプルコ港へ帰還させるためであった。

そしてこの「訪墨（南蛮）使節団」に便乗する形で、伊達政宗が極秘裏にルイス・ソテロと支倉六右衛門の二人を大使に選び、ソテロに呼応した日本のキリスト教徒の代表者（滝野嘉兵衛、伊丹宋味、野間半兵衛）らを首席随行員として加えて「訪欧使節団」を編成し、スペイン国王とローマ教皇のもとに派遣したのである。

「訪欧使節団」派遣の真の目的については、政宗自身が三十万人以上の日本中のキリシタンと手を結び、領国内に「キリシタン帝国」を築いて日本のキリシタンの指導者となり、ローマ教皇に「服従と忠誠」を誓って、スペイン軍の軍事支援を受けて討幕し、あわよくば将軍職に就くことであったと推察される。

ところで、「訪欧使節団」に関する国内資料は皆無である。これまではこの使節関連の文書は、キリシタン禁教令の影響ですべて処分されたという見方が一般的であった。だが、それだけではなく「訪欧使節団」派遣の裏に、表沙汰になれば伊達藩の存亡の危機にかかわる機密事項が隠されていたため、関係文書をすべて処分したと考えるのが妥当である。

従来、この使節に関する研究は、東京帝国大学教授・村上直次郎博士が編纂した『大日本史料』第十二編之十二（明治四十二年、東京帝国大学史料編纂掛）に依拠していた。まともな辞書もなかった明治時代に、原史料から翻刻された文書を邦訳するには想像を絶するご苦労があったと推察され、その偉大な業績に敬意を表すべきである。しかしながら、学問の時勢の進歩から、この完全に近い『大日本史料』にかなり多くの遺漏の文書があり、ロマンス語の翻刻・邦訳にも、残念ながら誤写や誤訳の字句が多く散見される。そのため『大日本史料』第十二編之十二を底本として書かれた著作物（『仙台市史・特別編8・慶長遣欧使節』を含む）には誤謬《ごびゅう》個所が非常に多く、真実とはかけ離れた史実が定着してしまっている。

このような事情により、この使節の真相を克明に究めるためには、スペイン、イタリア（ヴァティカン市国）、メキシコ、フランスなどの文書館や図書館に所蔵されている海外一次史料に、すべて依拠せざるを得ないのである。

歴史研究でもっとも大事なことは「真実の追究」である。著者は、「慶長遣欧使節」に関する事実を知ること、同時に、そこから見えてくる歴史の中の真実を正しく認識することの重要性を確認することがもっとも大事なことと思う。そして何が大事な事実なのか、多様な慶長遣欧使節史の動きを相互に評価し得る広い視野を確立するために、ライフワークとして、半世紀以上にわたって研究を続けてきたのである。幸いにも、半世紀以上の研鑽《けんさん》の積み重ねによって、これまでの原理で説明できなかった多くの疑問点に直面した。しかし、そのときは常に原点に戻って考え直し、新しい原理を用いた使節派遣の目的に関する新しい学説を大胆に提示し、それを可能な限り丹念に検証した。その結果、通説と理解されていた使節派遣説を覆すことができたのである。仮説をつくっては壊すというプロセスを悲観に耐えながら繰り返した。

「歴史的真実」というのは、史料の語る事実に謙虚に耳を傾けているときに分かるのである。もちろん絶対的な史料というものが存在しているわけではない。海外の文書館や図書館で渉猟した原史料は、どのような歴史的事実を明らかにしてくれるのか、これを発掘し、検討することこそが歴史学者の使命であると思う。

そこで著者は、『大日本史料』に収載されている主な文書を、海外の文書館で渉猟した原史料と突き合わせて、転写漏れの補充と誤訳の訂正を行い、また新たに発見した文書の翻刻・翻訳を加えて『支倉六右衛門常長「慶長遣欧使節」関係史料集成』第1巻および第2巻（雄山閣刊）を上梓した。現在、第3巻目を執筆中である。

本書ではまず、伊達政宗がルイス・ソテロ神父と支倉六右衛門常長の二人の大使をヨーロッパに派遣するまでの背景と経緯について詳しく解説し、次に、本書の中核ともいえる伊達藩と幕府の合同で編成された「訪墨使節団」に便乗し、キリシタン禁令下にスペイン国王とローマ教皇のもとに派遣された伊達藩単独の「訪欧使節団」の真の派遣目的や、七年間におよぶ支倉ら「使節団」一行の過酷な旅の様子などについて、著者が半世紀以上の歳月をかけて海外で自ら渉猟したロマンス語で書かれた原史料そのものに語らせることで描写する。

著者識す

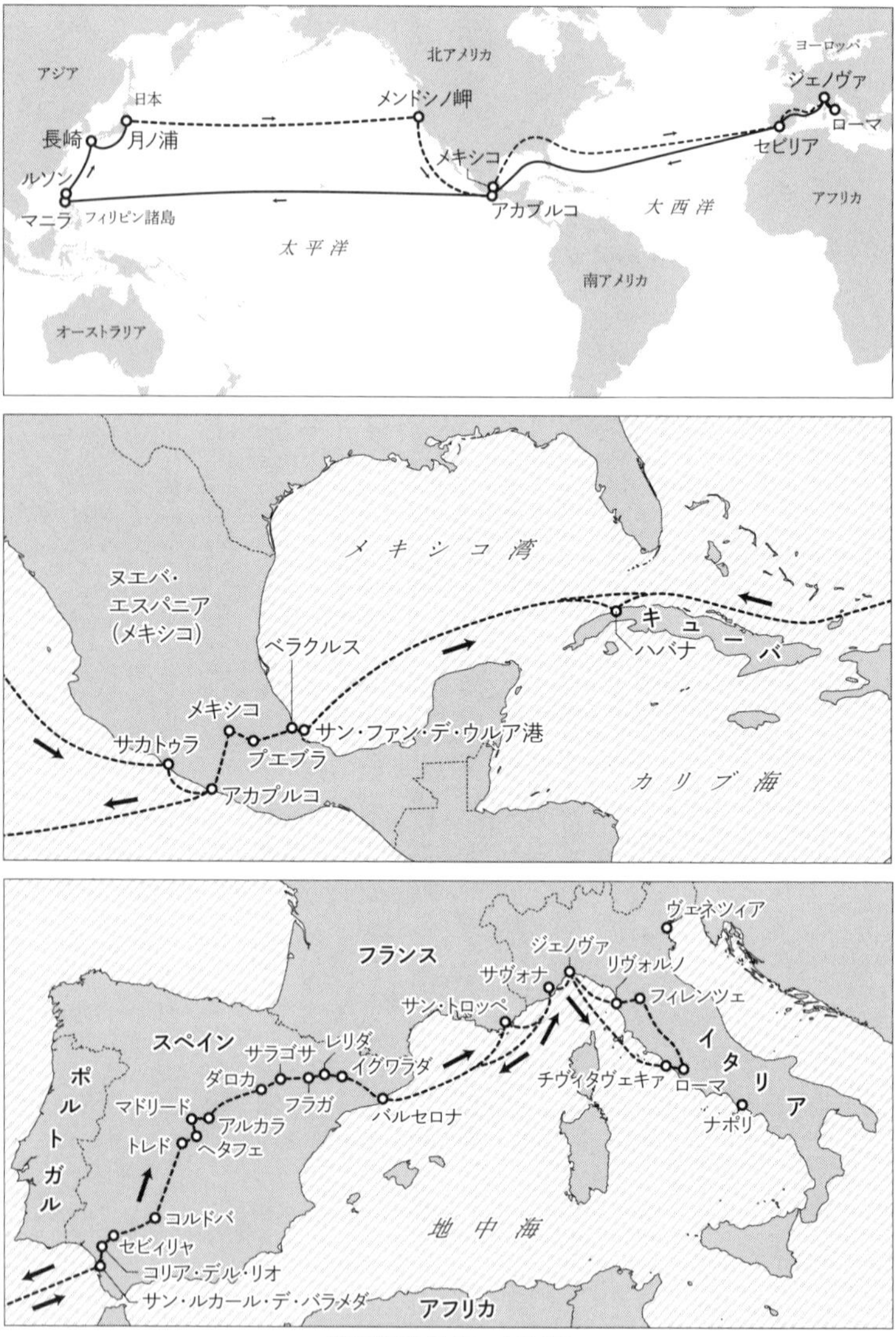
アジア
北アメリカ
ヨーロッパ
ジェノヴァ
日本
メンドシノ岬
ローマ
長崎
月ノ浦
メキシコ
セビリア
ルソン
大西洋
アフリカ
マニラ
フィリピン諸島
アカプルコ
太平洋
南アメリカ
オーストラリア
メキシコ湾
ヌエバ・
エスパニア
（メキシコ）
キューバ
ハバナ
ベラクルス
メキシコ
サン・ファン・デ・ウルア港
サカトゥラ
プエブラ
アカプルコ
カリブ海
ヴェネツィア
フランス
ジェノヴァ
サヴォナ
リヴォルノ
サン・トロッペ
フィレンツェ
スペイン
サラゴサ
レリダ
イグワラダ
イタリア
ポルトガル
ダロカ
フラガ
チヴィタヴェキア
ローマ
マドリード
バルセロナ
ナポリ
アルカラ
トレド
ヘタフェ
コルドバ
セビィリャ
地中海
コリア・デル・リオ
サン・ルカール・デ・バラメダ
アフリカ

慶長遣欧使節の行程図

目次

†文中と註の略称は、以下のとおりです。
A.G.I. = Archivo General de Indias（インディアス総文書館所蔵文書）
A.R.S.I. = Archivium Romanum Societatis Iesu（ローマ・イエズス会本部付属文書館所蔵文書）
A.S.V. = Archivio Segreto Vaticano（ヴァティカン機密文書館所蔵文書）
A.G.S. = Archivo General de Simancas（シマンカス総文書館所蔵文書）
A.G.N. = Archivo General de la Nación（メキシコ国立公文書館所蔵文書）
A.M.S. = Archivo Municipal de Sevilla（セビィリャ市立文書館所蔵文書）
A.I.P.G. = Archivo de Instrumentos Públicos de Guadalajara（メキシコ・グアダラハラ市公文書館所蔵文書）
A.S.M.G. = Archivo del Sagrario Metropolitano de Guadalajara（メキシコ・グアダラハラ市メトロポリタン聖堂附属文書館所蔵文書）
B.R.A.H. = Bibliotéca de la Real Academia de la Historia（スペイン王立歴史アカデミー図書館所蔵文書）

プロローグ

――十六世紀末～十七世紀初頭の世界史の中の日本

ヨーロッパと日本の新時代

宗教が文明の要としての統合的機能をなお保持していたヨーロッパを真っ二つに分裂させた、ドイツのルター派とスイスのカルヴァン派による宗教改革は、十七世紀の初めにはますます深刻な影響を現わしていた。ピューリタン（清教徒）たちが信仰の自由を守るために北米に移住し始めていたころである。新教派（プロテスタント）と旧教（カトリック）との対立が織り混ざって、ボヘミア（ベーメン）におけるプロテスタントの反乱をきっかけに勃発し、神聖ローマ帝国を舞台として一六一八～四八年に戦われた「三十年戦争」も、もう兆し始めていた。

新大陸の発見以来、広大な植民地を持って興隆し、世界の覇者として君臨していたスペインは、一五八八年に無敵艦隊が、アルマダの海戦でイギリス・オランダの連合艦隊に敗れ、没落の一途をたどり始めていた。事実、当時のスペインの国家財政は二回も破産を宣言し、コルテス（王国議会）の承認する臨時的な上納金に依存せざるを得なかったのである。それとともに、カトリック教会と断絶してプロテスタントに妥協したイギリスが、海上の勇者になってきた。また、プロテスタントを受け入れたオランダは、スペインから独立し、イギリスに対抗し得る海国となった。特に当時国力が充実してきたオランダは、利益の多いアジア貿易を国家的規模で行おうとして、国内の貿易会社を統合し、一六〇二（慶長七）年に連合オランダ東インド会社（ＶＯＧ）を設立した。

一方、日本国内では、一五九八（慶長三）年に秀吉が病死すると、五大老の一人、徳川家康は、一六〇〇（慶長五）年、関ヶ原の合戦で勝利を収めて天下を統一した。降伏した領主に対しては妥協をもって臨み、将軍職を世襲とする手立てを固めた。

家康は、外国人を巧みに利用して貿易を営み、長期にわたる戦乱で崩壊寸前となっていた日本の経済力を復興させるために、アジアだけでなくヨーロッパ諸国との通商交易に力を入れようとしていた。

当時、日本の銀と中国の生糸は、東アジア地域最大の交易品であったが、その利益のほとんどはポルトガルに独占されていた。また、ヨーロッパでは毛織工業を発展させたイギリスと、オランダが勢力を伸ばしていた。

家康は、ポルトガル船以外の商船を誘致するために、一六〇〇（慶長五）年、豊後（大分）に漂着したオランダ船リーフデ号航海士のオランダ人ヤン・ヨーステンと、同じく水先案内人のイギリス人ウイリアム・アダムズ（三浦按針《みうらあんじん》）を江戸に招いて、外交と貿易の顧問にし、オランダ・イギリス両国との交易が始まったのである。ただ、半世紀以上にわたるポルトガル人の貿易や、フィリピンのマニラから日本に進出していたスペイン人の貿易などと競争するのは容易ではなかった。

もう一つ言えることは、徳川の時代の始まりが、イエズス会主導の日本とポルトガルの外交に大きな変化をもたらしたことである。それは布教黙認から禁教に移行する徳川幕府のキリシタン政策の変化にも関連する。特に、長崎では幕府の管理・統制が強まり、イエズス会によるキリシタンの独占体制を崩して、むしろフランシスコ会、アウグスチノ会、ドミニコ会などスペイン系の修道会の浸透に加担し、スペイン船の渡来を促す、といった一連の幕府政策の結果、日本とポルトガルの外交に対するイエズス会宣教師の関与も、それ以前に比べて著しく減ったのである。

家康、ヌエバ・エスパニアとの通商交易を望む

家康は、当時スペインの植民地であった濃毘数般《ノビスパン》（ヌエバ・エスパニア）から、銀のアマルガム精錬方式の技術を導入したい望みがあったので、ヌエバ・エスパニアとの直接通商に関心を持っていた。この精錬法は、銀に鉛を入れて加熱し、酸化鉛の灰と銀を吹き分ける「灰吹き法」で、中国で発明された。

そこで家康は、以前から面識のあったポルトガル人のフランシスコ会宣教師ジェロニモ・デ・ジェズス・デ・カストロに「わが国の海上には暴風が多いから、ルソン（現在のフィリピン諸島）からヌエバ・エスパニアに航海するスペイン船に対して、安全に避難できるわが領地の港へ立ち寄ることを許したい。そしてその代償として、わが日本とヌエバ・エスパニアとの直接通商の道を開いてもらいたい」と、その胸のうちを明かしたのである。

これに対して、ジェロニモは、フィリピンとヌエバ・エスパニアとの間を往来する船を日本の港に寄港させる場合、スペインの船はいずれも大型なので、安全をはかるため、まず、スペイン人に依頼して日本の港湾の水深や緯度を測量する必要があることを訴えた。そして、そのためにはフィリピン

総督に要請すべきであると返答した。

家康は早速これを聞き入れて、さらに代筆を彼に頼み、この件に関してフィリピンの総督に送るスペイン語の書状一通をつくらせた。そして泉州堺の豪商を使者とし、その書状と進物を持たせてフィリピンに派遣した。

ところが、当時フィリピン総督ドン・フランシスコ・テリョ・デ・グスマンは、シャム（タイ）と交戦中で多忙だったため、すぐに返事をすることができなかった。そのため家康は関ヶ原合戦の後、再度フィリピンに使者を送り別の書状を持参させた。このときはグスマン総督から返事が来て、家康からも重ねてその返事を書き送った。こうして書状や贈り物のやりとりをしたものの、スペイン人は家康をなかなか信用しようとしなかった。

その主な理由として、まず、豊臣秀吉の時代、一五九六年十月十九日（文禄五年九月二十八日）の「サン・フェリッペ号事件」がある。

宣教師ら二十六人を処刑

スペインのガレオン船《サン・フェリッペ号》が四国・高知の浦戸湾に漂着した際、土佐の大名長《ちょう》宗我部《そかべ》元親《もとちか》はこれを大坂の太閤秀吉に報告した。京都奉行増田長盛《ましたながもり》が出張して、船を点検したが、四名のアウグスチノ会聖職者、一名のドミニコ会員、そして二名のフランシスコ会員が乗船していたの

左：支倉六右衛門常長像（ウィーン国立図書館所蔵）

DON FILIPPO FRANCESCO FAXICURA
Imbasciatore del Re de VOXV nel Giappone alla S.ta di N.S. Paolo PP.V. arrivato in Roma adi 26 di 8bre 1615

17世紀初めのフィリピン・マニラの日本人町
（メキシコ・プエブラ市東洋博物館所蔵）

を発見すると、それを口実に、金銀、雑貨などの積み荷をことごとく没収して大坂に送った。船長がこの不法に憤慨して、スペイン国の強大なことを告げ威嚇したが効果がなかった。また、水先案内人デ・オランディアが、スペインは宣教師を派遣して住民と諸侯を籠絡《ろうらく》した後、その国を征服する、と出まかせを言い散らした。それが秀吉の耳に入り激怒を買って、当時畿内で布教していたフランシスコ会の宣教師らが捕らえられ、一五九七（慶長二）年二月、長崎の西坂で二十六人が処刑されてしまったという事件である。

このためフィリピンでは容易に日本人を信用しようとはしなかった。家康もこの点に関してはひどく当惑して、言い訳の書状を送り、今は自分が日本の政権を握るようになったので、不都合なことはさせないと伝えている。

スペイン人が家康を信用しなかったもう一つの理由として、当時マニラには日本人が一万五千人以上居住しており、ときどき騒動を引き起こしてはスペイン人に抵抗していたため、危険視されていたことが挙げられる。家康はこの件についてもフィリピン総督に書状を送り、「わが国内においてそのような暴虐の限りを尽くす者に対しては厳罰に処しているので、貴国においても遠慮なく処分して下さい」と伝えた。これによりフィリピン総督は、早速ならず者二百人を捕らえて日本に送還した。その後およそ十年間、日本とスペインの関係は中途半端なままであった。家康の方が終始一貫してご機嫌を取り、接近に努めたのに対して、スペイン側はいつも疑惑の眼を持ってそれに対応していたのである。

家康が駿府に隠居した翌年、すなわち一六〇八年九月十四日（慶長十三年八月六日）にフィリピン総督がドン・ロドリゴ・デ・ビベロ・デ・ベラスコに交代すると、長い間家康の抱いていた日本とスペインとの通商条約締結の熱望が達せられ、フィリピンと日本との間に初めて親しい関係が成立した。

臨時フィリピン総督ロドリゴ・ビベロの漂着と田中勝介使節団の訪墨

一六〇九年九月三十日（慶長十四年九月三日）夜、臨時フィリピン総督（当時日本では呂宋《ルソン》国王とか呂宋太守と呼んでいた）ビベロが任期を終えてフィリピンのカビテ港を出帆しヌエバ・エスパニアのアカプルコ港に帰る途中、大型帆船《サン・フランシスコ号》（司令官ファン・エスケラ）が暴風に遭い、上総国《かずさのくに》夷隅郡《いすみぐん》岩和田《いわわだ》（現千葉県夷隅郡御宿町《おんじゅく》）の沿岸、北緯三十五度五十分の近くで座礁した。《サン・フランシスコ号》の船員三十六名は波浪にさらわれて溺死《できし》し、他の三百四十〜三百五十人（註1）は運命を神にまかせて「クレド（使徒信経）」を唱えながら死を待った。が、夜が明けるとともに彼らは日本の地に漂着し、岩和田村から一レグア半（一レグア＝五・五七キロメートル）の地点に上陸したことを知った。岩和田村の漁民は、漂流者の惨状を知ると心から愛憐《あいれん》の情を持って、スペイン人を迎え、衣服と食事を与え、彼らに再生の思いをさせた。岩和田の領主（大多喜五万石城主）本多忠朝《ほんだただとも》はこれを幕府に報告したが、幕府はヌエバ・エスパニアと通商交易を熱望していたことから、忠朝に対してビベロら乗組員に住居、食事、衣類などさまざまな便宜を与えて厚遇するように指示した。忠朝は自らビベロらを訪問し、彼ら三百人以上の漂流者が岩和田村に滞在中に必要な食料はすべて提供することを伝え、さらにビベロ一行が江戸へ向かう際には、大多喜城に招いて大いにもてなしをした。ビベロは将軍秀忠に謁見することを許されて江戸城に登城した。

　ビベロは本多《ほんだ》上野介《こうずけのすけ》正純《まさずみ》を訪ね、第一に宣教師の保護、第二にスペインとの親交をはかること、第三にオランダ人はスペインの国敵で品性甚だ陋劣《ろうれつ》なので、国外に退去させるように、と請願した。これに対して、本多上野介正純は家康の回答を持ってビベロの宿舎を訪ね、宣教師の保護と日本・スペイン両国親交の持続の二点については承諾するが、オランダに対しては一六〇九（慶長十四）年にすでに通商を許可しているので、オランダ人の追放はできないことを告げ、さらに幕府所有の船と航海に要する経費を与えて、一行をヌエバ・エスパニアに送還すること、銀精錬に精通している鉱山技師五十人を日本へ派遣するよう要請した。

ビベロは、豊後に停泊中のスペイン船《サンタ・アナ号》に便乗して帰国することを考えていたが、万一その便を利用できない場合には、幕府の厚情にすがることを答え、鉱山技師派遣の件は後日十分検討したうえで返答する旨を伝えた。

このような外交上の重要案件は、スペイン本国の国王に奏し、国王はさらにインディアス顧問会議に諮問して、決定するのが常であった。しかし、ビベロは、徳川家康がかねてヌエバ・エスパニアとの通商交易に関心を持っていることを利用して、スペインに有利な取り決めを結ぼうとした。ビベロは、もし有利な条件で進めることができれば、事後承認を求めても、国王とインディアス顧問会議は決して異議があるはずがないと判断し、幕府に対して次のような協定条項を提案した（註2）。

(1)採鉱利益分配の件

諸鉱山から採掘精錬された鉱石の半分は鉱夫に与え、残りはドン・フェリッペ三世国王および日本皇帝（徳川家康）の間で等分し、さらにスペイン国王の所有分を管理するため官吏を派遣し、彼らに随伴して来日する宣教師は所属修道会を問わず、公教会において聖務日課を執り行うことができる権限を与えること。

(2)オランダ人追放の件

スペインとオランダとは、長い間敵対関係にあるので、皇帝（家康）が本当にスペインとの修好を望むものであれば、オランダ人はすべて日本から追放すること。

(3)スペイン寄港船の保護の件

スペイン船が暴風のため日本に避難したり、または始めから目的を定めて来航したものに対して皇帝は安全な港を与え、誰もこれらの船舶に危害を加えることなく、かつ船舶に搭載している商品を奪うことのないように保護すること。

⑷造船および軍需品購入の便宜を与える件

スペインがモルッカ諸島またはマニラ派遣の船舶を建造し、またその軍隊に糧食、兵器、弾薬などを供給する必要が生じたときは、これに便宜を与え、またこの種の船およびヌエバ・エスパニアに航海する諸船に糧食、兵器、弾薬などを日本国内における通常価格で供給し、ドン・フェリッペ国王陛下が必要と認めたときは、そのために事務所を設け、その事務員は、宣教師を伴って教会においてミサ聖祭を執り行うことができるようにする。

⑸スペインの司令官または特派大使の待遇の件

スペイン国王が派遣する司令官または特派大使には、日本国内至る所において、それにふさわしい待遇を与えること。同様に、宣教師が随伴して教会においてミサ聖祭を執り行うことができるように許可し、また日本国内に在留するすべてのスペイン人に対して刑罰権を持たせ、もし犯罪を犯したならば、その者たちを処罰するようにする。

ところで、ビベロらが房総半島で漂流した一六〇九年秋の時点では、家康はキリスト教を全面的に容認している。ビベロの請願をそのまま認めれば、多くの宣教師が来日し、当時約三十万人というキリシタンはさらに増え続けることが予想された。

ビベロの報告書に、家康のキリシタンに対する考え方が記されている。長崎をポルトガル領のように支配し、神社仏閣を打ち壊すなどいきすぎたイエズス会信仰に、仏教や神道の代表者たちが、イエズス会宣教師を追放、キリスト教禁令を出すように請願した。彼らの請願に対して、家康は「日本には三十五の宗教がある。そこに、キリスト教が加わって、宗教の数が三十六となったところで大差はないではないか。キリシタンもそのまま住まわせておけばよい」と即答した、と書かれている。

当時の家康にとって、キリスト教は、日本で信仰されている宗教の三十六番目という位置づけであり、仏教、神道など融通無碍《むげ》な日本的宗教と同じである、と考えていたことが分かる。それが厳しいキリスト教禁令に急に政策が変わっていくのである。

話を戻そう。ビベロはこれらの協定条項について、フランシスコ会宣教師フライ（フライ〈Fray〉は主に托鉢修道会修道士の名前に置く敬称。以下省略する）・ルイス・ソテロ神父に徳川家康と交渉するように要請した。

ルイス・ソテロは、一六〇三（慶長八）年に浦賀へ上陸して以来、家康、秀忠の庇護を受けて宣教活動を続けていたが、西日本を中心にイエズス会の基盤の強さに苦悩し続けていた。その彼にとってビベロの要請は願ってもない好機であった。それは、徳川家康のヌエバ・エスパニアとの直接通商希望と鉱山技師派遣の要請を実現させ、イエズス会の勢力がまだおよんでいなかった東日本に、フランシスコ跣足《せんそく》修道会の布教基盤を確立しようとしたのである。

ソテロはビベロの協定条項を携えて駿府へ赴き、家康の重臣で幕府の通商関係の責任者であった後藤庄三郎に協定条項を提出して、使節をスペイン国王に派遣することを勧説した。ついに、一六一〇年二月十四日（慶長十五年一月二十一日）、ソテロは家康の殿中に召され、日本とヌエバ・エスパニアの通商開始のための正式な大使としてスペイン国王に派遣の命を受けたのである。このときソテロは家康から、スペイン国王フェリッペ三世の側近でスペイン宰相のレルマ公爵宛ての朱印状を受け取った。現在スペインのインディアス総文書館（A．G．I．）に所蔵されているこの家康の朱印状には次のように記されている。

「ゐすはんや、とふけ、てい、れるま、申給へ
のひすはんやより日本江黒船可
被渡由、前呂宋国主被　申越　候。
於　日本、何之湊へ雖　為　着岸、少しも
疎意在　之間敷候、委細此伴天連
フライ、るいす、そてろ可　申候。
慶長拾四年十二月廿八日
源家康
弘忠恕（朱印）」（註3）

（のひすはんや＝ヌエバ・エスパニア、前呂宋国主＝前フィリピン総督）

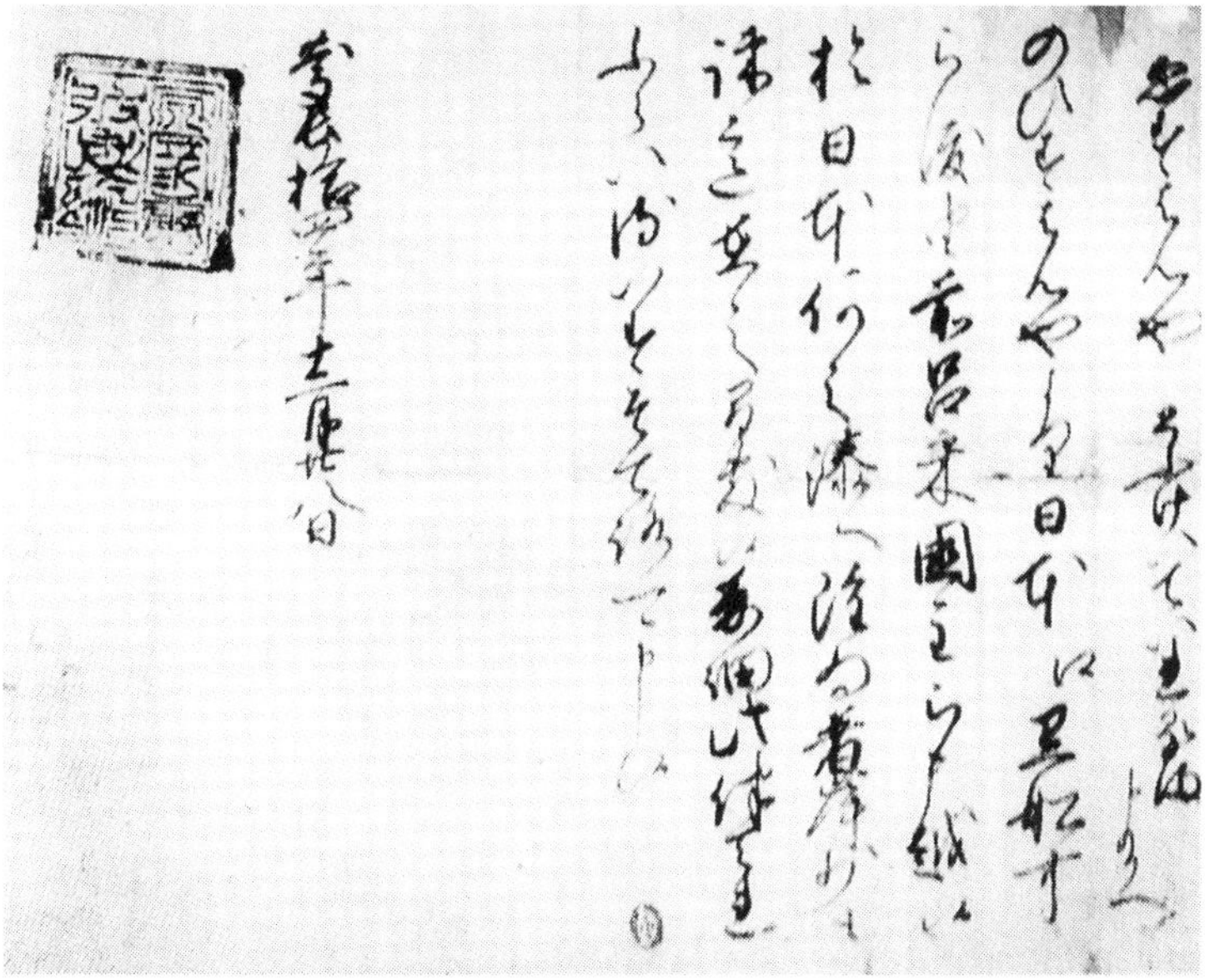

徳川家康がスペインの宰相レルマ公爵に宛てた朱印状（スペイン・インディアス総文書館所蔵）

つまりヌエバ・エスパニアからの船は日本のどこの港に停泊しても疎略に扱わない。万事この宣教師フライ・ルイス・ソテロに任せるという内容である。

ところが、ビベロは派遣する使節としてソテロを初めから好まず、宣教師アロンソ・ムニョスを推薦して代えてしまった。ビベロはソテロがあまりにも専断的な言動をすることに反発を感じ、幕府に対して使節の変更を申しこんだものと思われる。表向きはソテロが病気で渡航できず、ビベロが推薦したアロンソ・ムニョスだけを派遣したことが伝えられている。

初めて太平洋を渡った日本人

アロンソ・ムニョス使節が乗船した《サン・ブエナベントゥーラ号》は、三浦按針（ウイリアム・アダムス）が家康の命を受け、伊豆の伊東で建造した百二十トンの小型帆船である。家康にヌエバ・エスパニアの国情視察を命ぜられた京の商人田中勝介、田中庄次郎、米屋の朱屋隆成（または王清・立清）、それに堺の商人山田助左衛門ら、大坂、堺、京都の商人だけ二十名を乗せ、一六一〇年八月一日（慶長十五年六月十三日）ヌエバ・エスパニアに渡った（註4）。

日本人として初めて太平洋を渡ったこの田中勝介使節団について、少し触れておくことにする。家康が上方の商人たちをヌエバ・エスパニアへ派遣した目的は、ヌエバ・エスパニア国内の「上意ヲ経テ」（検察＝視察）であった。

この使節一行のヌエバ・エスパニアでの行動について、アステカ王国の元首長の子でフランシスコ会の修道士だったドミンゴ・フランシスコ・デ・アントン・ムニョン・チマルパインが、ナワトラル（アステカ）語で『チマルパインの日記』（原本はパリ国立図書館に所蔵されており、副本はメキシコ国立図書館に保存されている）（註5）に書いている。それをメキシコ国立自治大学教授ミゲル・レオン・ポルティィリャ博士が現代スペイン語に翻訳し、エル・コレヒオ・デ・メヒコ大学院大学が発行している機関誌『アジア・アフリカ研究』に紹介している。

チマルパインは、田中勝介ら日本人一行の服装や風貌について、

「全員着物を着ており、サンダル（草鞋《わらじ》？）を履いて鷲《わし》のような歩き方をする。彼らは頭の表面をきれいに剃っており、そこだけ光沢があり、チョンマゲを結っている」

と書き残している。また、使節一行が副王ドン・ルイス・デ・ベラスコと会見した様子については、次にように述べている。

「日本からの皇太子（王族）一行は、通訳として随行して来たフランシスコ会宣教師と一緒に副王の馬車でチャプルテペックを出発、メキシコ市内に入り、サン・アウグスチヌス修道院に宿を取った。そして、翌日（一六一〇年十二月十七日金曜日）副王と会見し、副王は使節一行に対してヌエバ・エスパニア国内滞在中は厚遇することを約束した」

この記録によると、ヌエバ・エスパニア副王と会見することを許されたのは、使節一行がメキシコ市に到着してから二カ月後である。これは副王が、幕府からの書簡の内容についてスペイン本国と協議し、その返事を待っていたからにほかならない。幕府がムニョスに託したスペイン本国の宰相フランシスコ・ゴメス・デ・サンドヴァル（レルマ公爵）宛ての書簡には、ヌエバ・エスパニアとの通商に関する直接協定の条項が記されていた。しかし二カ月も待たされたあげく、結局、レルマ公爵は国庫の窮乏を理由に、家康の要望をまったく受け入れなかったのである。

ところで、『チマルパインの日記』によると、田中勝介使節一行は、一六一一年三月七日月曜日、答礼大使セバスティアン・ビスカイノ司令官らとともに日本へ向かうためにメキシコ市を出発した。田中使節団の随行員で日本に帰国したのは十七名であり、残りの三名はヌエバ・エスパニアに残留した。これらの三名の消息のうち、ルイス・デ・ベラスコとファン・アントニオ（いずれも日本名は不詳）は、副王ルイス・デ・ベラスコ侯爵の召使として仕えた。そして副王が二期目の任期（一六〇七〜一六一一年）を終えてカスティリャ（スペイン本国）へ帰国した際に、二人とも同侯爵に同行してスペイン本国まで渡っている（註6）。これら二人の詳細な消息については第五章の4で述べることにする。

収賄事件をきっかけに家康のキリシタン弾圧始まる

一六一二年四月十一日（慶長十七年三月十一日）ごろ、家康が江戸や駿府など幕府直轄地にキリシタン禁令を出した。詮議の結果、原主水《はらもんど》ら十四人の直臣が信徒であることが判明、棄教による猶予を拒んだために、改易に処せられた。そして同三月から四月にかけて、全国諸大名・寺社などに、十四人を列挙して抱えおいたりかくまったりすることを禁じた触れ状を回した。駿府のみでなく、江戸でもほぼ同じころ、フランシスコ会の教会や修道院が破壊された。

『静岡市史年表』の「一六一二年」に、「本多正純の与力岡本大八が安部川原で火あぶりの刑に処せられる」と、ある。

一六一〇年一月、キリシタン大名有馬晴信は、家康の命令に逆らったポルトガル商船《ノッサ・セニョーラ・ダ・グラサ号》を長崎湾で攻撃、焼き討ちにする。有馬は、恩賞として、旧領で当時鍋島領であった肥前の藤津《ふじつ》・彼杵《そのき》・杵島《きしま》の三郡の復帰を望み、幕府年寄本多正純の家臣岡本大八に斡旋《あっせん》を依頼した。有馬の恩賞は棚上げされたまま、岡本は有馬から銀六百枚の賄賂《わいろ》を受け取っていたことが発覚、まず岡本が収賄罪で逮捕される（註7）。

岡本は逆に、有馬が長崎奉行を倒す計画を持っていたことを自白、有馬も反逆罪で逮捕される。有馬は家康の命令に従い、ポルトガルの武装大型商船という巨大な敵に立ち向かい、激しい海戦で打ち勝ったのであり、その恩賞は当然、有馬の期待どおりになっておかしくなかった。ところが、熱心なキリシタンの有馬は切腹、岡本は火あぶりの刑に処せられた。これを「岡本大八事件」と言うが、大八・晴信ともにキリスト教徒であった。二人の処刑とともに、家康はキリシタン弾圧へ一八〇度、舵を変換した。本事件の審問の経緯と、慶長十七年三月のキリスト教禁令の発布経過とを重ね合わせると、このときの禁令が「岡本大八事件」を主な契機としたことは明らかである（註8）。

当時、日本に滞在していたスペインの答礼大使セバスティアン・ビスカイノは、スペイン国王フェリッペ三世に宛てた報告書（註9）で、岡本逮捕とともに始まったキリシタン迫害を詳しく記述し、「江戸のフランシスコ会の教会や修道院が破壊されたが、再建に手を貸すキリシタン大名はいない」と、報告している。家康の厳しいキリシタン弾圧が始まったのである。

一六一二年四月二十一日（慶長十七年三月二十一日）、改めて、畿内・西国の幕府直轄領を対象に禁教令が出された。畿内については京都所司代板倉勝重、西国については長崎奉行長谷川左兵衛が取り締まりの責任者となった。

家康の政教分離政策

家康はこのように、対外貿易政策として開国主義を採ったが、キリシタン（切支丹）は禁止し、キリシタンと関係のない日蘭通商を一六〇九（慶長十四）年に、日英通商は一六一四（慶長十九）年に開始している。また、さらに、「商教一致主義」のスペインの植民地フィリピンを経由せず、ヌエバ・エスパニアと直接通商を行うことを熱望するようになっていった。

ちなみに、家康は一六一二（慶長十七）年七月付で、濃毘数般国王麾下《きか》（ヌエバ・エスパニア副王）への返書で、日本の外交方針として「交易は許すがキリスト教の布教は許さぬ」という「政教分離」の姿勢を明確に示している。

「……。抑《そもそも》我が邦は神国なり、開闢《かいびやく》自《よ》り以来《このかた》、神を敬い仏を尊ぶ。仏神と垂迹《すいじやく》して別無し。君臣忠義の道を堅め、覇国交盟の約渝変《ゆへん》無くんば、皆神を以て誓い信《しるし》と為すの証、能く正しきを守らば、必ず賞を得ん、叩《みだりがわ》しく邪を成さば、必ず罰を得ん。霊験新たなること其の掌を指すが如し。仁義礼智信の道、豈茲《あにここ》に在らずや。貴国の法を用いる所、其の越《とお》くして甚だ異なるなり。我が邦に於いて其の縁無きを嘆く。釈典《しゃくてん》に曰く、縁無き衆生は度し難し。弘法《ぐほう》の志に於いては、思いて止むべく、之を用いるべからず。只商船来往して商売の利潤、偏に之を専らにすべし。貴国の商船来朝の時、何れの津々浦々に到着すといえども、聊《いささ》かも異儀有るべからず。……」

すなわち、「わが国は神国で開闢以来神を敬い、仏を尊んでいる。仏と神の本質は同じものである。君臣忠義の道を堅め、外国との交易は変わることはない。皆神に対して誓いを立て信義の証しとしている。正を守る者は賞せられ、邪をなす者は罰せられ、神の霊験の著しいことは掌を指すごとく明らかである。仁義礼智信の道はこの国にのみにある。しかるに、貴国の用いるキリスト教は我が国に縁のないものである。『縁なき衆生（すべての生命あるもの・人類）は度し難し』ということがあるから弘法（本来の意味は仏法を広めることであるが、ここではキリシタンの布教活動の意味）は思いとどまり、これをしてはならぬ。ただ、商売の船は往来して売買すれば利益を得るからやるがよろしい。いずれの港でも開放する。いずれへ行っても防げることはないから、安心して来るように」（註10）という内容である。

このように、家康は、親書でスペインに対して商船貿易での交流のみを望み、日本でのキリスト教布教は許可できないことを伝えている。親書はヌエバ・エスパニア副王宛てであり、スペイン国王フェリッペ三世宛てではない。つまり、家康は支倉らがヌエバ・エスパニアを経て、スペインやローマへ向かうなどとは思ってもいなかった。当然、政宗は家康に伝えていない。後述する「訪欧使節団」は密使であった。

支倉らがヌエバ・エスパニアへ到着するのとほぼ同じ、一六一四年二月一日、家康は日本全国にキリスト教禁令、宣教師追放令を発布、キリシタンは徹底的に弾圧されていく。支倉らがローマ教皇に謁見するなど、日本の国法では決して許されない。

ところが、仙台に残った政宗は、表面的には家康の禁教令に従うように装ったのである。

イエズス会とフランシスコ会の衝突

ここで、「慶長遣欧使節」派遣の立役者であるルイス・ソテロが所属するフランシスコ修道会と、日本に初めてキリスト教を伝道したイエズス会の衝突の背景について述べてみる。

まず、修道会とは、カトリック教会によって公認された修道団体である。俗社会とは縁を切り、修道院（語源は「集会」を意味するラテン語の〝Conventus〟）内で生活し、祈禱《きとう》と労働に専念する厳律観想修道院（厳律シトー会など）、主に修道院外で宣教・教育や社会福祉事業に携わる修道会（フランシスコ会、イエズス会、アウグスチノ会、ドミニコ会など）がある。また、カトリック教会の修道会は、もともと教理を異にする「宗派」（例えばフランシスコ派やイエズス会派など）ではなく、それぞれに違った修養の団体であり、原則として敵対関係はまったくない。

ただ、現代でも変わりなく、ときどき、各修道会の違った性格や方針のため何らかの対立や衝突の起こる可能性があるが、それはあくまでも、カトリック教理の本質に関することではなく、見地の相違点や、やり方の違いから起こる問題である。

次に、当時のフランシスコ会とイエズス会の関係であるが、一五二九年四月二十二日にスペイン、ポルトガル両国はサラゴサ条約を締結し、太平洋上に一経線を画した。つまり、日本からヨーロッパへ向かう時は、ポルトガル国王布教保護権下のイエズス会は東回り（インド洋回り）で、スペイン国王保護権下のフランシスコ会は西回り（太平洋回り）と定められていた。つまり「慶長遣欧使節」はスペイン国王布教保護権下にあったフランシスコ会の援助で渡航したので、西回りのヌエバ・エスパニア経由で大西洋を渡ってローマまで向かわざるを得なかったのである。

一方、天正時代に九州の四大名がローマに派遣した「天正遣欧少年使節」は、ポルトガル国王布教権下にあったイエズス会の全面的な援助で渡航したので、マカオ、ゴアなどを経由して東回りコースでポルトガルのリスボン港にたどり着き、陸路でローマまで旅をした。

ところで、「慶長遣欧使節」の真相とその実体を究めるのには多くの支障がある。その一つは、当時、ポルトガル国王保護権下のイエズス会と、スペイン国王保護権下のフランシスコ会とは対立抗争を続けていたので、ヨーロッパにある慶長遣欧使節関係文書の記録は必ずしも一致しないことである。

なぜ、福音を告知しキリスト教信仰を宣言する、同じ仕事に従事するイエズス会とフランシスコ会の宣教師たちの間で、敵対関係があったのであろうか。

当時の人々は、これが理想だと信じた目標に視線を集中して、さまざまな手段を用いて、その実現のために全力を尽くしたのである。こうした精神風土にのめりこんでいた宣教師たちは、それに従って行動することに何も抵抗がなかったのである。

イエズス会の日本巡察師アレハンドロ・ヴァリニャーノ神父はローマで、イエズス会クラウディオ・アクァヴィヴァ総長（一五四三〜一六一五）を通じて、日本において複数の修道会がいることの不適切性について打ち合わせていた。その結果が教皇グレゴリウス十三世によって発布された一五八五年一月二十八日付の「小勅書」で、それによってローマ教皇庁の明白な許可無しにイエズス会士でない宣教師（フランシスコ会、アウグスチノ会、ドミニコ会所属の宣教師）が日本へ福音宣教のために渡航することが、重大破門罪のもとで禁止されたのである。

ポルトガル経由で来たイエズス会士以外の宣教師に日本での布教活動が禁じられたことは、法的に見て二つの根拠があった。一つは、ポルトガルの布教保護権といった世辞的なものである。二つ目は、教会法に基づいた教皇グレゴリウス十三世の教皇令であった。

一五八五年四月十日、イエズス会に日本布教の独占権を与えた教皇グレゴリウス十三世が死去し、同年四月二十四日、新教皇にフランシスコ会出身のシクストゥス五世が選出された。新教皇は、一五八六年十一月十五日付の小勅書をもって、フィリピンのフランシスコ会をヌエバ・エスパニア管区から切り離して、「大聖グレゴリウス」の名称で、独立した管区に昇格させた。この小勅書の中で新しい管区の領域として、西インドのフィリピン諸島、その他の地域および支那と称する国々を定めた。

その後、一六〇五年に教皇に就任したパウルス五世は、一六〇八年六月十一日付の小勅書を交付し、グレゴリウス十三世とクレメンス八世の小勅書の無効を宣言し、併せてすべての修道会の長上たちに、ポルトガル（リスボン）と東インド（ゴア）のルートか、ヌエバ・エスパニアとフィリピンのルートのいずれかを使用して日本に有能な修道者を送るのを許可し、布教保護権とイエズス会独占の二つの問題に終止符を打ったのである。しかし、この決定が日本へ知らされたのは一六一〇年の後半であり、ソテロが正式にその事実を知ったのは一六一一年であった。

本書に登場するイタリアのシチリア出身のイエズス会士ジェロニモ・デ・アンジェリスと、スペイン出身のフランシスコ会士ルイス・ソテロの対立は、修道会よりも宣教師の出身国による民族間の心情や、一転二転した教皇令の曖昧さなどに加え、この対立を和解させる法的な根拠が欠けていたことが原因であったと考えられる。結論的に言えば、両修道会の対立はポルトガルとスペインの二大強国の対立が最も影響している。また、その異なった国王の布教保護権のもとに来日していることにある。

いずれにせよ、当時、イエズス会とフランシスコ会が交した通信文の中では、お互いについての激しい批判が続いていた。双方ともが協力の欠如について相手を非難した。敵意が信徒の中にあふれ出し、二つの修道会によって指導される「信心会」（または「信心の組」＝コフラリア）の間の対抗意識を招き、最も必要な時にカトリックの一致を損なったのである。

その代表的なものに、一六一三年十月一日付でルイス・ソテロの意向をそのまま反映させて書かれた教皇パウルス五世宛ての日本のキリスト教徒書簡がある。この書簡の中で、ソテロが霊的指導をするために組織化した「信心会（勢数多講《せすたこう》）」に所属していた信徒たちが、教皇に対し、日本のキリスト教界全体を指導するために、フランシスコ修道会出身の高位聖職者を任命してほしいと請願している。そしてその文中で、名指しを避けているが、貿易取引に身を投じて莫大な利益を上げ、権力と財産を持っているイエズス会士を暗に批判している。

註1．Thomas Rundall, "*Memorials of the Empire of Japan, In the 16th and 17th Centuries*", Letter of William Adams, October, 1611.（〔トマス・ランドウル編集十六世紀および十七世紀における日本帝国記録〕ウイリアム・アダムス書簡一六一一年十月二十二日付）『大日本史料』第十二編之七、一九〇五（明治三十八）年、東京帝国大学、二四三〜二四六頁

註2．Copia de las cláusula que Rodrigo de Vivero propuso al emperador de Japón para tratar con el rey de España. 1610,（sic）diciembre, 20.（A.G.I., Filipinas, 193, N.3）

註3．A.G.I., MP-Escritura y Cifra, 30

註4．『當代記』巻五（『史籍雑纂』）第二、一六四頁

註5．Chimalpahin Cuauhtlehuanitzin, Francisco de San Anton Muñon, "*Diario de Chimalpahin*", Le manuscrit mexicain 220, Bibliotheque Nationale de paris, pp.123-124.（Paleografía y traducción de Miguel León Portilla, "*La Embajada de los Japoneses en México, 1614, El Testimonio en Nahuatl del Cronista Chimalpahin*", Estudios de Asia y Africa, Vol. XVI, El Colegio de México, Abril-Junio, 1981, Núm 2, pp.215-241.）

註6．A.G.I., Filipinas, 5, 2n. 321

註7．「謎解き・徳川家康」『静岡人』Vol．03、静岡旅行記者協会、二〇一五年、三五〜三六頁

註8．高瀬弘一郎『キリシタンの世紀―ザビエル渡日から「鎖国」まで―』岩波書店、二〇一三年、一九二頁

註9．Copia de carta de Vizcaino a Su Magestad, 1614, mayo, 20, A.G.I., México, 225

註10．大泉光一『支倉常長――慶長遣欧使節の悲劇』（中公新書）一九九九年、二一～二三頁

第一章　伊達政宗の「天下取り」の陰謀

――遣欧使節派遣までの経緯

1. ビスカイノの訪日目的の真相

フィリピン諸島臨時総督ドン・ロドリゴ・ビベロが無事メキシコ市へ帰還すると、徳川幕府に対する返礼の問題が直ちに浮上した。つまり、ビベロが帰還費用として幕府から借用した四千ペソの返却と、当時注目されていた日本と同じ緯度の太平洋上に存在すると信じられていた「金銀島」の探索隊の司令官兼答礼使節に、セバスティアン・ビスカイノが任命された。

セバスティアン・ビスカイノは、一五五一年、スペイン本国のウエルバ州の首都ウエルバで生まれた。一五六七年、ポルトガルの反乱鎮圧の戦いに参加、その直後にヌエバ・エスパニアに渡った。一五八六年にフィリピンに渡って一五八九年まで同地に在留し、一五九五年、ヌエバ・エスパニア副王ドン・ルイス・デ・ベラスコからバハ・カリフォルニアの探検を命ぜられた。一五九六年から九七年にわたり、三隻の船を率いて探検の航海を遂げ、北緯二十九度の辺りまで進んだ。一六〇四年にはヌエバ・エスパニアか

伝セバスティアン・ビスカイノ司令官像(出典:『支倉常長とスペイン』宮城スペイン協会)

らフィリピン諸島に渡航するスペイン艦隊の司令官に任ぜられた。

太平洋上の「金銀島」の発見を目的とした大型帆船《サン・フランシスコ号》には、ビスカイノのほかに、主任航海士のベニト・ドミンゲス・パラシオや水先案内人のロレンソ・バスケスなど五十一人の船員と、田中勝介使節団一行の日本人十七名が乗船し、一六一一年三月二十二日にアカプルコ港を出帆した。この《サン・フランシスコ号》には、ロドリゴ・デ・ビベロの使用人として、ビベロと一緒に《サン・ブエナベントゥーラ号》でヌエバ・エスパニアに渡った「ファン・デ・ビベロ（日本名は不詳）」という日本人の若者が通訳兼下級船員として乗船していた。日本近海に至って暴風に遭い、船は著しく破損しながら、同年六月九日（慶長十六年四月二十八日）、常陸の海岸に到着、そこから回航して六月十日、浦川（浦賀）に安着した（註1）。

上陸したビスカイノは、家康・秀忠に謁見し、ビベロ提督が受けた厚遇に対し感謝するとともに、田中勝介ら日本人使節団を送還するために渡航した旨を伝えた。また、ビベロが借り受けた銀（資金）と搭乗した《サン・ブエナベントゥーラ号》の建造費を支払った。そのほか、ヌエバ・エスパニア副王からの書簡と、セゴビア産の羅紗《らしゃ》で作られた黒色短外套やガラス容器など、珍しい贈り物を捧呈した。これらの贈り物の中に、現在静岡の久能山東照宮に所蔵されているスペイン製枕時計（家康公使用）が含まれている。

さらに、ビスカイノは「日本沿岸での港湾測量、船の建造、商品の売買」などの許可を与えてもらうよう家康に請願した。特に、ビスカイノは、日本沿岸の港湾測量の必要性について説明した。これは、スペインの船がフィリピン―ヌエバ・エスパニア間の航路でたびたびしけに襲われ、難破、漂着しているが、今後、日本との通商を行ううえで、台風やしけを避けるために日本沿岸にどんな港があるのか、よく知っておく必要があるからであった。家康は疑問を差しはさむことなく、非常に快く応じ、これらの請願を認める朱印状発行を指示した。

ビスカイノは、さらに、一五八〇年にスペインから独立を宣言、各地で戦っていたオランダ人の日本からの追放を求めた。ビスカイノは「オランダ人は、スペイン国王の支配下から逃れ、スペインに楯突く敵対者である。彼らはわれわれの船を襲う海賊である」と、オランダ人追放を厳しく求めた。だが、家康は、「オランダ人とは通商での取り決めをした。彼らは日本に生糸や絹織物を運んでくる、と約束している」と、オランダ人追放に同意しなかった。

「オランダ人追放」に家康が同意しなかったことに対して、ビスカイノは、「もし、このままオランダ人の日本への来航を許すならば、スペインと日本の平和は破綻する恐れがある。再度、皇帝に説明したい」と、家康に申し出ている。「オランダ人追放」を求めるビスカイノの主張は、明らかに日本への内政干渉であり、スペイン側からの要求の受け入れ拒否は当然であった。

こうした家康の対応に対して、駿府城で通訳にあたったウイリアム・アダムスは、ビスカイノが求めた「日本沿岸での港湾測量」について不信を抱き、家康に対して、「スペイン人は、気位が高く野心家であり、そして非常に好戦的で、全世界を制覇しようと企てている。まず宣教師を征服しようとする国に送りこみ、多くの人々をカトリックに改宗させ、スペイン国王が軍隊を送りこんで、支配下に置く戦略である」と説明した。つまり、スペイン人の真の目的は日本侵略である、とアダムスは主張した。

スペイン軍が日本を侵略するとき、日本沿岸の港湾測量で攻撃拠点を見つけることも可能である。そしてアダムスは、スペインがカトリック布教のもとに、ヨーロッパ、アメリカ大陸、アジアの領土を植民地化したことを家康に伝えた。当然とはいえ、家康のスペインに対する不信感はますます大きく膨らみ、スペインとの関係を一から見直すことにした。キリスト教禁令はその大きな一歩であった(註2)。

総じて言えば、幕府とスペインとの関係がこじれた主な原因は、家康が「オランダ人追放」を認めなかったことである。そして家康が強く要望した「鉱山技師の派遣」をスペイン側が見送ったこと、「日本近海での金銀島発見の目的を隠していた」ことなどが挙げられる。

当初、家康とビスカイノの会見は友好的に進められた。しかし、それは初めのうちだけで、やがて両者の友好的雰囲気は冷え切っていった。家康がキリシタン弾圧策を強化していったことがその理由であった。ビスカイノは、日本滞在中、家康による駿府のキリシタン迫害の報に接し、次第に態度を硬化させていくことになった。家康の頭には、「キリシタン問題と貿易は別」との思いがあったが、スペイン人ビスカイノにはそれを理解することができなかったというか、理解するわけにはいかなかった、というほうが正しい言い方になろう。

一六一一年十一月八日、ビスカイノ一行は仙台に到着し、青葉城に伊達政宗を訪れた。伊達政宗は、一行を引見した際に礼節を尽くして歓待し、あらゆる援助を与えた。政宗はビスカイノを利用できる男とにらんだ。理由は、彼と伴って来た船員たちの航海術や船の建造のための造船技術を利用しようと思ったからである。

ビスカイノ一行は、同年十一月十一日までの間、伊達邸に滞在した後、仙台を出発。十一月二十七日、家康、秀忠に謁見した。その際に船手奉行《ふなてぶぎょう》向井将監《むかいしょうげん》を通じて幕府から、伊達藩領内の三陸海岸各地にある港湾の測量のための朱印状の交付を受けていた（註3）。

ビスカイノは気仙沼湾で測量を開始し、地図作成に取りかかり、北緯三十八度から四十度の間に、大船の出入港に適する入江数カ所の良港を発見した。これを地図の中に記入するのを見て、伊達政宗はヌエバ・エスパニアとの通商交易の実現に大きな希望を抱いたのである。しかし、このビスカイノの三陸沿岸の測量について、オランダやイギリスは、幕府に対し、これはスペイン人が日本を侵略する予備工作であろうと中傷した。

一六一二年九月十六日火曜日、ビスカイノ一行は家康と秀忠からヌエバ・エスパニア副王宛ての返書を受けて「金銀島」探検のために浦川を出帆したが、もともとあるはずのない島を発見することはできなかった。

ビスカイノはなおも所々探索を続けていたが、十月十四日、暴風雨に遭遇し、《サン・フランシスコ号》の船体に甚だしい損傷を生じて航海困難な状態となった。航海を続けてアカプルコ港へ帰還するのは不可能となり、浦川港に引き返した。ビスカイノは投錨するとすぐ、家康と秀忠に使者を送り、その漂着と、現在の窮乏、来年の出帆準備を整えるのに困窮していることを知らせた。ビスカイノは家康が江戸にいると知るや、謁見に出かけ支援を求めた。しかし、一度も家康とは話ができず、覚書もその手に渡らなかった。

2. 使節派遣の立役者ルイス・ソテロ神父

「訪欧使節団」派遣の立役者であるこのソテロという人物は、十七世紀におけるわが国のキリスト教界の生んだ特異な人間像の一人であり、頭脳、手腕、弁舌の三拍子そろった天才的な才能の持ち主であった。ソテロは徹底的な活動家であった。それがために多くの敵をつくり、終生困難と苦悩に身をさらしたが、彼は強烈な反発力ですべてを跳ね飛ばした。

ソテロは一五七四(天正二)年九月六日、スペイン・セビィリャ市の二十四人参議会議員ドン・ディエゴ・カバジェロ(またはカバリェロ)・デ・カブレラとドーニャ・カタリーナ・ニーニョ・ソテロの第二子として生まれた。母方の祖父ルイス・ソテロ・デ・ダサは異端審問所(宗教裁判所)警務長官を歴任した。また、父方の祖父ディエゴ・カバジェロ(またはカバリェロ)はセビィリャ市の二十四人参議会議員の一人で、西インド諸島征服に従事し、ドン・カルロス皇帝の恩恵を受け、エスパニョーラ島の総監を務めた。エストゥレマドゥーラ地方の裕福なコンベルソ(元ユダヤ教徒で、キリスト教徒に改宗した者)の家系の中で最も身分の高い人物であった(註4)。

こうした恵まれた家系に育ったソテロは、サラマンカ大学で法・医・神の三学科を志した。在学中、俗世間も家柄も学問も捨て、カスティリャのサン・ホセ・デ・カスティリャ管区にあるフランシスコ跣足《せんそく》会カルバリオ修道院に入会した。

一五九四（文禄三）年五月十一日にカルバリオ修道院において、フライ・アントニオ・デ・ラ・コンセプシオンの手により厳粛に誓願を行った後、司祭に叙階（教会の役職の任務と権能を授け、これをよく行うための恩恵を与えるカトリックの秘跡のこと）された。ソテロは父方のカバジェロ一族がコンベルソであり、自分の血が不純（ユダヤ人の血が混ざっているということ）であったことから、そのことを非常に不名誉に思い、それが原因となり、自分の姓名として父方のカバジェロではなく、母方の祖父の姓名ルイス・ソテロを名乗ったのである。

一五九九年六月十二日にはセビィリャで、フライ・ファン・デ・サン・フランシスコによって集められたフィリピン伝道団に加えられ、同日、セビィリャの通商院からヌエバ・エスパニアに派遣された。さらに翌年、そこから東洋の布教基地といわれていたフィリピンのマニラへ渡った。一六〇一年一月二十二日にはドン・フランシスコ・テリョ・フィリピン総督の許可を得て、マニラの日本人町ディオラに葦とニッパ椰子の小教会を建て、マニラ周辺に住む日本人の間で使徒的活動に入った。一六〇二年には修道院つき説教師、哲学教師に任命された。

フライ・ルイス・ソテロ神父

そして一六〇三（慶長八）年六月二十日、ソテロ神父は、フランシスコ修道会の日本宣教団の一員として、フィリピン諸島のアクーニャ総督（当時日本では呂宋《ルソン》王とか呂宋大守と呼んでいた）の書簡と家康と秀忠

ルイス・ソテロの祖父ディエゴ・カバジェロ（中央、セビィリャ市24人参議会議員、元エスパニョーラ島総監）。父ディエゴ・カバジェロ・デ・カブレラ（左端、セビィリャ市24人参議会議員）。（セビィリャ市カテドラル〈元帥家の礼拝堂〉所蔵）

への豪華な贈り物を携えて、フィリピンのマニラからガレオン船《サンティアゴ号》に乗船し日本へ向かった。

ソテロは来日すると、同僚の修道士らとともに江戸に登城して、家康と秀忠に謁見し、アクーニャ総督の書状と贈り物を届けた。彼の態度物腰は上品で如才ないので、家康から好感をもって迎えられ、尊敬と信頼を得た。そして、随時自由に江戸城への出入りを許すという特権まで与えられた。たびたび江戸城を訪ねているうちに、有力な大名や知名な旗本衆などに近づく機会を得て、彼らの勢力を巧みに利用して、江戸を中心に上方、浦賀などに教会、修道院、また、江戸の浅草にハンセン病院などの施設を建てたいと申し出て、すべて家康の許しを得た。さらに、日本国内で随意に宣教活動を行うことを許可された。

家康がソテロにこうした便宜をはかったのは、それなりの魂胆があってのことであった。それはスペインと日本との通商交易を実現させることであった。

聖職者としてのルイス・ソテロの人物像について、ルイス・ソテロの虜囚と殉教の目撃証人であるディエゴ・デ・サン・フランシスコ神父が、一六二五年に書き残した報告書で次のように述べている。

「ソテロなる人物は、この宣教活動へと神が召された人々の中で、もっとも優れた修道者であった。彼は学識に富み、謙虚で、祈りと苦行の人であり、清貧を友とし、我らの聖なる会則の完全な順守において、神の栄光のための熱意にあふれる完全な修道者であった。彼と寝食をともにした者は、彼が特別なものは何一つ自らに許さず、素足の兄弟たちの厳しい規範に従って、食物と衣服に関しては身を固く持っていたことを知っていた。また一方、この同じ人物は、宗教事業の発展と、貧しい人々への援助と、聖堂の建設や神の国の発展のためならば、いかなる労苦をもいとわなかった。ところが、この活躍のゆえに、ある人々は、この聖なる人の働きを評価しないばかりか、彼がその働きによっていかに神を喜ばせたかも考えず、ただ苛酷なまでに彼を裁いた」(註5)

この証言文に記されているように、ソテロは確かに頭脳明晰で優れた聖職者であった。特に、彼の日本語の「読み、書き、話す」の能力はずば抜けていたようであり、ローマ教皇パウルス五世やセビィリャ市に宛てた伊達政宗の難解な字体の日本語書状を、一字一句、正確にラテン語やスペイン語に翻訳している。

3．政宗とソテロ神父の出会い

ソテロと伊達政宗との初対面は、イエズス会のジェロニモ・デ・アンジェリス神父がローマのイエズス会本部に宛てた書簡に、「ルイス・ソテロ師は後藤寿庵《ごとうじゅあん》（キリシタンで伊達藩の重臣）の仲立ちによって政宗と親交を結ぶようになった」と述べているが、『ベアト・ルイス・ソテロ伝』（註6）や、イタリア人の歴史家でマドリードから使節一行とともに旅をしたシピオーネ・アマティの『伊達政宗の遣欧使節記』（以下『遣欧使節記』）（註7）には、「江戸で政宗が特別に寵愛していた外国人の側室が重病になり、ソテロの部下のペドロ・デ・ブルギーリョス修道士が治療して快復させたことがきっかけとなって知り合った」と記されている。アマティはソテロから直接話を聞いて記録しているので、後者の方が正しいと思う。

この外国人の側室とは、伊達政宗が朝鮮出兵した際に連れてきた朝鮮人女性である可能性が濃厚である。この外国人の側室は白人（ポルトガル人、スペイン人、イギリス人、オランダ人）だったという説があるが、十七世紀初期にヨーロッパ人女性が日本に上陸したという記録や、白人女性が日本人男性の愛人（妾）になったという記録は存在しない。

側室が快復したことに政宗の喜びは大変なもので、ソテロ神父のお蔭と、その恩義、恩恵への礼として、神父に金銀の延べ棒、絹の衣服と布地を贈った。ところが、神父は聖職者たちの治療は利益の

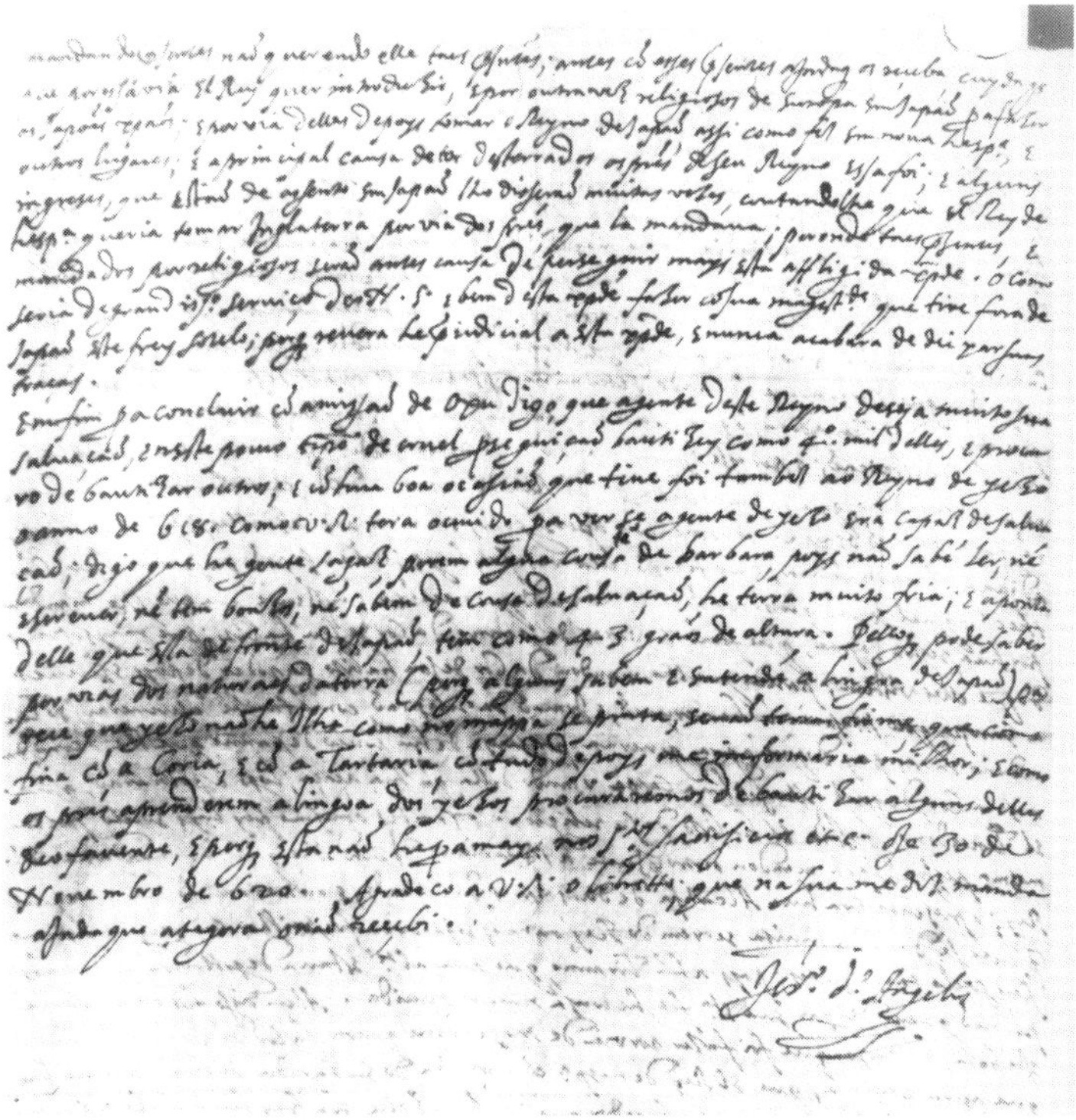

古典ポルトガル語で書かれた難解なイエズス会士ジェロニモ・デ・アンジェリス書簡の一部（ローマ・イエズス会本部付属文書館所蔵）

ためではなく、ただ神の愛のために行ったもので、神による救いの道というものが分かってもらえるだけでよいと言って、それらの贈り物を受け取ることを固辞した。政宗は意外なソテロの無我無欲の態度に驚嘆した。政宗がソテロ神父と親交を結ぶようになったのは、ソテロが一六一〇（慶長十五）年十月に米沢で政宗から引見を許されてからである。

そこでソテロは政宗に、万物の創造主デウス、聖三位一体の玄義、御託身、霊魂の永遠の目的、イエスの救いの教え、秘跡、キリストの受難と復活、洗礼と告解の意義、そして聖体の秘跡などのカトリック教会の教義（公教要理）全体を解説する機会を与えられたのである。政宗はソテロの説教を聞いて、実際に現世で神を信じその規律を守った者の魂は、天の恵みを享受できる来世があり、この救いと生活の道を求めない者は地獄に落ちる、ということを理解したという。果たして、政宗はこれらの教義を本当に理解したのであろうか、疑問である。

その後、ソテロは一六一一年十一月八日（慶長十六年十月四日）、仙台を訪問し、青葉城で政宗とヌエバ・エスパニアへの使節船派遣について話し合っている。そのときの様子が、『奥羽切支丹史』に次のように記録されている。

「サンフラン志須子の門派（修道会）の伴天連ふらいるいす、そてろ御事慶長十六年十月初の頃伊達陸奥守政宗居城仙台に為御礼御越其次而政宗船の御相談は有りて三十日計御逗留候此時少々はろちすも（洗礼）受たる人も御座候事」（註8）

ところで、「殿の許可がなければ何人もキリシタンになり得ない」というのは、当時のタテ社会における領主の専制的支配権力に順応した、改宗のための唯一の現実的方法であった。事実、領主が家臣に対してキリシタンの信仰に帰依するのを勧めたり、改宗した場合に、最も多くの改宗が成功したのである。

政宗の信仰心について、ジェロニモ・デ・アンジェリスは、一六一九年十一月三十日付でローマのイエズス会本部のムチオ・ヴィテレスキ総長へ次のように報告している。

「……、政宗は洗礼志願者であり、やがて洗礼の秘跡を受けるであろう、というのはすべて偽りである。なぜなら、彼は決してそのような考えを抱いたことはなく、むしろ現世があるのみで、（来世の）救いはないと考えているからである。それゆえ、彼は正妻のほかに三百人の側女（妾）を持って正妻を邸内に置かず、己の世話をする多数の（男色のための）童子を抱えている」（註9）

この書簡は、使節がローマへ派遣された理由や、大使である支倉六右衛門の素性などについて、イエズス会本部総長からの問い合わせに対する返書である。使節一行がローマへ到着したのが一六一五年十月下旬なので、その時期にローマから日本で宣教活動をしていたアンジェリスに問い合わせの手紙を送ったと想定して、すでに四年も経過していた。

前記アンジェリスの証言では、政宗はローマ教皇に対し親書を通して洗礼の秘跡を受ける意向を伝えていたが、その考えは偽りであると否定して報告している。その主な根拠として、政宗は現世のみを信じ、来世の救いなどないという考えであり、正妻を屋敷内に置かず三百人の側女を抱えている――三百人という数字はかなりオーバーにせよ、実際に政宗は幾人かの妾を囲って快楽にふけっている人物であることを伝えたかったのであろう。またアンジェリスは、「己の世話をする多数の（男色のための）童児（小姓）を抱えている」と、政宗が男色（衆道《しゅどう》＝若衆道の略）であったことも厳しく批判している。

イエズス会の巡察師ヴァリニャーノが「日本人の短所」として、「（日本人は）色欲にふけることであり、最悪の罪は男色である。日本人はこれを重大なことだとは思わないから、若衆たちも関係のある相手もこれを誇りにし公然と口にする」と指摘しているように、当時は大名がお抱えの小姓と性的関係を持つことは珍しいことではなく、男色によって社会的に非難されたり、特別な目で見られることもなかったようである。

しかしながら、アンジェリスは、キリスト教社会で道徳的に、また倫理的な面で大罪とされている政宗の男色を、宣教師の立場から厳しく批判したのである。

事実、政宗がお抱えの小姓と衆道の契りを交わしたと赤裸々に自ら告白している書状が、仙台市博物館に残されている（註10）。

アンジェリスはこうした政宗の信仰心に関する情報を、キリシタンの後藤寿庵から入手したのであろう。ローマ教皇庁が、使節の訪問目的や教皇への請願事項などの真意を確かめるため、支倉大使の素性や政宗が本当の洗礼志願者なのか等に関する情報収集を、イエズス会に依頼したのであろうが、このアンジェリスの書簡は、支倉が一六二〇年八月に仙台に帰着後の一六二三～二四年ごろにローマに届けられたと思うので、使節に対し直接的な影響をおよぼすことはなかった。

参考までに述べるが、当時の日本とヨーロッパとの書簡のやりとりは、イエズス会の巡察師ヴァリニャーノの時代に定められた「日本通信制度」の仕来たりによって行われていた。ポルトガル経由のローマへの通信は、毎年十月から十一月に西九州から出帆するポルトガルの定期船、もしくはポルトガル人が雇用したジャンクに手紙が託されたが、それらの船が越年して二月に出帆することもあった。

アンジェリスの書簡の場合、二～四年を要していることから、まず仙台から九州の有馬地方や長崎在住のイエズス会士に託され、長崎からポルトガルの定期船の船長や船員によって、ポルトガル領のマカオやゴアを経由（東回り）してリスボンまで運ばれ、そこからさらに海路または陸路でローマまで届けられたのである。

書簡は原則として同じ内容のものを三通書き、異なった定期便とルートで届けられた。こうした輸送方法を用いたのは、船舶の遭難、不慮の事故、海賊などによる強奪、盗難などによる紛失で、必ず届けられるという保証がなかったからである。著者がローマのイエズス会本部の文書館で確認したアンジェリス書簡の場合、アンジェリスが日本からイエズス会本部へ送った遣欧使節関連の書簡（五通×三部＝十五通）のうち、各書簡の三部すべて届いたのは皆無であった。

話を戻そう。イエズス会のジョアン・バプティスタ神父の証言よると、一六一四年六月五日（慶長十九年四月二十八日）、大坂冬の陣での伊達政宗の京都に近い陣屋に、イエズス会のジョアン・バプティスタ・ポルポ神父が長崎に逃れるため、命からがら救命を嘆願に訪れた。小姓を通じての政宗の返事は「キリシタンでさえなければ簡単に助けてやることができるのであるが、……」と言って拒否されたという。つまり、政宗は決してキリシタンの洗礼志願者でもなければ擁護者でもなかったのである。

いずれにせよ、政宗自身は受洗までの決心がつかなかったが、一六一一年十一月二十三日（慶長十六年十月十九日）付で布告を出して、仙台領内でキリシタン宣教の自由と家臣の入信を許可した。仙台青葉城と大広間にキリシタン宣教の自由を掲示しキリシタン保護の姿勢を示した。そのため、領主から家臣・民衆へという「上からの布教方法」で、伊達藩領内におけるキリシタンが急速に増大したのである。

こうした政宗のキリシタンに対する好意的な態度は、既述したように、彼のキリスト教に対する信仰心からではなく、キリシタンを利用して天下取りを果たそうとする魂胆があったからであろう。

4．返却されなかった家康の親書

ソテロが約一年間におよぶ仙台滞在中に、江戸では、オランダ人とイギリス人が結託して、あらゆる手段を行使してキリシタンを中傷していた。彼らはカトリック教会をスペイン、ポルトガル二国に結びつけて、布教活動を認めるのは日本にとって危険なことであると吹聴していた。過去一世紀にわたるポルトガル人やスペイン人の、インドやインディアス（アメリカ大陸など）での残虐な征服行為を挙げて非難した。それに対して、スペイン人やポルトガル人は、オランダ人が反逆者であり海賊であることを攻撃した。

オランダがスペインからの独立のために戦っていたこと、海上で敵船の捕獲や略奪を行っていたことは、いずれも事実である。

約一年間滞在した仙台から江戸に戻ったソテロは、家康の彼に対する従来の信任を利用し、全力を挙げて日本とスペインとの、一層緊密な友好的通商政策的な結合を再現しなくてはならないと決意を新たにした。ただ、新しく登場したソテロの宿敵ウイリアム・アダムス（三浦按針《みうらあんじん》）の勢力が、すでに彼を凌駕していた。家康の態度には、以前のような好意どころか、逆に反抗的、脅迫的になったことが明らかに現われていた。

ソテロは政宗の口添えで、ヌエバ・エスパニア、スペイン本国で通商条約を締結するには、どうしてもこの際、かの地へ使節を派遣すべきであると勧説した。家康はソテロの説得に賛成せざるを得なかった。海外との通商交易政策は彼の持論でもあり、しかも政宗の口添えがあるからである。

アマティの『遺欧使節記』第十一章によると、早速、船（《サン・セバスティアン号》）が建造された。ソテロは、スペイン国王宛ての家康と秀忠からの親書を携え、政宗の家臣支倉六右衛門《はせくらろくえもん》らを同船させて、一六一二年十月三日（慶長十七年九月八日）、サン・フランシスコの祝日に、相模浦川（浦賀）から出帆した。しかし、造船技術が不完全であったのに加えて、航海者が未熟であり、そのうえ激しい暴風に遭遇してしまい、同夜、浦川の沖で難破してしまった。家康のヌエバ・エスパニアとの直接通商交渉の計画は、再び頓挫してしまったのである。

ともかく、幕府は大きな損害を受けたのである。そのためソテロは家康からすっかり毛嫌いされ、以前のような江戸登城権は永久に封じられたのである。このときソテロは、スペイン国王宛ての家康と秀忠の親書を返却せず、一六一三年十月に再度乗船する機会が訪れるまで自分の手もとに保管していた（註11）。そして政宗の訪欧使節団の大使としてヌエバ・エスパニアとスペイン本国に赴くことになり、家康と秀忠の親書を副王、そして国王フェリッペ三世に渡して、政宗が派遣した使節団が表向きには日本の皇帝が派遣したように装ったのである。

このように、家康と秀忠の親書を利用した背景には、政宗の訪欧使節団の真の目的を幕府に悟られないようにするためと、使節団の格式を上げてスペイン政府との外交交渉をスムーズに進める狙いがあったと推察される。

5．幕府のキリシタン禁教令とソテロ神父の釈放

江戸幕府は貿易奨励政策を採っていたので、キリスト教に対して、やむなく寛大になった。キリスト教は広く深く信仰され、一五四九〜一六三〇年の約八十年間に、キリスト教に改宗したものは幼児を含めておよそ七十六万人に達したと推定される。一六〇一年十月十六日付『ヴァリニャーノ書簡』（註12）によると、一六〇〇年現在における日本全国のキリシタン数は三十万人と記録されており、また、一六一四年十月二十四日付の『コスタンツォ書簡』によると、一六一四年現在における全国の

キリシタン数は、三十七万人と推定される。一方、イエズス会のガブリエル・デ・マスト神父は、「日本迫害報告」の中で、一六一四年十一月までのキリシタンの数を五十万人としている（註13）。

　このように、キリシタンが急速に普及したのは、当時の日本社会が戦国時代以来の不安定な状況にあり、これに対し、宣教師たちが教育、福祉、医療などの施策をもって組織的に布教・伝道したためとされる。その後、幕府はイギリス・オランダのプロテスタント国に接し、貿易と布教の分離が可能であることを知る一方、スペイン・ポルトガルのカトリック国に侵略の恐れがあるとの情報を得た。そこで幕府は、徐々にキリスト教を取り締まる方向に進んでいた。

　幕府は、一六一二年四月十一日（慶長十七年三月十一日）、直轄領の駿河にキリスト教の禁止を命じ、教徒である側近の家臣二十三人を追放していた。そのときの家康の言動については、「伴天連《ばてれん》宗に日本人成る事禁ぜらる」（『創業記』）、「吉利支丹御法度厳しく仰せつけられる」（『慶長日記』）と断片的に伝えられている。いずれにせよ、慶長十七年三月の禁制は、家康の意向として諸国に伝えられ、これより禁教への気運が次第に形成されていくこととなったのである。

　このキリシタン禁制は、慶長十八年九月十五日に支倉らの使節団が月ノ浦港を出帆する一年以上前の慶長十七年八月六日、第二の段階を迎えた。同日幕府は、土井利勝・安藤重信・青山成重ら江戸の老臣が連署して全五カ条の法度を出し、キリシタン禁制を次のように定め、条文の領内通達を義務づけた。

「伴天連門徒御制禁なり、もし違背の族あらは、忽ち其科を遁るべからざる事」

この「八月六日令」によって、事実上、わが国においてキリシタン禁止が明確に成文化され、法令として諸大名に交付され、「其科《そのか》を遁《のがれ》るべからず」と罰則規定が記されて、領内の一般庶民にキリシタン禁制が義務づけられたのである（註14）。

以上のように、一六一二（慶長十七）年のキリシタン禁制は通説のように幕府直轄領と限定されたわけでなく、公領・私領を含めて広く適用され、伊達藩も例外ではなかったのである。

幕府のキリシタン禁令の手はますます厳しさを増し、翌一六一三（慶長十八）年の初めには、ソテロ以下のフランシスコ会士たちは、江戸の修道院から追放され、場末の浅草へ移った。慶長十八年六月四日、江戸でキリシタン狩りが始まったころ、キリシタン寺にはルイス・ソテロとボナベントゥーラ・ディエゴ・イバニェス神父がいた。ところが六月二十七日、ルイス・ソテロ神父が捕縛され小伝馬町牢に入れられてしまった。しかし同年七月一日、八人の信徒が江戸と浅草との間にある鳥越刑場で斬首に処せられた。さらに翌日、同じく捕らえられて牛込の牢にいたキリシタンのうち、十四名が刑場に連行され斬首された。ソテロも火刑の宣告を受けることとなった。

幕府は彼らの布教を罪悪と認め、ソテロの社会事業貢献などはついに認めなかった。これを知った政宗は、困り果てたが、ある計画実行に伴い、ソテロを救うことができることを思いついた。

江戸の将軍秀忠のもとに飛脚をたて、春以来すでに幕府の了承を得ていた、ヌエバ・エスパニア副王の答礼大使ビスカイノ司令官一行をアカプルコへ送還させるため、目下出帆準備中の「訪墨使節団」にソテロが案内者として、また助言者として、余人をもって代え難き人物なので釈放してほしいと陳情すると、タイミングよくそれが認められ、ソテロは無事に釈放された。かくて政宗はソテロを死刑寸前に救って友情を果たしたのである。そして八月十一日、上方からうわさを聞いて駆けつけて来たイグナシオ・デ・ヘスス神父と江戸を発ち、八月十七日、仙台へ赴いた。そこで三人のフランシスコ会士は、九月十五日に月ノ浦を出帆するまでの約一カ月間、キリシタンたちと会った。

註1．Carta de Sebastián Vizcaíno al rey Felipe III, 1611, marzo, 21, Acapulco（A.G.I., Filipinas, 193, N.3）

註2．「謎解き・徳川家康」『静岡人』Ｖｏｌ．03、静岡旅行記者協会、二〇一五年、三六〜三九頁

註3．幕府が日本の辺地にある大名たちに宛てたビスカイノに交付した朱印状

一、急度申入候、仍此南蛮人於日本諸浦□□之由可申之旨上意候。

一、南蛮人、下々狼籍無之様ニ可被付事。

一、御領分エ罷著候ハバ、海陸何ニテモ、被相添案内者搗ツキツキ迄可有御送事。

一、黒船ツナギ候湊見申ニ付而、小舟入候由申候者、被仰付御借可被成事。

右何モ無御油断事尤令存候。恐々謹言。

慶長十六年九月十五日

青山図書介

安藤対馬守

酒井雅楽守

本多佐渡守

註4．Juan Gil, "*Los conversos y la Inquisición Sevillana*", Volumen II, Sevilla, 2000, pp.258-262.

註5．Thomas Pimpin, "Diego de San Francisco (O.F.M), Relación verdadera y breve de la persecución y martirios que padecieron en Japón, 1625, p.103.

註6．Lorenzo Pérez, "Apostolado y maritirio del B. Luis Sotelo en el Japón" Imprenta Hispánica, Madrid, 1924.
confessión de nuestra Sante Fee Catholica en Japón, Madrid, 1625.

註7．Scipione Amati, "Historia del Regno di Voxu del Giapone, dell'Antichita Nobilita, Evalore del svo Re Idate Masamune, dedicate alla Santa di N.S.Papa Paolo V, Roma, MDCXV, 1615.

註8．菅野義之助『奥羽切支丹史』、佼成出版社、一九七四年

註9．A.R.S.I., Jap. Sin. 34, Documento　No.1-5, f.

註10．佐藤憲一『伊達政宗の手紙』、新潮選書、一九九五年（洋泉社ＭＣ新書、二〇一〇年）

註11．Colección de documentos iéditos.

註12．A.R.S.I., Jap. Sin. 14 I, 81-82v.

註13．A.R.S.I., Jap. Sin. 27, 107

註14．清水紘一『キリシタン禁制史』、教育社、一九九五年

第二章　伊達藩と幕府の合同プロジェクト「訪墨使節団」

——政宗の密命とソテロの思惑と幕府の面目と

1. スペイン艦隊による太平洋航路(黒潮)の発見

十五世紀から十六世紀中ごろまでは、スペインとポルトガルが新航路と新大陸の発見を競い合った時代であった。

一四九四年、ローマ教皇アレクサンデル六世は、それぞれの国が発見した航路と土地の領有、交易、そして、カトリック宣教を独占的に進める権利を定めた大勅書を発布した。

それに基づいて、スペイン人は太平洋からヌエバ・エスパニア経由で太平洋を渡りマニラへやって来る西方航路で、そして、ポルトガル人はインド経由でゴア→マラッカ諸島→マカオへ向かう東方航路で、東洋諸国に来たのである。

ローマ教皇アレクサンデル六世の大勅書の決定に従って、スペインは、西方航路による東洋への新航路と新領土の発見を求めて数回にわたる探検隊を出した。

そのうちで最もよく知られているのは、一五一九年から二一年にかけてのマゼラン船団のF・デ・マガリャンイス(マゼラン)とファン・セバスティアン・エルカノ(一四七六~一五二六)が世界で初めて世界一周の航海に成功したことである。

同船団は、一五二一年三月十六日にフィリピンのスルアン島に着き、レイテ島を経由して、四月七日、セブ島に到着した。一五二一年四月二十七日、マゼランはセブ島に服従しない隣のマクタン島を攻撃した。しかし、マゼランはそこで先住民の攻撃を受けて海岸で殺害されてしまった。マゼラン船団のナンバー2だったエルカノは、マゼランの死後、唯一残った旗艦《ヴィクトリア号》の船長兼総司令官に任ぜられ、一五二二年二月十一日、ティモール島を出発。以後インド洋を西南に直進し、アフリカの喜望岬を迂回《うかい》して本国に向かった。

一五二二年九月六日、同船はサン・ルカール・デ・バラメダ港に帰港した。この遠征隊には当初、百八十人のスペイン人のほか、約二十人のイタリア人、ポルトガル人、フランス人、ドイツ人など合計二百六十五人が乗船していたが、生存者はわずか十七人であった（註1）。

ところで、日本では、マゼランが世界で初めて世界一周の航海に成功した人物と紹介されているが、前に述べたようにマゼランは航海途中で死亡しており、実際には地球を半周しかしていない。世界一周に成功したのはマゼラン船団のナンバー2、エルカノなのである。

それから四十二年後、ヌエバ・エスパニア副王ルイス・ベラスコはミゲル・ロペス・デ・レガスピにフィリピン征服を命じた。彼は艦隊五隻（乗組員三百八十人、うち船員が百五十人、兵士二百人、その他宣教師など）を率いて、一五六四年十一月二十一日、ヌエバ・エスパニアのハリスコ州のナビダ港から、先にフィリピン遠征の経験があるアンドレス・デ・ウルダネータ（一五〇八～一五六八）を同行してフィリピンへ向かった。

ウルダネータは、一五〇八年、スペイン北部のバスク地方ギプスコアのビリャ・フランカで生まれた。一五四七年に国王フェリッペ二世によって無敵艦隊の司令官に任命されている。その後、一五五二年三月二十日に、メキシコ市のサン・アウグスチノ修道会の修道士となった。

一五六五年五月八日にレガスピとウルダネータが率いる艦隊はセブ島に着き、この地を根拠として漸次諸島を占拠した。一五七〇年六月六日にはルソン島のマニラを占拠し、翌七一年五月十九日、司令官レガスピはマニラに入城して、この地を首都と定めた。それ以来スペインは、一八九八年まで三百三十三年六カ月の間、植民地としてフィリピンを支配したのである。

レガスピが、セブ島やマニラに植民地を建設している間に、ウルダネータはセブ島に伝道所を開設した。

ウルダネータは一五六五年六月一日、二百人の乗組員を率いてセブ島を出帆。北緯三十度近くで黒潮（ウルダネータはこれを〝Kuro-sivo〈クロシヴォ〉〟と呼んだ）に乗り、北緯三十六度のところで、犬吠岬かと思われる日本の岬を望見した。さらに航海を続けてセブ島を出帆してから百十八日目の九月三十日にカリフォルニアの海岸を望見し、同年十月八日にヌエバ・エスパニアのアカプルコ港に無事帰港した。ウルダネータが発見した、太平洋を西から東へ横断し、スペインの二つの領土を結ぶ航路は「マニラ―ガレオン航路」と呼ばれ、アメリカ大陸と東洋との間の交通と通商の端緒を開くものであった。

百三十日にわたるこの長い航海で、乗組員二百人のうち十六人が暴風で海に流されたり、病

太平洋航路の発見者アンドレス・デ・ウルダネータ（1508-1568）の肖像画（スペイン・バリャドリード市聖アウグスチヌス修道会本部所蔵）

気によって死亡したりしている（註2）。

フィリピンないし台湾東方に源を発した黒潮は、台湾と石垣島の間から東シナ海に流入し、大陸棚外縁に沿って北上し、吐噶喇《とから》海峡（屋久島と奄美大島の間）を通って日本南海に抜ける。その途中沖縄西方で上層水の一部が主流から分かれて、九州西方を北上し対馬暖流となる。黒潮の発源海域であるフィリピン北東方における流れの模様はかなり錯雑しており、北赤道海流から黒潮への移行は単純なものではないようで、詳しいことはまだ明らかになっていない。

黒潮の終わりが西風によって吹き送られて、アメリカ側に達するのが西風反流であり、大部分がカリフォルニア海流（寒流）となって南へ向かって流れ、メキシコのアカプルコ港にたどり着く。このカリフォルニア海流は、幅は広いが、流速は遅く、時速〇・五キロメートル程度である。この海流は、北緯二十五度付近から西へ向きを変えて、北赤道海流につながっている。

ウルダネータによる北太平洋航路の発見は、つまり、黒潮の発見であり、それはマゼランが北赤道海流に乗ってフィリピンにたどり着いてから四十四年後のことであった。

ウルダネータによって「黒潮＝北太平洋航路」が発見されてから四十八年後に、支倉やソテロを乗せた伊達の黒船《サン・ファン・バウティスタ号》が同じ航路をたどってアカプルコ港に入港したのである。

一五六五年以来、二百五十年間、〝Nao de la China（ナオ・デ・ラ・チナ）〟（スペイン商船に与えられた名称）は、新大陸から東洋へ金銀を運び、マニラからアカプルコ港へは絹、香料のほか、種々の奢《しゃ》侈品《しひん》をもたらし、アカプルコ港とマニラ間を毎年往来していたが、二世紀半の間に三十隻のガレオン船が暴風などによって難破し、四隻がイギリスによって拿捕《だほ》され、数千人の船員の生命の犠牲と六千万ペソ（当時）の物的損失を出している。

フィリピン―アカプルコ間の航海に使用されたのはガレオン船であり、そのほとんどは木材の豊富なフィリピンで建造された。ガレオン船の規模は当初（一五九三年）は三百トン級であったが、徐々に大型化し、一六一四年には千～二千トン級の商船が建造されるようになった。また、乗組員は船の大きさによって異なったが、一回の航海で六十～百人程度であり、五百トン級のガレオン船には百五十人が必要とされた。

2．訪墨合同使節団の名目は〝幕府派遣〟

伊達政宗が巨額な資金を投入して企画、実行した遣欧使節派遣の目的について、元仙台市博物館長の佐藤憲一氏は、メキシコとの通商交易開始とフランシスコ会の宣教師の派遣要請説を支持し、「当時、スペインの植民地であったメキシコとの通商交易および仙台領への宣教師の派遣をスペイン国王とローマ教皇へ請願するため幕府の了解を得て派遣したが、領内でのキリスト教の布教と引き換えにメキシコとの貿易実現を図るという政宗の狙いは、幕府がキリシタンの弾圧に乗り出したことで、ヨーロッパでの交渉で窮地に追い込まれた」（『伊達政宗の手紙』、洋泉社ＭＣ新書）と指摘し、あくまでも使節は政宗が極秘裏に派遣したものではないと強調している。

しかしながら、前にも述べたように、幕府は慶長十七年八月六日に直轄領だけでなく、全国の諸大名にキリシタンを禁じる「八月六日令」を発令し、領内通達を義務づけていた。そのため、幕府が仙台領への宣教師の派遣をスペイン国王とローマ教皇へ請願することを公に認めるはずがなかった。逆にこうした行為が発覚すれば、幕府に対する反逆行為として厳しく罰せられたはずである。

確かに、佐藤氏が指摘しているように、当初は、ヌエバ・エスパニア（メキシコ）との直接通商交易の実現を目的に幕府と伊達藩が合同で、「訪墨使節団」を編成してヌエバ・エスパニアまで派遣することを計画したのである。ところが、政宗は、使節船が艤装されて出帆する直前にソテロと計略して（註3）、「訪墨使節団」とは別に、日本のキリシタン代表三名（トマス・滝野嘉兵衛《たきのかへえ》、ペトロ・伊丹《いたみ》宋味《そうみ》、フランシスコ・野間半兵衛《のまはんべえ》）を加えて（慶長十八年八月十五日付ローマ教皇宛て畿内キリシタン連署状）（註4）、ヌエバ・エスパニアから伊達藩単独の「訪欧使節団」を派遣することを決めたのである。

その派遣名目は、ヌエバ・エスパニアとの通商交易を開始するためのスペイン国王との外交交渉と、仙台領内への宣教師派遣依頼であった。だが実際には、スペインとの（「申合条々《もうしあわせじょうじょう》」または「平和協定」の）同盟締結と伊達領内に「キリシタン帝国」を築くために（註5）、ローマ教皇から政宗を日本における「キリスト教徒の王（指導者）」として叙任してもらい、「キリスト教徒の騎士団」の創設を認証してもらうこと（註6）、そのために必要な（フランシスコ会所属の）宣教師の派遣を要請することにあった。したがって、**政宗のスペイン国王とローマ教皇に対する「宣教師の派遣要請」は、ヌエバ・エスパニアとの通商交易実現のための方便だったのではなく、領内でのキリスト教の布教以外に、領内のキリスト教徒のために御ミサを司式し、告解や聖体拝領の秘跡を授けるためであった。**

「まえがき」でも述べたが、これら二つの目的は、幕府の国内および外交政策に反するものであり、絶対に容認されるものではなかった。そのため「訪欧使節団」派遣の名目は幕府派遣となっているが、実際には政宗の密命を帯びて、スペイン国王とローマ教皇聖下のもとに派遣されたのである。

政宗の陰謀を暴くための客観的な史料は、ローマ・イエズス会本部文書館に所蔵されている五通の「ジェロニモ・デ・アンジェリス書簡」である。

アンジェリスはシチリア島エンナの出身で、十八歳でイエズス会に入り、学生のときすでに東洋の宣教に志願していた。彼はリスボンで司祭に叙階され、一六〇二年に来日した。アンジェリスは一年間日本語習得のために費やし、一六〇三年伏見の教会に配属され、十年間をこの任地で過ごした。政宗の重臣で奥州見分《みわけ》のキリシタン領主後藤寿庵《ごとうじゅあん》の招きに応じ、一六一四年四月十八日に仙台に到着した。以後、後藤寿庵の領地内を中心に宣教活動を行っていた。一六二三年に江戸で火刑にされ殉教している。

アンジェリス書簡のうち、同神父が一六一九年十一月三十日発信の、ローマのイエズス会本部ヴィテレスキ総長らに宛てた書簡で、遣欧使節派遣を巡るソテロと政宗の駆け引きの様子について、次のように証言している。

「ルイス・ソテロは後藤寿庵の仲立ちによって、政宗と親交を結ぶと、やがて政宗にヌエバ・エスパニアだけに行くための一隻のナヴェッタ船（小型船）を建造するのが甚だ賢明なことであると勧告するようになり、（それによって得られる）利益に対して非常に大きな期待を彼に抱かせた。……（略）……船の準備が整うと、ルイス・ソテロは後藤寿庵に、政宗がスペインの国王陛下とローマ教皇聖下のもとに使節を派遣するべきであることを指摘し、また交渉をうまく進展させるために、両者へ相当な進物を持参する必要があると伝えた。そしてこの条件が受け入れられなければ、自分は乗船しないだろうと述べた。後藤寿庵は困惑したが、他に方法がなかったのでやむなくソテロの言い分を政宗に伝えた。政宗はすでに相当の金額を船の建造のために出費していることを考慮し、ソテロの進言を受け入れてスペインとローマに使節を派遣することに同意した。政宗は直ちに教皇と国王への進物（蒔絵の黒漆机、長持、書棚などの木漆工芸品のほか屏風、具足など）を用意し、ソテロが要求する両者への親書を書くように命じた」（註7）

このアンジェリス書簡による政宗の使節派遣の当初の目的は、ヌエバ・エスパニアとの直接通商交易を開くためのものであり、スペイン本国とローマにまで使節を派遣すると決めたのは、船がほぼ完成した出帆直前のことであった。結果として政宗はソテロの提案を受け入れたのである。ソテロが政宗に提案した使節派遣国の変更の理由や背景などについては後述する。

アンジェリスは、ソテロがヌエバ・エスパニアまでという当初の渡航計画を変更し、スペインとローマへの使節派遣を政宗に迫った狙いは、ソテロが東日本の司教になるために、どうしてもローマまで行って教皇に謁見する必要があったからと証言している（註8）。

しかしながら、政宗がいかに度量のある人物であっても、ソテロの司教叙階の承諾を得る目的のためだけにスペインとローマまでの使節派遣に同意するはずはなく、アンジェリスは情報源の後藤寿庵から、ソテロが画策した極秘の目的についての情報までは入手できなかったのである。

3．答礼大使ビスカイノの帰国と使節船の建造

とりあえずソテロは、政宗と、ヌエバ・エスパニアとの通商交易の開始を目的とした幕府と伊達藩の合同企画の「訪墨使節団」を派遣するための、ナヴェッタ船（小型船）を建造することで合意した。『貞《てい》山《ざん》公《こう》治《ち》家《か》記《き》録《ろく》』（歴代伊達家の記録で正しくは「伊達治家記録」。この中の政宗の部分を「貞山公治家記録」という。貞山公とは政宗のこと）によると、慶長十八年三月十日付で、政宗が幕府船手《ふなて》奉《ぶ》行《ぎょう》向井《むかい》将《しょう》監《げん》忠勝《ただかつ》に送った書状に、向井将監（幕府）の正式な許可を得て南蛮国（ヌエバ・エスパニア）への「訪墨使節団」の派遣を計画したと記されている。

「是ハ公、南蛮国ヘ船ヲ渡サルヘキ由、内々将監殿ト御談合アリ」（註9）

政宗が幕府と合同で「訪墨使節団」を編成した理由として、まず一つ目は、ヌエバ・エスパニア副王の答礼大使ビスカイノ一行をアカプルコ港まで送環すること。二つ目は、幕府から海外渡航証明の朱印状を発行してもらうことができること。三つ目は、幕府が禁止していた五百トン以上の船の建造を、幕府が直接関与することで、その造船許可を得ることができる、ということであった。そのうえ、船の建造費などすべての経費は政宗側の負担であるが、名目的とはいえ、使節の訪問国で皇帝

（将軍）派遣の使節団というイメージ戦略に利用できるためであった。

ちなみに、幕府は、開幕早々の一六〇六（慶長十一）年に、九州の大名（島津藩）を対象に五百石以上の大船を幕府が没収し、今後の建造を禁止した大船建造の禁令を出した。さらに三年後の一六〇九（慶長十四）年に、幕府は再びその周知をはかるために、西国大名を対象とする禁令を発布した。この際に東国の大名は対象外であったのではなく、東国には五百石以上の大船はなかったのである。『貞山公治家記録』に、徳川家康がヌエバ・エスパニア副王に親書の返書と具足や屏風などの進物を贈ったことが記されている。

「此時公方（将軍）ヨリ御具足御屏風等進物トシテ彼ノ国（ヌエバ・エスパニア）へ遣ハサル、去年（慶長十七年）彼ノ国ヨリ書信ヲ本朝（朝廷）ニ通ス、因テ大神（家康）君ヨリ御返書ヲ以テ商船ノ来往ヲ許サル」

家康がヌエバ・エスパニア副王に進物を贈った背景には、ルイス・デ・ベラスコ副王が答礼大使としてビスカイノ司令官を日本へ派遣し、家康にスペイン製枕時計（静岡・久能山東照宮博物館所蔵）などを贈ってくれた返礼の意味をこめて、副王宛ての返書とともに具足と屏風を贈ったのである。

既述したように、幕府は暴風雨で船を失ったビスカイノ一行をアカプルコ港まで送環しなければならない深刻な問題を抱えていたので、政宗の船で彼らを無事に送り届けられればよいと考えたのである。

一六一二年九月、「金銀島探検隊」の司令官兼答礼大使セバスティアン・ビスカイノは、家康と秀忠から ヌエバ・エスパニア副王宛ての返書を受けて金銀島探検に出発した。しかし、十月十四日暴風雨に遭遇し《サン・フランシスコ号》の船体はひどい損傷を受け航海困難となり、アカプルコ港へ帰り着くのが不可能となってやむなく浦川港に引き返した。ビスカイノは、家康と秀忠に使者を送り、新たな船を造って帰国するために必要な資金を借用したい旨を書面で陳情したが、幕府からは、必要な食料などは支給するから心配せぬようにという返事だけで、その具体的な実行は何もされなかった（註10）。

つまり、幕府は、ビスカイノの船の建造費などの援助要請を頭越しに拒否することもできず、困惑していたのである。

一方、須藤光興氏は著書『検証・伊達の黒船』で、「ヴィスカイノの要請に対し、秀忠が幕府の費用で造船する旨を伝達した。ところがヴィスカイノは、当時スペインでは三百トン以上の造船禁止と他国に大型船を建造させない政策があったため、「百トン以下」の条件を強行に主張したため、計画は成立しなかった」（原文のまま）と指摘している。だが、須藤説は客観的な史料に基づいたものではないので同氏の憶測にすぎない。

いずれにせよ、そうしたときに進められていたのが伊達政宗の「訪墨使節団」の派遣計画であった。当時、まだ日本では五百トン級の船をつくる技術や太平洋を横断する航海技術が乏しかったため、伊達政宗は渡りに船を得て、ビスカイノ司令官に船の建造や航海中の報酬などに関する契約を、ソテロの仲介によって結ぶことを申し出たのである。ビスカイノ側も、船の建造費などの経費をまったく負担することなくアカプルコ港に帰還できる手段ができたので、これを受け入れたのである。

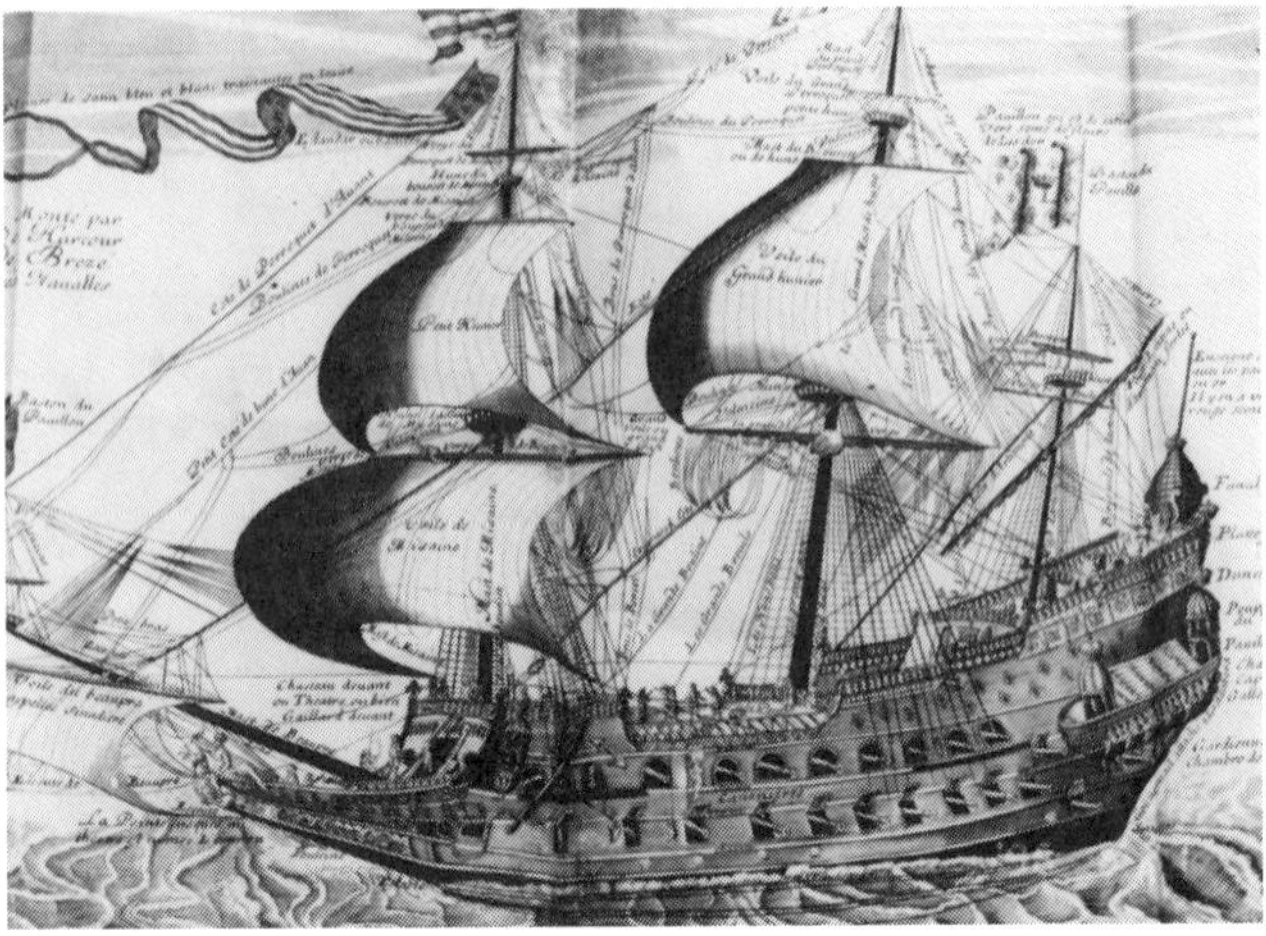

17世紀当時のスペインのガレオン船

こうした経緯について、『貞山公治家記録』に次のように記されている。

「政宗（ビスカイノの事情を）聞キ入レテ人ヲ遣ワシ、自ラ船ヲ造ラント欲シ、既ニ木材ヲ伐採セシメタレバ、（ビスカイノ）司令官及ビ船員ヲ此船ニテ渡航スベク、委細ハ家臣一人彼ニ代リテ商議シ政宗ノ家臣ト契約ヲ結ビヲリ」

これによって幕府側は、国賓として来日していたビスカイノ一行の帰国のめどがついたことで、一応国際的な面目を保ったことになり安堵したのである。

ビスカイノは、伊達政宗がヌエバ・エスパニアへ使節を派遣するにあたって必要な船の建造と航海技術の手助けをするために、政宗との間で次のような九カ条からなる契約を締結した（註11）。

(1)最初に、政宗は本年ヌエバ・エスパニアへ渡航するためにふさわしい船の建造と（食糧など）必要なすべてのものを供給することとし、スペイン国王は何ら支出をしない。
(2)航海士および士官合計二十六人に対してはアカプルコ港へ到着するまで、（スペイン国王陛下から支給されていた）俸給および（一人一日分の）糧食を（伊達政宗が）支給すること。ただし、司令官、警吏、水槽管理人、外科医ほか三、四人は国王陛下の官吏なので、その俸給は国王陛下が支給すること。
(3)前述した乗組員のうち、航海士長および船大工（造船技術者）は各五十タイス、同行者四十タイス、その他の士官各三十タイス、水夫二十五タイス、見習い水夫十五タイスを俸給として即時支払うこと。

17世紀当時のスペイン人造船技術者

(4)船を建造する場所である仙台（Guenday）まで陸路二百四十レグアスを（旅行するための）糧食代を（伊達政宗が）現金にて前渡しで支払うことと、馬を提供すること。
(5)スペイン人の衣服（などの所持品）を前述の船の建造地まで運ぶための船を無料で提供すること。
(6)フィリピン諸島の慣習に従って、前述した乗組員には関税や運賃を課さないで、商品積みこみの割り当てをすること。

(7)スペイン人も日本人もすべて司令官（の指揮に）従属すること。

(8)俸給を受けない人々（乗船者）に対しても、乗船の日からアカプルコ港に到着するまで食料をあたえること。

(9)日本人の渡航者については、（ヌエバ・エスパニアの）副王の命令（許可）がないので、日本人（乗組員）は、船の荷物係として、また、乗組員が足りないので、見習い水夫として少数の人数を乗船させること。

以上がビスカイノ司令官と伊達政宗が結んだ契約内容であるが、政宗はこの約束をすべて果たしたのである。

政宗とビスカイノが契約を結んだ後、ビスカイノ一行は一六一三年三月中旬に仙台に来た。伊達記録に、その際「すでに木材を伐採せしめていた」とあり、三月上旬までには幕府の船大工の指導のもとに船の材料は集め終わっていたと見られる。造船現場に到着したビスカイノと部下の造船技術者シモン・デ・カルモナとエステバン・ロドリゲスらが中心となり、幕府の造船奉行秋保《あきう》刑部《ぎょうぶ》頼重《よりしげ》、船大工与五郎と水手頭鹿之助、越之助などの助力を得て建造に着手したのである。さらに『貞山公治家記録』によると、

「南蛮人二人召寄セラレ、近日南蛮（ヌエバ・エスパニア）へ船ヲ渡サルニ就テ様子等相尋ラル、因テ向井将監殿へ御書差進セラル」

とあって、ビスカイノの部下の造船技術者カルモナとロドリゲスを招いて造船の進行状況を尋ね、これを幕府（向井将監）に報告している。また同記録に、

「九月六日、向井将監ヨリ書状並ニ黒船御祈祷ノ御守札進セラル、黒船ハ南蛮へ相渡サル船ナリ」

とあり、向井将監から書状と黒船御祈祷の御札が到着し、船の竣工が近くなっていたことが分かる。

結局、「訪墨使節団」は、ヌエバ・エスパニアでは日本の皇帝（将軍）が派遣した使節団であると受け止められ、格式の高い歓迎を受けたのである。プロローグで紹介した『チマルパインの日記』には「（支倉六右衛門《はせくらろくえもん》を）偉大な日本の皇帝（将軍）が派遣した大使」と記録されている。

日本では当時、ヌエバ・エスパニアを「南蛮国」と呼び、ヨーロッパを「奥南蛮国」と呼んでいたが、『貞山公治家記録』には、「（慶長十八年九月）十五日庚午、此日南蛮国へ渡サル黒船、牡鹿郡月浦ヨリ、発ス、……」と記されており、船はスペインとローマへ向けてではなく、南蛮国へ向けて出帆したとある。

なお、『貞山公治家記録』による「訪墨使節団」の公式団員は、首席大使のルイス・ソテロのほか、随行員として今泉令史、松木忠作（登明）、支倉六右衛門常長《つねなが》、西九助、田中太郎右衛門、内藤半十

郎、佐藤内蔵丞《くらのじょう》など伊達藩士が十二人、船手奉行向井将監忠勝の家人が十人ほどである。ローマ・ヴァティカン所蔵の「RELATIONE（報告書）」（註12）に記録されているローマ入市式の行列に参列した十六人を含めて「訪欧使節団」の日本人随行員は、支倉ら陸奥、尾張、摂津、京都、堺出身の日本のキリシタン代表者ら二十八人である。そのほかルイス・ソテロ神父、イグナシオ・デ・ヘスス神父、ヴェネツィア人執事グレゴリオ・マティアス、ヌエバ・エスパニア人通訳フランシスコ・マルティネス・モンターニョらが随行していた。これらの随行員のうちのヴェネツィア人グレゴリオ・マティアスは、一六一一年三月二十二日、セバスティアン・ビスカイノ隊の糧秣係（俸給額二百ペソ）としてアカプルコ港から《サン・フランシスコ号》に乗船して来日した人物であり、ヌエバ・エスパニアから「訪欧使節団」の随行員として、支倉六右衛門の執事兼日本語通訳としてローマまで同行した（A.G.I., Contaduria 903）。

ちなみに「訪欧使節団」の日本人随行員で、『治家記録』に名前が載っているのは支倉六右衛門だけであるが、政宗よりヌエバ・エスパニアの副王に宛てた書状に、「此布羅以・類子・曹天呂を使僧に相頼、侍三人相添候而、進之候、此内一人は、奥迄通り申候間、御状を被添被下候、其上路次中之事、諸事頼入候、今二人は、従貴国帰朝仕筈に候、……」（ソテロ神父には私の家臣三名を付き添いとし、そのうちの一人は、奥南蛮〈ヨーロッパ〉に赴き、他の二名は、貴国〈ヌエバ・エスパニア〉から帰国することになっております）と認めているように、政宗は「訪墨使節団」の正式メンバーのうち奥南蛮へは一人（支倉）だけを遣わすことにしていたのである。

支倉六右衛門常長の肖像原画写真
（国立国会図書館所蔵）

4.「支倉六右衛門常長」とは? 大使に選ばれた理由とは?

支倉六右衛門長経《ながつね》(通称常長) が大使に選ばれた経緯について、アンジェリス神父は、ローマのイエズス会本部へ送った一六一九年十一月三十日付書簡で次のように証言している。

「(政宗が) 大使に任命したのは一人のあまり重要でない家臣であった。彼の父は数カ月前に盗み(不動産横領罪) の罪で斬首 (日本側史料では切腹) されていたが、今大使に任命された彼をも日本の習慣に従って斬首 (同追放) に処するつもりであり、すぐに彼が持っていたわずかな俸禄 (知行《ちぎょう》) を召し上げてしまったところであった。このたびは死刑 (同追放) を免じる代わりに、スペインおよびローマまでの渡航の苦痛を味わうことに減刑するほうがよいと判断した。おそらく航海の途中で死ぬだろうと思って彼を大使に任命し、召し上げたわずかな俸録をも一応返した。それゆえ、ルイス・ソテロ師が、同行した大使はあまり高名な人物ではなく、ソテロ師がローマ入りするまでの全スペインとイタリア、そして教皇の御前で宣伝したような、政宗の親戚でもない」(註13)

この証言文は、支倉ら使節一行がローマを訪問した (一六一五年十~翌年一月) 四年後、帰国する約一年弱前に書かれたものであるが、アンジェリスが個人的にソテロを中傷したものではなく、事実をローマの上司に伝えたものである。この証言文の内容を精査すると、まず支倉六右衛門の実父山口飛《やまぐちひ》騨守常成《だのかみつねなり》の切腹と、その子六右衛門の追失（追放）については、奉行の茂庭石見守綱元《もにわいわみのかみつなもと》に命じた伊達政宗の自筆書状で、その正しさが証明されている。

次に支倉は「あまり高名な人物ではなく」、「教皇の御前で宣伝したような、政宗の親戚でもない」と記されているように、彼は仙台藩では家格が百七十番目で、六百石取り（六十貫文）の中堅の武士であった。さらにアンジェリスは、ローマのイエズス会本部からの書簡で、ソテロがスペインやイタリアで支倉が政宗の親戚であるとか、身分の高い人物であるなどと、かなり誇張して紹介したことを知り、前述の書簡で言われている支倉の身分を正しく知らせている。

ちなみに、ヴァティカン極秘文書館に所蔵されている「教皇パウルス五世宛て伊達政宗の書状」の日本語原文には「我等家之侍一人、支倉六右衛門尉と申者を同使者として渡申候」と書かれてあるが、ソテロが翻訳した同ラテン語原文の日本語訳では、「私の家中の支倉六右衛門と申す一人の貴族の騎士（武士）が同行するはずです」と、支倉の身分を誇張して訳している。

またセビィリャで発行された使節一行に関する報告書には、支倉について「奥州王の五百トンの船で、身分が高く、権力のある高貴な家柄の厳粛な大使（支倉）が来た」と、かなり誇張されて紹介されている。さらにフランスの「サン・トロッペ書簡（註14）」でも、「彼（支倉）は日本諸王のうちの一つ、奥州王の大使で、王家の近親者であると自称していた」と記録されているなど、いずれもソテロの指示だったと思われるが、あらゆる訪問先で支倉大使の実際の身分よりかなり誇張して伝えていたのである。

それにしても、異国の地に骨を埋めることになるかもしれないという理由だけで、支倉が大使に選ばれたのであろうか。それとも、他の特別な任務を課されて選ばれたのであろうか。

密使支倉六右衛門は、一五七一（元亀二）年に米沢城主伊達輝宗の家臣山口飛騨守常成の子として生まれた。

一五七七（天正五）年に伯父支倉紀伊守時正（一五四一〜一六一四）の養子となった。一五九六（慶長元）年、義父時正に二子助次郎が誕生したため、伊達政宗の命により、千二百石の家禄から柴田郡支倉村に六百石を分与され分家、支倉姓を名乗る。これにより支倉氏は、時正、助次郎、六右衛門の三家に分かれた。一六〇〇（慶長五）年、九戸《くのへ》政実《まさざね》の反乱に際し、白石七郎とともに敵方の領地に送りこまれ、街道筋の情報収集を命じられている。

六右衛門は分家を立てた前後に松尾木工《きく》と結婚し、二男一女をもうけた。長男勘三郎常頼は、キリシタンの擁護者として、一六四〇（寛永十七）年春、切腹を命じられた。また常頼の弟権四郎常道は、キリシタン信仰のゆえをもって、逃亡して行方をくらました。これらの顛末の後に、常頼の子常信が、一六六八（文永八）年六月、一旦断絶した支倉家を再興した。

支倉は世界の帝王たるスペイン国王とローマ教皇相手に、綱渡りのような外交交渉を余儀なくされたので、大局を見すえる判断力と、腹のすわった決断力とを合わせ備えた人物であったようだ。支倉常長の人物評価に関する海外記録を見ると、まず、一六一四年十月三十日付でヌエバ・エスパニア副王グアダルカサール侯が国王陛下に宛てた「使節の訪問目的に関する書簡に対するインディアス顧問会議の上奏文」（註15）の中で、副王は、「大使（支倉）は重責を担う人物であり、その交渉に能力があり、非常に信頼されています。そのため（彼に随行してきた）修道士たちは陛下が彼に対して栄誉と恩恵を与えるべきであると言っていました」と高く評価している。

また、一六一四年十一月四日付でセビィリャの通商院長のドン・フランシスコ・デ・ウアルテがインディアス顧問会議に宛てた書簡には、「私には（支倉は）尊敬に値し、沈着で知慮があり、談話巧みで、控え目な人物であると思えました」とあり、さらに、スペイン国王が一六一五年八月一日付で、ローマ駐在大使ドン・フランシスコ・デ・カストロ伯爵へ宛てた書簡では、「（大使は）誠実で尊敬できる人物であり、人柄も賞賛を受けるに値し、当地ではうまく自己管理（自制）していました」と支倉の人柄を絶賛している。このように支倉は語学力には欠けていたが、世界に通用するかなり高い教養を身につけていたことが分かる。

そして何よりも支倉は人一倍忍耐強かった。支倉は使命を果たすため、七年余りの歳月を、健康を犠牲にしながら命を懸けて、黙々と仕事を続けたのである。彼はどんな困難に直面しても、困難は忍耐を生み出し、忍耐は練達を生み出し、練達は希望を生み出す、そして希望は失望に終わることはないと確信し、苦悩との闘いに打ち勝とうとした「不撓不屈《ふとうふくつ》の精神（＝百折《ひゃくせつ》不撓《ふとう》の精神）」の持ち主であった（註16）。

こうした支倉の人柄がにじみ出ているのが、故国を離れてから五年目に、マニラから、息子の勘三郎常頼宛てに書き送った手紙の内容である。これには母を気遣い、妻を案じる思いやりの心がその筆遣いに切々と表れている。人一倍責任感の強い武士だった支倉は、また人一倍愛情のあつい人でもあったようだ。そして支倉は、家族が心配しないように、どん底にあった自分の状況については露ほども筆にしなかった。

註1. Manuel Lucena, Juan Sebastian Elcano, Editorial Ariel, 2003

註2. Montero Vidal, "*Historia de Filipinas*", Tomo 1, Capitulo IV, i Madrid, 1887

註3. A.R.S.I., Jap. Sin. 34, Documento No.1-5, f.31

註4. A.S.V., I-XVIII, 1838,

註5. A.G.I., México, 299

註6. A.S.V., Fondo Borghese, Serie IV, No.63

註7. A.R.S.I., Jap. Sin. 34, Documento No.1-5, f.31

註8. A.R.S.I., Jap. Sin. 34, Documento No.1-5, f.31-32

註9. 『貞山公治家記録』巻之二十七

註10. Carta de Sebastian Vizcaíno al rey Felipe III, 1611, marzo, 21, Acapulco, A.G.I., Filipinas, 193, N.

註11. D. Vicente Riva Palacio, México a través de los Siglos, Editora Nacional, 1963, pp.556 557.

註12. A.S.V., Fondo Borghese, Serie IV, 193-197

註13. A.R.S.I., Jap. Sin. 34, Documento No.1-5, f.31

註14. Recueil des Manuscrits fait par le conseiller peyresc du parlement d'Aix en provence, FF.251-253

註15. A.G.I., Filipinas, 1, no.223（大泉光一『支倉六右衛門常長「慶長遣欧使節」研究史料集成』第2巻〈雄山閣〉二〇一三年、一一〇頁）

註16. 大泉光一『支倉常長——慶長遣欧使節の悲劇』（中公新書）一九九九年、一〇五頁

第三章　伊達藩単独の訪欧密使の派遣

―ローマ教皇庁へ使節を派遣した目的

1. ソテロ神父、政宗に渡航先変更を嘆願

使節船の出発準備の一連の作業である艤装《ぎそう》が終わりにさしかかるのを見定め、政宗が計画を取りやめることができなくなった時点で、ソテロはヌエバ・エスパニアまでという当初の計画を変更し、スペイン国王陛下とローマ教皇のもとに「訪欧使節団」を派遣すべきであると進言したことについて、アンジェリスは次のように証言している。

「船が艤装されてから、フライ・ルイス・ソテロは後藤ジョアン（寿庵）に対して、政宗がスペインの国王陛下とローマ教皇聖下のもとに使節を派遣すべきであることを指摘し、ナベッタ（小型）船が商品の売却のために好ましい結果をもたらすよう、両者へ相当な進物を持参する必要があると伝えました。（これを聞いた）後藤ジョアンは大変憤慨して、フライ・ルイス・ソテロに対して、ナベッタ船を建造する前に使節のことを話さず、政宗が船を艤装するために半年間多額の出費をした後になってから話したのはどうしてですか、と問い詰めました」（註1）

その際ソテロは、後藤寿庵を通して政宗に対し、この条件が受け入れられなければ自分は乗船しないと伝えた。これに対し政宗が反対せずにスペイン本国とローマへの使節派遣を無条件で承諾したの

は、ソテロ神父が使節派遣計画の企画者であり、また使節の大使兼交渉役として「余人をもって代え難き人物」であるのと同時に、政宗にとって、自分の目的さえかなえられれば使節の行き先がどこであろうが、あまり重要なことではなかったからである。つまり、もしソテロ神父が乗船しなければ、使節派遣計画自体が頓挫し、莫大な損失を被ることになるからである。そして何よりも政宗が、ソテロが政宗に勧説した訪欧使節派遣の目的に同意したからにほかならない。

さて、政宗とソテロがヌエバ・エスパニアまでという当初の計画を突然変更し、スペイン国王陛下とローマ教皇聖下のもとに「訪欧使節団」を派遣することを決めた理由を知る手がかりとなるのが、「日本のキリスト教徒の連署状」（一六一三年十月一日付）と「畿内キリシタン連署状」（一六一三年九月二十九日付）（いずれもヴァティカン極秘文書館所蔵）の二通の連署状である（註2）。

これらの連署状は、「訪欧使節団」の正式な随行員としてソテロや支倉らとともにローマまでたどり着いた、ソテロが主宰していた「勢数多講《せすたこう》（Sexta）」という「信心講（Confraria）」（フランシスコ会第三会）に所属していたトマス・滝野嘉兵衛《たきのかへえ》、ペトロ・伊丹宋味《いたみそうみ》、フランシスコ・野間半兵衛《のまはんべえ》の三人が、一六一五年十一月二十五日、日本のキリスト教徒の代表として、ローマ教皇に個別に謁見した際に奉呈されたものである。これらの連署状の日付を見ると、いずれも使節船が日本を出帆する一カ月前に書かれて署名されたことが分かる。

これらの連署状の内容から推察できることは、ソテロが（使節船の建造中に）自らが主宰する「勢数多講」に所属している信徒たちと、幕府によるキリシタンの迫害について話し合い、日本のキリシタンが信仰を守って生き延びるための手段として伊達政宗と手を結び、政宗を日本におけるキリシタンの王（指導者）として推挙し、ローマ教皇の認証を得ようと考えていたことである。

そしてソテロは、船が完成する直前にこの計画を政宗に打ち明けて了解を取りつけ、ヌエバ・エスパニアまでの使節団派遣に便乗する形で、極秘に「訪欧使節団」を編成したということである。この仮説を裏づける論拠や、前述の書簡と連署状の詳しい内容については、後述することにする。

このような状況下で政宗は、ソテロの言葉を全面的に信じて、スペイン国王とローマ教皇宛ての親書にはソテロが要求したことをそのまま書かせて署名したのである（註3）。

ソテロが最初からスペインとローマへの使節派遣を提案せず、船が完成する直前になって政宗に進言したのは、「訪欧使節団」派遣の真の目的を最初から明かしたのでは、ヌエバ・エスパニアとの直接通商交易を開始することを第一と考えていた政宗が、使節派遣計画を取りやめる恐れがあったからである。

ところで、「訪欧使節団」の真の目的とは一体何だったのであろうか。慶長遣欧使節派遣をめぐる最大の謎である、幕府のキリシタン禁令下に、ローマ教皇庁へ公然と使節を派遣したことと関係があるはずである。

ソテロは、幕府のキリスト教の禁教令で、自分が洗礼を授けた二十八人のキリシタンが処刑されるのを目撃し、また自らも捕らわれの身となり、火刑に処せられる直前に政宗に救出されるという経験から、日本におけるキリスト教の布教活動の前途に絶望感を抱いたと考えるのが妥当である。

そこでソテロは、徳川家と姻戚関係にある伊達政宗の保護のもと、自ら東日本区の司教になって、仙台領内で大々的に宣教活動を行うことをもくろんだ。そして、キリスト教に対し理解を示し、自らも洗礼志願者（Cathecumeno）となって（註4）、家臣にキリシタン改宗を勧めた政宗に、日本全国（三十万人以上）のキリスト教徒の指導者になるように勧説したのであろう。

それを現実のものにするためには、日本中のキリシタンの支持を得て、政宗がローマ教皇に「服従と忠誠」を誓い（註5）、彼ら（日本におけるキリシタン）の指導者として認証してもらう必要があった。そのためにソテロは、政宗に、スペイン国王とローマ教皇のもとに極秘に使節を派遣することを持ちかけたのである（アマティ『遣欧使節記』第十四章）。

つまりソテロは、政宗が日本で弾圧され始めていた三十万人以上のキリシタンと手を結んで領内に「キリシタン帝国」を築き、かつて世界最強と言われたスペインの強大な軍事力の支援を受け、家康の死後、将軍の座に就いて「キリシタンの王（カトリック王）」となり、ローマ教皇の配下になることを勧説したと推察される。

ちなみに、著者の既刊書では、家康の死後、将軍職を秀忠から政宗の娘婿松平忠輝（家康の六男）に譲らせ、自分は執権職に就くための討幕を考えていたと推察した。しかし、その後の研究の結果、政宗自身が天下取りの夢を捨てきれず、自ら「将軍職」に就くためにキリスト教を利用しようとしたことが分かったのである。

このように政宗がキリシタンと手を結んで幕府を討ち、自ら将軍職に就く野望を抱いていたことを裏づけているのが、一六一八年二月四日付でソテロがレルマ公爵とインディアス顧問会議議長に宛てた書簡である。

「《サン・ファン・バウティスタ号》の船長（伊達藩士横沢将監《しょうげん》）が（当地ヌエバ・エスパニアに）来ました。彼は高貴で立派な武士であり、当地で洗礼を受け、信仰心のあつい信徒になりました。彼が私たちに伝えたことによると、政宗は、家臣がキリシタンになることを切望しており、また自らもキリシタンへの改宗を望んでいます。指導者がいないために皇帝（将軍）から（信仰を捨てるように）堕落させられたり、迫害されたりしている三十万人以上の日本のキリシタンを政宗のもとに糾合させれば、皇帝を滅ぼすことができるでしょう。そうなったら彼は皇帝職に就いて、ながく自分の領地に「（キリシタン）帝国」を築くことを望んでいます。彼は、キリシタンの間では、自分たちの統治者には非常に信義（絶対服従心）にあつく、そして忠誠心を持つことを当たり前にしていて、それを実行することを知っています」（註6）

この書簡は、政宗の直接的な意志を伝えたものではなく、政宗の家臣の横沢将監の話にソテロ自身の私見を加えて書かれたものである。したがって、この文書は政宗の討幕に対する真意を裏づける客観的な証左にはならない。しかしながら、政宗の家臣がこのような重大なことをソテロに伝聞したということであれば、少なからず政宗自身の胸の内に、このような討幕の意志があったことが推察される。つまり、「火のない所に煙は立たない」ということである。またソテロの「三十万人以上の日本のキリシタンを政宗のもとに糾合させれば、皇帝を滅ぼすことができる」というレルマ公爵への訴えには、（政宗が）日本のキリシタンと手を結ぶことができるように取り計らってほしいという強い願いがこめられている。

また、このソテロの書簡を見ると、政宗は、統治者（指導者）に対する信義（絶対服従心、忠観念の倫理化）や最高善のために命を捧げるというキリシタンの倫理思想を、よく認識していたことが分かる。さらに、将軍は、政宗が（奥南蛮まで）訪欧使節団を派遣したのは、スペイン国王やキリシタンと手を結ぶ目的ではないかと疑っていたことを、アンジェリスは次のように証言している。

「天下殿（将軍）は政宗がスペイン国王のもとに派遣した使節のことを知っており、政宗が天下に対して謀反を起こす気であると考えていた。そのため、政宗は、スペイン国王への使節派遣は天下に対して謀反を起こすためでなく、またキリシタンと手を結ぶためでもないことを天下殿に示すべく、直ちに使者を彼のもとに遣わし、キリシタンに対する迫害を始め、そのうちの幾人かを処刑した」（註7）

次に示すアンジェリスの書簡から、政宗は天下に対する謀反の疑いをかけられたため、その疑いを晴らすためにキリシタン迫害に踏み切ったが、依然として家康と秀忠は、政宗がキリシタンと手を結んで謀反を起こすことを警戒して、幕府の船手奉行《ふなてぶぎょう》向井《むかい》将監《しょうげん》忠勝《ただかつ》を通して警告していたことが分かる。

「政宗は、スペイン国王とローマ教皇のもとに使節を派遣したことから天下を恐れるあまり、サマタゲ（迫害）を行っているものと思われる。将軍の父と将軍自身はすべて（一語解読不明）であり、この使節のことをあまり快く思っていなかった。むしろ彼ら（家康と秀忠）は政宗が天下に対して謀反を起こすため、スペイン国王、およびキリシタンと手を結ぶ目的で大使を派遣したと考えたのであり、将軍の船奉行である向井将監がそれを政宗に伝えた」（註8）

ヌエバ・エスパニアのアカプルコ港に一年間残留した「訪墨使節団」の随行員だった向井将監の家人たちが、帰国後、支倉とソテロが複数のキリスト教徒の日本人随行員を伴って、ヌエバ・エスパニアから奥南蛮へ向かった「訪欧使節団」の不可解な行動について、将監に報告したことが想像される。それを家康と秀忠が知り、政宗に対し「謀反の疑惑」の眼を向けたのであろう。アンジェリス神父は、こうした機密情報を、藩の遣欧使節計画を直接担当していた後藤寿庵《ごとうじゅあん》から入手していたのである。

2. 伊達藩の重臣たち、「訪欧使節団」派遣に反対する

政宗がソテロと支倉の二人の大使が率いる「訪欧使節団」を、スペイン国王とローマ教皇のもとに派遣することを決定すると、政宗の重臣たちは激しく反対した。その様子について、アマティの『遣欧使節記』第十四章に、次のように記されている。

「王（政宗）の側近（重臣）たちは、（王が）自らの親書と沢山の衣類と人を乗せた船を信頼し、どんな人かも分からない一人の神父にすべてを託し、本当に会えるかどうかも分からない（スペインの）王や（ローマ）教皇のもとに派遣することを、思いとどまらせようと言上した。王（政宗）は、天の神のことを良くわきまえて現世の事柄に関心を持たない人が、王を騙したり嘘をついたりするはずがないと答えた。そして皆を納得させるために、王は狩りに出た際に港に立ち寄り、そこにあった船中に入って見学し、王に仕えるすべてのスペイン人、官吏、水夫を召集してこう語った。〈この船は、私の領国内に神の掟を広め、宣教師たちを招く目的のためだけに建造され、派遣されるのである。よい旅行ができるように祈願することと、成功するように神を信じ、すべての面においてフライ・ルイス・ソテロ神父の命に従うことが大事である。宣教師たちが私の領国に戻った暁には教会の建造を命じるであろう。そして私たちは皆キリスト教徒になりましょう〉」

このように政宗が、スペインの有力な貴族出身とはいえ、世界中のキリスト教徒の最高指導者であるローマ教皇と世界における有力帝王のスペイン国王を相手にして、どこまで力を発揮できるか分からない一人の神父ソテロを信じて、彼にすべてを委ねようとしたことに対し、政宗の重臣たちは、当然のことながら大きな不安に駆られ計画を阻止しようとしたのである。特に重臣たちは、使節を派遣して本当にスペイン国王やローマ教皇に謁見できるのかどうか、疑問に思ったのである。しかし政宗はソテロを疑ったりはせず、逆にすべてを信頼して任せたのである。

こうした決断を下した政宗の度量の大きさに驚かされるのであるが、それだけ政宗は天下取りに対する執着が強かったのであろう。また、途方もない計画を立案し、それを見事に実行したソテロの能力にも驚かされるのである。政宗は、「(使節)船は宣教師を招くための目的だけに建造される」と強調し、極秘の目的についてはごく限られた者だけにしか明かしていなかったのである。

3. 政宗の周到な危機管理対策

政宗は、戦国武将として天下統一を目指し、豊臣政権時代に何度も謀反の嫌疑をかけられ窮地に追いこまれたことがあったが、その都度素早い対応で危機を乗り越えている。政宗は「訪欧使節団」派遣に際しても、スペイン国王とローマ教皇のもとに遣わした二人の密使が討幕のための「密命」をおびていたことが発覚した場合の、最悪の事態に備えた危機管理対策を講じていた。ソテロとの共同企画の密談を始める段階から、スペイン国王との九カ条から成る「申合条々《もうしあわせじょうじょう》(平和条約)」締結計画が、万一、幕府に悟られても、自分自身や藩に責任がおよばないように対策を講じたのである。その主な事前危機対応策として次の三点が挙げられる。

(1)使節の人選——政宗が使節の大使に伊達家の縁者や家老級の重臣を選んだ場合、順調にスペイン国との同盟締結や、ローマ教皇から政宗が日本におけるキリシタンの指導者(保護者)となるための認証を得る目的が果たせれば、何の問題もなく、大変好都合である。しかし、失敗した場合には幕府に対して弁解できない。万一、スペイン国王への使節派遣の責任問題が表面化した場合、末輩の家臣の不手際として処理しても何も文句を言われず、周囲のひとたちも、その程度の低い身分の人物であれば主君まで責任を問うことはできない。ということで選ばれたのが六百石の中級武士、支倉六右衛門長経《はせくらろくえもんながつね》（通称常長《つねなが》）であった。つまり政宗は、この密命を帯びた使節派遣に際して、スペインとの同盟締結計画とローマ教皇との信任状を巡る外交交渉が、万一、幕府に悟られても、自分や藩に責任がおよばないように、最悪の事態に備えて、下級武士の支倉を大使に選んだのである。

(2)重要な証拠物件となる書簡や記録は何も残さなかった――政宗からスペイン国王とローマ教皇に宛てた書簡には、都合の悪い交渉事の内容については何も触れないで、「自分（政宗）が申し上げることはソテロあるいは支倉がよく知っているから、その（本音の）部分は彼らの口から聞いてくれ」と、使節の性格を最後まで、幕府派遣のものとも、政宗が単独で派遣したものとも、どちらにも取れるように曖昧にした。主要訪問国のスペインでも、ローマ教皇との謁見の目的について、日本（伊達藩内）においてキリスト教を広めるための宣教師派遣の依頼のためとし、本来の目的については極秘とした。そのためインディアス顧問会議から、一六一六年四月に使節一行がローマからスペイン（マドリード）に戻った際に厳しく問い詰められた。また、使節船の造船に関する記録や痕跡を、すべてこの世から消し去った。さらに、使節一行が旅行中に伊達政宗とやりとりした書状をすべて処分した。

(3)ヌエバ・エスパニアから本隊の「訪墨使節団」と別れて、ヨーロッパへ旅をした伊達藩士や日本のキリシタン代表者らで編成した「訪欧使節団」の随行員の姓名や素状などは、ソテロと支倉以外は最後まで極秘扱いにされた。

こうした周到な対策があったからこそ、アンジェリスの証言文のように、幕府から「使節派遣は、天下に対する陰謀のためであった」と疑われつつも、責任を追及されることはなかったのである。

4. 討幕説とアンジェリスの証言

政宗の「訪欧使節派遣」の目的が討幕のためであったとする説を裏づけるアンジェリス証言文以外の主な論拠として、次の点が挙げられる。

(1)まずは、詳細については後述するが、出帆間際に作成された慶長十八年九月四日付、政宗のスペイン国王フェリッペ三世宛て書状付録における「申合条々（スペイン語翻訳文は奥州王伊達政宗とヌエバ・エスパニア副王との平和協定）」の内容である。この「申合条々」によって伊達藩とスペイン国の間で同盟を締結する提案を行っているが、同協定の内容は明らかに徳川幕府の政策に逆行するものであり、たとえ伊達藩が独立国とはいえ公に許可されるものではなかった。それゆえ、「申合条々」の内容について、政宗が幕府の承認を得たとは到底考えられず、極秘のうちにスペイン国王と同盟関係を結ぼうとしたのである。

(2)慶長遣欧使節団が月ノ浦港を出帆する約一年前の一六一二（慶長十七）年後半に、フランシスコ会の宣教長となったディエゴ・デ・チンチョン師は、江戸のキリシタン迫害とそれに続くいくつかの殉教に関する詳細な報告を残している。この報告書によると、幕府は同年、駿府城内のキリシタン信徒に弾圧を加え、翌年の九月三十日（慶長十八年八月十六日）には、江戸城下の信徒（三千七百人以上）のうち、頭だった者二十八人を斬首した。「将軍の掟を破り、伴天連《ばてれん》どもの法に従い、キリシタンの組の頭だった者ゆえ、ここに死罪を賜わる」であった（ソテロ伝）。

こうした幕府のキリシタン禁教政策がすでに始まっていたにもかかわらず、政宗はローマ教皇パウルス五世宛ての親書の中で、正反対のキリシタン積極拡大策を表明しているが、これは幕府政治に対する挑戦である。

「…（略）…私はキリシタンになりたいと思うに至ったのですが、今のところ、どうしてもそうすることのできないような、差し障りになる事情があるため、まだ、そうするまでに至っておりません。しかしながら、私は、領分の国（奥州）で、しもじもの領民たちがことごとくキリシタンになるようにさらに勧奨するという目的のため、サン・フランシスコの御門派の中でも、とくにオウセレバンシア（オブセルヴァンシア＝厳律派の意味）に所属するパードレ衆（宣教師）を派遣していただきたく存じます。……（略）」（ヴァティカン極秘文書

館蔵）

また、この親書の最後の部分に、

「なお、このパードレ・フライ・ルイス・ソテロと、六右衛門とが、口頭で申し上げるはずですから、この人々の申し上げるところに従ってご判断いただきたく存じます。……（略）」

と、記されているが、公式な親書では伝えられない機密事項とは一体何であったのだろうか。こうした同様の文面は政宗のスペイン国王宛てやセビィリャ市当局に宛てた親書にも見られる。いずれにせよ、親書の内容はソテロの策略によるものであっても、政宗自身が直接署名していることから、内容について十分承知していたと判断すべきである。

(3)一六一四年二月一日（慶長十八年十二月二十三日）、幕府は本格的なキリシタン禁教令を発すると同時に、大久保《おおくぼ》相模守《さがみのかみ》忠隣《ただちか》を上洛させてキリシタン弾圧を開始した。この幕府の動きをいち早く政宗に知らせたのが柳生《やぎゅう》但馬守《たじまのかみ》宗矩《むねのり》（一五七一～一六四六）であった。これに対して政宗は、直ちに伴天連追放を命じるという内容の返書を送っている。

だが、政宗は幕府に対して表向きはキリシタン禁教令を発したように見せかけて、実際には伴天連追放などキリシタンの取り締まりはまったく行わなかった。政宗がキリシタン弾圧を開始したのは、支倉が仙台に帰着した一六二〇年九月二十日（元和六年八月二十四日）以降であった。

つまり、政宗は、スペイン国王やローマ教皇との交渉が失敗した報告を支倉から受け、日本国内のキリシタンの指導者となって討幕する夢を断念し、キリシタン弾圧に踏み切ったのではないかと推察される。

(4)既述したように、政宗は当初から幕府と協力して、ヌエバ・エスパニア副王の答礼大使セバスティアン・ビスカイノ司令官の送還と、ヌエバ・エスパニアとの直接通商開始のための「訪墨通商使節団」を編成し、支倉常長とルイス・ソテロのほか、伊達藩の今泉令史、松木忠作の二人と、幕府船手奉行向井将監忠勝の家臣数人を派遣している。つまり「訪墨通商使節団」の派遣は幕府と伊達藩が合同で計画したものである。そして「訪墨通商使節団」派遣計画に便乗する形で、その後スペイン本国とローマ（奥南蛮）までの伊達藩単独の「訪欧使節団」が派遣されたのである。

(5)政宗は使節一行と、フィリピン経由でスペインの定期船を利用して、頻繁に書簡のやりとりをしていたが（註9）、幕府のキリシタン禁制の取り締まりが年々厳しくなっているにもかかわらず、訪欧使節団に対し、日本へ引き返す指示を最後まで出さなかった。政宗は幕府の政策を無視して、最後まで自分の目的を果たそうとしたのである。そのため、幕府から、天下に対して謀反を起こすために使節を派遣したと疑われたのである。

(6)一六一六年二月二十九日（元和二年正月二十六日）付の、平戸イギリス商館リチャード・コックスの日誌に、「上総介《かずさのすけ》（松平）忠輝《ただてる》反乱のうわさが流れ、伊達政宗がこれを支持しており、戦乱の起こる恐れがある」と記述されている。コックスは同年八月二十日に、城代板倉伊賀守を訪ねて挨拶の言葉を述べたのち、陸路江戸へ向かった。途中、掛川で伊勢朝熊山へ護送される上総介忠輝の一行に出会い、幕府が伊達政宗を攻撃するとのうわさを耳にしている（註10）。

(7)支倉常長は、ローマ教皇に対し、伊達政宗とその領地を教皇の最高権力のもとに加えてくれるように請願している。結局、この申し立ては却下されたが、伊達政宗はローマ教皇の配下になれば、あわよくば未信者でもカトリック王として認められ、日本における三十万人以上のキリシタンの指導者（保護者）になることができ、また同時に、スペインとの軍事同盟締結も容易となって、討幕のためにスペイン艦隊を派遣してもらえると考えたのではないかと推察される。

(8)一六一八年二月四日にソテロがレルマ公爵に宛てた書簡の中で、「(政宗は) スペイン国王の友人であり、また従僕（seruidor）なので……」（註11）と、述べており、またアマティの『遣欧使節記』第二十章で、支倉がスペイン国王に謁見した際に、「我らの（奥州）王国すべてにおいて軍事力を備えております。陛下のお役に立つ機会があれば力を尽くしたいと望んでおりますので、いつでもお使いいただきたく国王陛下に請願いたします」と口上した。

(9)ソテロに呼応して「訪欧使節団」に加わったフランシスコ会第三会会員（日本のキリシタン代表者）の滝野嘉兵衛、伊丹宋味、野間半兵衛の三名が、一六一五年十一月二十五日にローマ教皇に謁見して奉呈した「日本のキリスト教徒の連署状」と「畿内キリシタンの連署状」に、「政宗が将来できるだけ早く支配者（将軍）になることを期待している」、また、「政宗が日本一の大名であり、日本の将軍になると言われている人物である」とそれぞれ記述されている。

さらに支倉六右衛門とソテロのローマ教皇との謁見の目的が、教皇聖下に「服従と忠誠」を誓うためであったということを、次に示す文書が裏づけている。

(1)一六一六年三月十日付のインディアス顧問会議からスペイン国王に宛てた意見書に、「大使はローマ教皇聖下に服従を誓いました」とある（註12）。

(2)アマティの『遣欧使節記』第二十七章に、「……奥州王に代わって、教皇聖下に服従と忠誠の誓いを無事にできるように導いてくれた神に対し、感謝したい」と記されている。また「（ボルゲーゼ枢機卿）猊下《げいか》は、我々の聖なる信仰がこれほど遠く離れた王国に根づき、キリスト教王として教皇座に服従したことを知って非常に喜び、使節が交渉で良い結果をもたらすように、我らの主とともに努力することを約束された」とも書かれている。

(3)使節一行がローマへ向かう途中に寄港した、イタリアのサヴォナの公式文書に、「（一六一五年）十月十日付で日本の王の一人が（ローマ）教皇に服従を誓うために派遣した日本人ドン・フィリッポ・フランチェスコが（二本マストの）小船でサヴォナに到着した」と記されている（註13）。

以上のように伊達政宗はスペイン国王の従僕（＝臣下）となり、そして支倉ら使節一行を通してローマ教皇に「服従」と「忠誠」を誓ったのである。ちなみに、「服従」とはおとなしくして、命令をよく聞くことの意味であり、「忠誠」とは二心を持たず、主人（国家）のために働くことである。

つまり伊達政宗は、キリシタンを弾圧している徳川家康や秀忠に服従して忠誠を誓うのではなく、世界中のキリスト教徒の最高指導者であるローマ教皇に服従して、忠誠を誓い、日本におけるキリシタンの指導者（保護者）として認証してもらうための外交交渉であった、と考えるのが妥当である。

いずれにせよ、使節派遣の目的が、ヌエバ・エスパニアとの直接通商交易の開始、（フランシスコ会の）宣教師の派遣要請、ソテロの司教叙階だけであったならば、伊達政宗がスペイン国王の臣下になって、スペインに対し軍事力面において役に立ちたいという意思表示や、ローマ教皇に対して「服従」や「忠誠」を誓う必要はまったくなかったのである。

5．死を覚悟した百五十名の船出―使節船の出帆地・造船地に関する新説

一六一三年十月二十八日（慶長十八年九月十五日）、支倉六右衛門とルイス・ソテロ、そして百五十名の日本人が《サン・ファン・バウティスタ号》（日本側史料によると、「黒船」）で、ヌエバ・エスパニア、さらにスペインへ向けて陸奥国牡鹿郡（現宮城県石巻市）月ノ浦を出帆したというのがこれまでの定説である。ところが近年、使節船《サン・ファン・バウティスタ号》の出帆地と造船地に関して、定説を覆す新説が注目されている。新説を提唱したのは、元宮城県石巻漁港事務所長の須藤光興氏と、宮城県宮城郡利府町郷土史会事務長で石巻専修大学非常勤講師の遠藤光行氏の二人の郷土史家である。両氏とも使節船の出帆地と造船地に関する定説に疑問を抱き、長年にわたって緻密な史料分析と現地調査を積み重ねた結果、使節船の出帆地を従来の「牡鹿郡月浦（現石巻市月浦）」の定説を覆

し、「雄勝浜月の浦（現・石巻市雄勝湾）」であるという新説を発表した。まず、遠藤氏は近刊書（小冊子）『サン・ファン・バウティスタ号出帆・造船の地―一次史料が語っている真実―』（二〇一五年十二月発行）の中で、次の三点を新説の主な論拠として挙げている。①伊達家の記録『真山記』に記載されている「遠島月浦」は、「牡鹿郡月浦」とは断定できず、「雄勝浜月の浦」も含まれている。②仙台藩が『真山記』の「遠島月浦（雄勝浜月の浦）」を『伊達治家記録』において「牡鹿郡月浦」と書き換えて隠蔽した疑いが濃厚である。③イエズス会のジェロニモ・アンジェリス神父が描いた蝦夷地図（イエズス会文書館所蔵）に同神父が添え書きした出帆地「トシマ・ツキノウラ」とは「雄勝浜」を含む「遠島」を指しており、「ツキノウラ」もしくは「ツキノヴラ」は「雄勝月の浦」であると断定できる。以上、三つの客観的な検証結果から、使節船《サン・ファン・バウティスタ号》の出帆地は「雄勝浜月の浦（現・石巻市雄勝湾）」であると立証した。これらの論拠のうち、特に、一次史料のアンジェリス神父の蝦夷地図による客観的な検証は、使節の出帆地の証左となるものである。

一方、「石巻市月浦」が定説として知られている造船地に関して遠藤氏は、「雄勝呉壺説」を支持している。しかし須藤氏は、自著書『伊達政宗の黒船―ねつ造された歴史の告白』（文芸社ビジュアルアート刊）の中で、「造船の決め手は進水方法にある」と述べ、その条件に最適な場所として「雄勝町雄勝浜」説を挙げている。詳細については上記書に譲ることにする。

ソテロは、使節一行とともに乗船する直前、長崎にいる上司に布教活動の継続のため、他の宣教師を奥州に派遣することを求めた。しかし、彼の出発後まもなく、幕府のキリシタン禁令が厳しくなり、他の宣教師を奥州に派遣するようにという彼の願いは、かなえられなかった。

使節一行が乗った《サン・ファン・バウティスタ号》の月ノ浦出帆からアカプルコ港到着までの航海日誌は、ビスカイノの部下でロレンソ・バスケスのような熟練した航海士や水夫らによって作成されたであろうが、現存していないため、太平洋横断の詳細な針路、緯度など具体的な航海の様子を知ることはできない。

しかし、ビスカイノの『金銀島探検報告』によると、使節一行の航海は数回の暴風雨に遭っただけで、比較的穏やかなものであったことが分かるが、航海六十日でカリフォルニアの陸地の見える所まで達し、それからアカプルコ港までさらに三十日を要したことになっている。

話は変わるが、東京オリンピックが開催された年の一九六四年九月、著者はメキシコ国立自治大学（UNAM）に留学して経営学を学ぶかたわら、使節一行の足跡を追うため、大阪商船（当時）の南米定期船「あるぜんちな丸」（一万九百トン）で横浜港大桟橋を発った経験がある。晴れ渡った静かな横浜港を船出したというのに、三日目くらいから海は嵐の様相を呈した。身の毛がよだつような大波が、まるで大砲の弾のような大音響を舷側に轟かせていた。一万トン以上の巨船でも、太平洋のまっただ中に乗り出しては一枚の木の葉同然であり、自然の猛威の前にはなすすべもない。船酔いは重苦しく、頭をおさえ胃はさいなまれ、この時には何よりも食事ほど嫌なものはなかった。船が南下するにつれ波は静まり、船酔いにも慣れて、著者は自分を取り戻していた。

ビスカイノ司令官の『金銀島探検報告』に、《サン・ファン・バウティスタ号》は数回の暴風雨に遭いながら、ようやく乗り切って、出航三カ月後にカリフォルニアのメンドシノ岬にたどり着いたと記されている。著者の「あるぜんちな丸」の体験から想像されることは、わずか五百トン余りの木造船《サン・ファン・バウティスタ号》は暴風の激しいゆれで、使節たちは立っているどころか、安心して横臥していることもできず、激しい船酔いに苦しみながら、マストなどに身体を縛りつけねばならなかったはずである。使節たちにとってまさに生地獄のように思えたに違いない。その航海は、著者の経験をはるかに越える激しいもので、「死なないでたどり着けば幸運」と言わねばならぬほど苦しく、危うく、ひたすら忍従するのみのものだったに違いない。

当時の航海で暴風雨のほかに多大の犠牲者を出したのは、ビタミンCの欠乏による壊血病と、食物や飲料水の腐敗による中毒といった病魔であった。使節一行の中にも航海中に壊血病になったり、船酔いの苦しみが長く続いて栄養失調で病死した者がかなりいたはずである。

《サン・ファン・バウティスタ号》の太平洋横断の航海は、当時世界で最高水準といわれた航海術を習得していたベニト・デ・パラシオ船長や水先案内のロレンソ・バスケスなどのスペイン人航海士や水夫が中心になって行い、日本人乗組員はその下働きをしたのである。

《サン・ファン・バウティスタ号》は月ノ浦を出帆して、先ず針路を牡鹿半島沖を東に走る北太平洋海流に乗ってカリフォルニアに向かい、それから海岸に沿って南下し、サカトゥラを経て、一六一四年一月二十五日（アカプルコ港の要塞責任者から副王に宛てた書簡には、一月二十九日に到着となっている）にアカプルコ港に到着したのである。

6. 使節出帆後にうわさになった政宗の討幕計画

使節一行が月ノ浦を出帆して三カ月後の一六一四年二月一日（慶長十八年十二月二十三日）、幕府は改めてキリシタン禁教令を発すると同時に、本格的なキリシタン迫害を始めた。ところが、政宗は幕府に対して表面的にはキリシタン禁教令を領内に発するかのように見せかけ、実際には多数のキリシタンを領内で保護していた。

支倉・ソテロら使節一行がスペインを訪れていた時期の一六一四年十一月二日（慶長十九年十月一日）、徳川家康は諸大名に対して、大坂攻めの命令を下した。いわゆる大坂冬の陣の始まりである。

政宗は、大坂城への出陣の命令はすでに予期していたことだった。大坂城には、家康の禁制で迫害された多数のキリシタンたちが入城して気勢を上げていた。大坂では豊臣秀頼が、仙台では政宗が彼らを保護したのである。

その理由は二人の信仰心からというよりは、将来、謀反を起こす際にキリシタンと手を結ぶ必要があったからだろう。

伊達政宗の幕府に対する謀反説の、確たる証左になる一次史料は存在しない。しかしながら、それを傍証する作者不明の「東奥老士夜話」（『仙台叢書』第八巻）という資料がある。幕府軍による仙台征伐を想定し、政宗が幕府軍との戦いに備えた秘密作戦計画を準備していたと伝えられている。同書では仙台を中心に、軍事上重要な自然地形や、要害地での進退、攻守の形勢などが詳しく論じられている。

一六一三（慶長十八年）の大久保長安事件に端を発し、それが松平忠輝事件へ連鎖して、遣欧使節の派遣までもが嫌疑の目で見られるなど、一連の「政宗謀反」のうわさが全国に流布したのは一六一六（元和二）年ごろであった。

7．東京帝大教授〝箕作元八博士〟の討幕説の根拠
—明治三十四年にラテン語混じりのドイツ語論文を発表—

伊達政宗の討幕説の傍証となるヴァティカン機密文書館所蔵「畿内キリシタン連署状」とラテン語文の「日本のキリスト教徒の連署状」を日本人として初めて検分したのは、明治二十年代初期に歴史学の研究のためドイツ・ハイデルベルク大学、テュービンゲン大学に留学し、明治二十四（一八九一）年に同大学より歴史学の博士号を取得した箕作元八《みつくりげんぱち》博士（一八六二〜一九一九）である。

同博士は明治二十二年ごろにヴァティカン文書館を訪れたとき、上記書簡（連署状）二通の所在を確認し、「伊達政宗のローマ教皇パウルス五世宛て親書」とともに検分したのである。

箕作博士は、明治二十五年に一次帰国したが、その後明治三十三年に再びフランスなどに留学した。その翌年の明治三十四（一九〇一）年にドイツの権威ある歴史学術誌〝Historische Beitschrift（歴史学

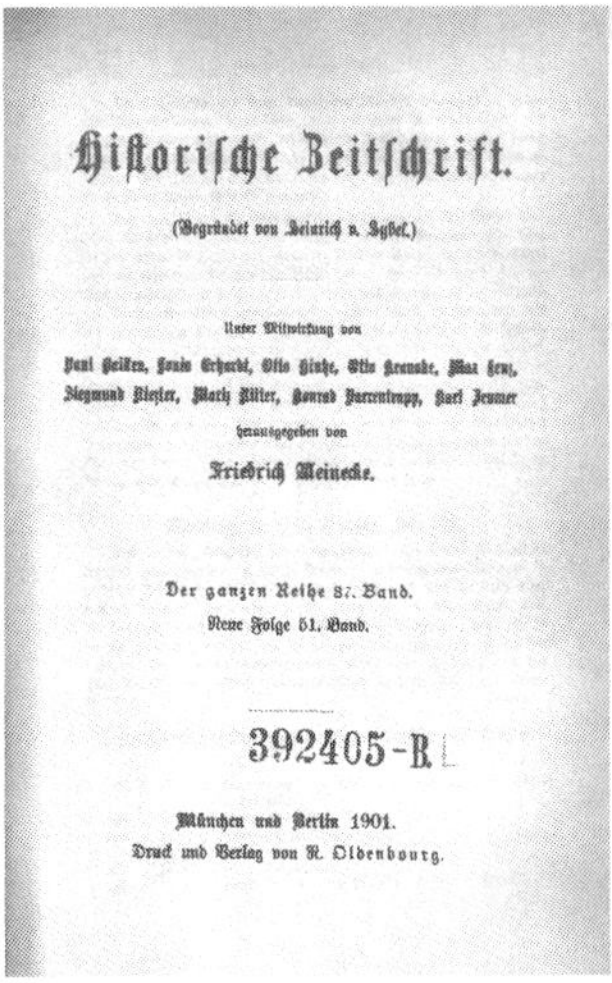

Historische Zeitschrift.

(Begründet von Heinrich v. Sybel.)

Unter Mitwirkung von

Paul Bailleu, Louis Erhardt, Otto Hintze, Otto Krauske, Max Lenz, Siegmund Riezler, Moriz Ritter, Konrad Varrentrapp, Karl Zeumer

herausgegeben von

Friedrich Meinecke.

Der ganzen Reihe 87. Band.

Neue Folge 51. Band.

392405-B

München und Berlin 1901.

Druck und Verlag von R. Oldenbourg.

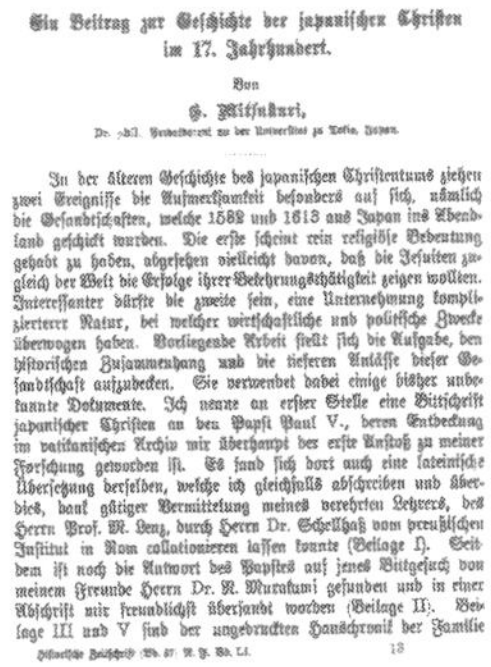

Ein Beitrag zur Geschichte der japanischen Christen im 17. Jahrhundert.

Von

G. Mitsukuri,

Dr. phil. Privatdozent an der Universität zu Tokio, Japan.

In der älteren Geschichte des japanischen Christentums ziehen zwei Ereignisse die Aufmerksamkeit besonders auf sich, nämlich die Gesandtschaften, welche 1582 und 1613 aus Japan ins Abendland geschickt wurden. Die erste scheint rein religiöse Bedeutung gehabt zu haben, abgesehen vielleicht davon, daß die Jesuiten zugleich der Welt die Erfolge ihrer Bekehrungsthätigkeit zeigen wollten. Interessanter dürfte die zweite sein, eine Unternehmung komplizierterer Natur, bei welcher wirtschaftliche und politische Zwecke überwogen haben. Vorliegende Arbeit stellt sich die Aufgabe, den historischen Zusammenhang und die tieferen Anlässe dieser Gesandtschaft aufzudecken. Sie verwendet dabei einige bisher unbekannte Dokumente. Ich nenne an erster Stelle eine Bittschrift japanischer Christen an den Papst Paul V., deren Entdeckung im vatikanischen Archiv mir überhaupt der erste Anstoß zu meiner Forschung geworden ist. Es fand sich dort auch eine lateinische Übersetzung derselben, welche ich gleichfalls abschreiben und überdies, dank gütiger Vermittelung meines verehrten Lehrers, des Herrn Prof. M. Lenz, durch Herrn Dr. Schellhaß vom preußischen Institut in Rom collationieren lassen konnte (Beilage I). Seitdem ist noch die Antwort des Papstes auf jenes Bittgesuch von meinem Freunde Herrn Dr. N. Murakami gefunden und in einer Abschrift mir freundlichst übersandt worden (Beilage II). Beilage III und V sind der ungedruckten Hauschronik der Familie

Historische Zeitschrift (Bd. 87) N. F. Bd. LI. 13

(左)『歴史学寄稿論集』表紙、(右)箕作元八博士のドイツ語論文(1901年) 出典:ウィーン国立図書館所蔵、392405-R(著者撮影)

寄稿論集)〃(pp.193-223)に投稿したラテン語混じりのドイツ語による「伊達政宗羅馬遣使の目的」に関する論文「Ein Beitrag zur Geschichte der Japanischen Christen im 17 Jahrhundert(十七世紀における日本のキリスト教の歴史に関する寄稿論文)」を発表した。この中で箕作博士は、政宗の「遣欧使節派遣の目的」について、前述の二通の書簡(連署状)を引用して詳細に紹介している。

この学術論文の要旨は、わが国の『史学時報』と、『史学界』(註15)第三巻、第十一号(明治三十四年十一月発行)に「伊達政宗羅馬遣使の目的—ドクトル箕作氏論文の要旨—」と題して紹介されている。同博士の論文に記されている討幕説の主な根拠は次のとおりである。

(1)家康及其子秀忠の権力確立するに及びて、耶蘇教の国家統一に適せざるを見、千六百十二年（慶長十七年）更に禁令を出して、残酷なる処刑を始めたり。此年フランシスコ派のルイス、ソテロという者当時猶江戸の廓外なりし浅草に礼拝堂を建てて、僅かの信徒を集めたり。翌千六百十三年（慶長十八年）将軍はソテロ及日本人の耶蘇教徒二十九人を捕縛せしめ日本人は盡く処刑せられたり。ソテロは仙台侯伊達政宗の請哀に由りて、赦免を蒙り、後遂に政宗の使節として、マドリッド及羅馬に派遣せらるるとなれり。

(2)……狡獪《こうかい》なる奥州侯政宗は此外猶一の野心を抱懐せり。何ぞや。彼は日本の耶蘇教徒、西班牙王並に羅馬法王の保護によりて、全日本を掌握せんと欲せしなり。是事に至りては、従来の学者、不思議にも精密に論じたるものなし。

(3)書中政宗は王がオブセルヴァンシャ派の僧を其領内に送り、又政宗と同盟を為さんことを請う。支倉は之に加へて奏して曰く、「政宗は彼の身体、彼の領国、並に彼の有する一切の者を陛下の保護の下に置き、然して彼の親誼と彼の忠勤とを捧げん」とを欲すと。即ち見るべし、政宗の用意周到なる、其胸奥の真意は之を紙上に直写せずして、之を支倉及ソテロに口頭の訓令を以て示したることを。

(4)ベネチア公使シモン・コンタリーニ（Simon Contarini）が其政府に宛てたる報告に拠れば、ソテロは使節中の発言者として『彼の王（政宗）は、今後幾くもなく、今より一層高き王冠を戴くべく、其時に及べば、啻（タダ）に彼自ら羅馬教会の基督信者となるのみならず、併せて一切の他の者をも之に引き入るべし』と確言せりといふ。此『一層高き王冠』とは、取も直さず、将軍を指せるものならざるべからず。

(5)……日本基督信者の願書（請願書）中に曰く、『大なる門戸は既に開きぬ。上帝（将軍）は上述の奥州の王を照耀したまひぬ。王は其勢力の大なるに於て、何人をも凌駕す。而して予等は王（政宗）が出来得る限り早く皇帝（将軍）とならんことを期待すればなり。而して王は其理会力の敏鋭と、其精神の偉大なるとに於て、一切の人々の間に赫々たる明星の如く輝けばなり。此事に就きては、上記の三人（トマス滝野嘉兵衛、ペドロ伊丹宋味、フランシスコ野間半兵衛）（この請願書の持参人）の報告によりて、更に詳かに聞き給ふべし』と。

(6)……特に此耶蘇教徒との同盟は、西班牙と親交する前提にして、西班牙の強大なるは、当時日本の善く知る所、其船舶と大砲とは邦人の甚尊重するところ成りき。故に政宗も彼等耶蘇教徒の助力を以て、決して侮るべからざるものとなしとは之を推測するを得べし、予は傲慢にして野心満々たる政宗は其の願望の成就したる暁には、果たして西班牙の権力を認めたるべきや否やを疑ふものなり。

以上が、箕作博士の、ヴァティカンに所蔵されている一次史料に基づく政宗の討幕説の主な根拠である。この討幕説は、当時の歴史学会で非常に注目を浴び話題になった。ところが、明治三十五年以降、慶長遣欧使節関係の研究が『大日本史料』第十二編之十二の編纂を担当した東京帝国大学史料編纂所教授・村上直次郎博士に引き継がれるようになってからは、どのような理由からか分からないが、箕作博士の「討幕説」は闇に葬られ、使節派遣の目的がヌエバ・エスパニアとの直接通商交易の開始のためであったという謬説《びゅうせつ》が通説となって、現在に至っているのである。

註1．A.R.S.I., Jap. Sin. 34, Documento No.1-5, f.31

註2．日本のキリスト教徒のローマ教皇パウルス五世宛てラテン語訳書簡（一六一三年十月一日）（慶長十八年八月十七日）付（A.S.V., AA: ARM 1, XVIII, 1838, Arm.VII, Caps. V. No.27）

註3．A.R.S.I., Jap. Sin. 34, Documento No.1-5, f.31

註4．A.R.S.I., Jap. Sin. 34, Documento No.1-5, f.31

註5．A.G.I., Filipinas, 1, 244

註6．A.G.I., México, 299

註7．A.R.S.I., Jap. Sin. 34, Documento No.1-5, f.37

註8．A.R.S.I., Jap. Sin. 34, Documento No.1-5, f.42

註9．A.G.S., R. 263

註10．Cocks Diary, Vol. 1, p.166

註11．A.G.I., México, 299

註12．A.G.I., Filipinas, 1, 244

註13．Repertori di biobiliografia italiana N. 64, 1794

註14．当時の潮汐と風と吉日を根拠にして、使節一行の出航日を慶長十八年九月二十日か九月二十一日である（須藤光興著『伊達政宗の黒船―ねつ造された歴史の告白』文芸社ビジュアルアート刊、二〇〇六年、三九頁）、と推察した説があるが、アマティの『遣欧使節記』第十五章や使節一行の「ローマ入市式の報告書」（A.S.V. Fond Borghese Serie Ⅳ. 193p）などの記録には、出航日は西暦一六一三年十月二十

八日（慶長十八年九月十五日）と記されており客観的な史料が欠けている須藤説は憶測にすぎないと言える。

註15・『史学界』第三巻、第十一号、冨山房雑誌部、一九〇一（明治三十四）年十一月、一一四九～一一六六頁

第四章　メキシコで不当な待遇を受けた使節一行

―使節団と「申合条々」の信憑性を疑われる

1．アカプルコ港での出来事

一六一四年一月二十九日、支倉ら使節一行は使節船《サン・ファン・バウティスタ号》でヌエバ・エスパニアのアカプルコ港に無事到着した。

アカプルコ港の要塞監督官ペドロ・デ・モンロイ法学士は一六一四年一月二十九日付でヌエバ・エスパニア副王宛てに、日本からの船が到着したことを知らせた次のような書簡を送っている。

「日本船が到着した通知。

日本から送付された一通の封書はサン・フランシスコ修道会の修道士からの日誌である。

本日、一月二十九日（アマティの『遣欧使節記』では一月二十五日）、本港に《サン・ファン・バウティスタ号》という名の日本からの（大型の）船が到着しました。（船を）訪れましたところ、ロレンソ・バスケスという舵手（水先案内人）が封印された文書を渡してくれましたが、その封書以外に閣下に報告することは見当たりません。（以下略）（註1）

使節船名について伊達藩の『治家記録』には「黒船」とだけ記されているが、このモンロイ書簡によって正式な使節船名が《サン・ファン・バウティスタ号》と命名されたことが分かる。

1615年当時のアカプルコ港（Speilbergenによる銅版画）

使節一行は、アカプルコ到着後、副王ドン・ディエゴ・フェルナンデス・デ・コルドバ・マルケス・デ・グアダルカサール侯の入国許可を待つため一カ月余り滞在した。アカプルコ港は、一五二一年にスペイン人、ヒル・ゴンサレスによって開港され、植民地時代はヌエバ・エスパニア―フィリピン間の航路の重要拠点であった。岸に迫る緑の山、あくまで青く澄んだ海が呼び物で、現在は世界有数のリゾートとして知られ、世界の最も美しい港の一つに数えられている。

アマティの『遺欧使節記』第十六章は、一行が歓迎された様子を次のように伝えている。

「船《サン・ファン・バウティスタ号》が海岸に接近すると、親善の合図と大砲による祝砲が繰り返されたので、港からも同様に行い、多数の銃砲部隊が太鼓、笛、ラッパと小太鼓で出迎えて王宮まで使節を護衛した。王宮では使節一行への大いなる栄誉が与えられ、素晴らしく豪華な歓迎のための装飾が施された宿泊施設に案内され、牛祭り、闘牛、その他の催しでもてなされ随行員は大いに喜んだ」

しかしながら、副王グアダルカサール侯は、日本人随行員の尊大で傲慢な態度、好戦性、すでにアカプルコでも引き起こしていた騒動に対し、少なからず懸念と不安を抱いていたのである。

一六一四年三月四日、副王はヌエバ・エスパニアでの日本人の滞在条件として、支倉六右衛門《はせくらろくえもん》とその随行員六名（今泉令史、松木忠作、西九助、田中太郎右衛門、内藤半十郎と支倉の従僕）、ドン・トマス（滝野嘉兵衛）とそのお供二名（伊丹宋味と野間半兵衛）を除いて、全員から（大小両刀、槍などの）武器を取り上げよと命じた（註2）。武器は保管しておいて、彼らが日本へ帰国する際に返却されるというものであった。

もちろん、副王はヌエバ・エスパニアの住民の中にも、日本人が現地に持って行った商品を強奪したり、勘定をごまかしたりする者が多くいることを十分承知していた。そうした事情を踏まえて、日本人商人と商売行為を行う場合は、訓令に従って公共の場所で行うように命じたのである。そしてお互いに争いを避けるために、副王は一六一四年三月五日付で、裁判所の判事で軍事裁判長アントニオ・デ・モルガ宛てに次のような内容の命令書を送った。

「日本から、本年、大勢の日本人と商品、個人的な商売品を載せた船が一隻、ヌエバ・エスパニアに到着した、その処理のために、彼らがメキシコ市やこの地方の他の地区・場所に行くのを認める必要があり、そうするのが適切である。彼らは見てのとおりの性質・気性の人たちなので、争い、騒動、喧嘩のいかなる機会もつくらぬように、スペイン人、現地人（先住民）、ムラート（先住民と黒人の混血）、…（中略）…との交易、交際、交流において取るべき方法について命じておくほうが良いと思われた。同様に、スペイン人、現地人、…（中略）…は日本人に対し、悪意な行為や言葉、不正、暴力、また彼らをいら立たせる、不和の原因となるような、あるいは他の暴挙をすることなく、すべて上記のとおり行動するように。それ故、閣下は以下を命じる。いかなる身分、資格、地位の人であれ、スペイン人、メスティーソ（スペイン人と先住民の混血）、現地人、ネグロ（黒人）を問わず、言語、行為のいずれによっても、日本人の誰からも、その意思に反して商品や代金を取り上げたり、彼らがそれらをどこででも売却する自由を奪ってはいけない」（註3）

副王のこの命令書によると、日本人と現地の人たちとの衝突の原因は、日本人の傲慢な態度、相手に対する好戦性、気性の激しさなどからであり、副王は、もっと深刻な武力衝突を懸念し、それを避けるために、支倉ら一部の幹部随行員を除いたすべての日本人から、武器を取り上げる命令を下したのである。そしてお互いに暴力沙汰や悪質な行為を避けるようにと警告し、それに反したら、スペイン人であれ、日本人であれ、公平に罰金五百ペソの支払いや、国王所有のガレラ船での四年間の重労働を課せるなど、法的に裁くことを申し渡したのである。

一方、一行がセビィリャに到着した際に、インディアス顧問会議のマルケス・デ・サリナス侯が、同市の通商院院長ドン・フランシスコ・デ・ウアルテに対し、使節の訪問目的、使節の資格（日本の皇帝派遣か地方の領主の派遣か）などについて、支倉とソテロから事情聴取するように要請し、その内容を報告書にまとめさせた。そのウアルテの報告書（一六一四年十一月四日付〈セビィリャ発信〉）に、支倉ら使節一行のアカプルコ港での出来事について、衝撃的なことが書かれている。

「この大使がヌエバ・エスパニアから（日本へ）戻ってしまおうということになったのは、大使とその随行員がアカプルコで粗末な待遇を受けたからであると分かった。彼らの船を停留させ、維持費と修理費として五万ペソを、旅費として持参していたうちから置いて行くように強要されたのである。それらは使節の役目を務めるうえで、彼に降りかかった最大の支障であった。それですべてを報告するために（日本へ）戻ろうとしたが、副王、大司教、異端審問所そして司法行政院が、当地（スペイン本国）に来るように彼を激励し、（そのために）全面的に支援した。……」（註4）

この報告書によると、日本からアカプルコ港まで乗船してきた《サン・ファン・バウティスタ号》の維持費と修理費として、ヌエバ・エスパニア側から予想もしていなかった五万ペソという巨額な金額の支払いを頭ごなしに強要されたことで、支倉ら日本人随行員は、その後の彼らとの交渉の前途に懸念を抱き、失望して日本へ戻ることを決心したのであろう。アマティの『遣欧使節記』に書かれているような歓迎どころか、最初から粗末に扱われたのである。使節一行がメキシコで歓迎されなかった様子について、アンジェリスは、一六一七年十一月二十八日付書簡で次のように証言している。

「当地（仙台）で聞いたところによると、無事にヌエバ・エスパニアに渡った政宗のフネはさほ

ど大きなシアワセ（xiauaxe/幸せ）を得なかったとのことである」（註5）

アンジェリスは、「ヌエバ・エスパニアに渡った政宗の訪墨使節団の船は大きな幸福を得ることができなかった」、つまり、現地ではそれほど歓迎されなかったと悲観的に記述している。

こうした情報は、約一年半後に日本へ戻った《サン・ファン・バウティスタ号》の乗船員か、あるいは支倉から政宗に伝えられたのを後藤寿庵《ごとうじゅあん》が聞き、それをアンジェリスに伝えたのであろうが、使節一行に対するスペイン側の粗末な扱いを知って、政宗はどのような心境だったのだろうか。

使節一行はアカプルコ港から現在のイダルゴ州の州都チルパンシンゴ、イグアラ経由で、銀の産出で知られているタスコとクエルナバカを通り、メキシコ市まで四百数十キロメートルの険しい道程を徒歩と馬車で旅をした。長い道中、広大な砂漠でヌエバ・エスパニア特有のリュウゼツラン（maguey）などのサボテン、鮮やかな色彩のソラヌムやベゴニアなどの熱帯植物を初めて見て、気候風土の違いを実感したことであろう。

一行は、キリスト教の聖週間（セマナ・サンタ）の儀式を行っていた一六一四年三月二十四日に、海抜二千三百メートルのメキシコ市に到着した。副王グアダルカサール侯は、一行をなし得る限りの名誉と歓待をもって接待し、アカプルコ港からメキシコ市までの一行の食事代（魚類六アロバ〈1アロバ＝約11・5キログラム〉の購入代金）二百二十六ペソ三ミントを支払っている（註6）。

17世紀のメキシコ市全景

メキシコ市で支倉常長が宿泊した「カサ・デ・ロス・アスレーホス(青陶板の家)」

2. メキシコ市に到着、奇麗な王宮に宿泊

使節一行が滞在したヌエバ・エスパニアの首都メキシコ市は、「サボテンにとまって鷲《わし》が蛇をくわえている場所こそ繁栄が約束された土地」――神の預言に従って、十三世紀末にアステカ族がテノチティトラン（現在のメキシコ市）を中心に大帝国を建設した都である。

使節一行がメキシコ市を訪れたときは、アステカ帝国がスペインのエルナン・コルテスに征服されてから九十年以上経ち、テノチティトランの湖水はほとんど埋め立てられて新しい都市が建設されていた。スペイン人が植民地で最も力を入れたのが、十六世紀の半ばに各地で発見された鉱山開発と生活維持のための農牧業であった。特に、一五四六年に北部のサカテカスで銀鉱脈が発見されたのに続いて、一五五〇年にグアナファトで、有望な銀鉱脈が発見された。一五五六年に水銀を用いるアマルガム精錬方式が導入されると、銀の生産量は飛躍的に増大した。この銀鉱石の水銀アマルガム精錬法は、簡単であり、新たな処理場の建設も機械類の導入も必要なかったが、処理に時間がかかり、多量の水銀の損失を伴う欠点を持っていた。洗浄槽の排水を通じて絶えず多量の酸化水銀と塩化水銀が失われていたからである。このためヌエバ・エスパニアは、外部の水銀供給源に大きく依存することになり、この金属の公平な分配を目的に、副王の監督下で特別な機構を設置する必要があった。

既述したように、徳川家康がこの銀のアマルガム精錬方式の技術を日本へ導入するために、ヌエ

バ・エスパニアとの直接通商交易を開始しようと試み、当該訪墨使節団に交渉を託したのである。しかしながら、銀鉱山で使用する水銀は輸入しなければならなかったため、銀の生産費が非常に高くなってしまい、断念せざるを得なかったのである。

一行が訪れた当時のヌエバ・エスパニアは、スペイン本国の支配が定着し、いわば無風状態に入っていた。この時期は「植民地の昼寝時代」と呼ばれる。副王もコレヒドール（王室代理官）も、アウディエンシア（聴訴院）の裁判官たちも、私腹を肥やし、庶民の犠牲のもとに裕福な生活を享受していた。

一行のメキシコ市における宿舎について、アマティの『遣欧使節記』に、「……副王は彼らをサン・フランシスコ教会の近くの奇麗な王宮に宿泊させるように命じた」とある。

この奇麗な王宮とは、現在のメキシコ市マデロ通りをはさんだサン・フランシスコ教会の向かい側にある、青いタイルで壁面が飾られている「カサ・デ・ロス・アスレーホス（青陶板の家）」（現在のレストラン兼百貨店〝サンボーンズ〟）ではないかと伝えられてきた。「カサ・デ・ロス・アスレーホス」の建築時期に関する文字史料が見当たらなかったため、著者はホアン・ゴメス・デ・トラスモンテが一六二八年に制作したメキシコ市の市街図を描いた絵画史料をもとにして調査した結果、サン・フランシスコ教会の真向かいには「バイエ・デ・オリサバ伯爵邸」（一六二〇～五〇年の間に建造）の建物は見当たらなかったため、一行がメキシコ市を訪問した当時は、まだこの建物は建てられていなかったと判断し、著者の既刊書で紹介した。

ところが、二〇〇八年十二月、著者のメキシコ国立自治大学の先輩で、メキシコのセルフィン銀行

ヌエバ・エスパニア副王マルケス・デ・グアダルカサール侯像

（現グルポ・フィナンシエロ・サンタンデル・セルフィン銀行）役員やメキシコ市商工会議所理事などを歴任した、旧知の富田眞三氏から、この建物は一行が訪墨する十八年前の一五九六年にはすでに存在していたという記録についてご教示いただいた。同氏から提供された史料によると、「一五九六年十二月二日に、この建物がダミアン・マルティネスからディエゴ・スアレス・デ・ペレドの手に渡り、その後、ドン・ディエゴからドン・ルイス・ヴィヴェロ、ヴァリェ・デ・オリサバと結婚した娘のドーニャ・グラシアナに相続された」と記録されているが、現在の建物のようにタイルで装飾されたのは十七世紀になってからである（註7）。

このように文字史料が発見されて、この建物の由来が判明し、アマティの『遣欧使節記』に記されている「奇麗な王宮」がこの建物であったことが客観的に証明されたことになる。だが、一行の行動を直接見聞して記録した『チマルパインの日記』には、「（使節一行は）サン・フランシスコ修道院に宿を取った」と記述されている。この記録から、支倉らごく一部の随員を除いた大半の随行員は修道院に宿泊したのである。

3. 政宗、副王グアダルカサール侯に「申合条々（平和条約）（案）」締結を提案

「訪墨使節団」一行はメキシコ市の政庁で副王グアダルカサール侯に謁見し、政宗からの書状（「申《もうし》合条々《あわせじょうじょう》（平和条約）（案）」）（註8）と進物、そして家康からの進物を手渡した。政宗の書状の内容は、

「伴天連、布羅以・類子・曾天呂を使者（大使）とし、三名（支倉六右衛門、今泉令史、松木忠作）の侍を同伴させる。そのうち二名（今泉、松木）はヌエバ・エスパニアから（スペイン本国およびローマへは渡航させず）帰朝するよう、他の一人（支倉）は、奥国（ヨーロッパ）まで赴くように申しつけてあるので、よろしく取り計らわれたい。曾天呂が日本へ帰国するまでには長い期間を要することであるから、貴国（ヌエバ・エスパニア）に居住するふらん志すこ派ノ伴天連を領国（奥州）へ派遣されたく、新しい船を建造して渡海させられたい。そのうえは寺家（教会）を建てさせ歓待する」

「訪墨使節団」の随行員今泉令史と松木忠作は約一年間ヌエバ・エスパニアに滞在した後、一六一五年四月二十八日、アカプルコから《サン・ファン・バウティスタ号》でスペイン遣日使節フライ・ディエゴ・サンタ・カタリーナ神父、フライ・バルトロメ・デ・ブルギーリョス、ファン・デ・サ

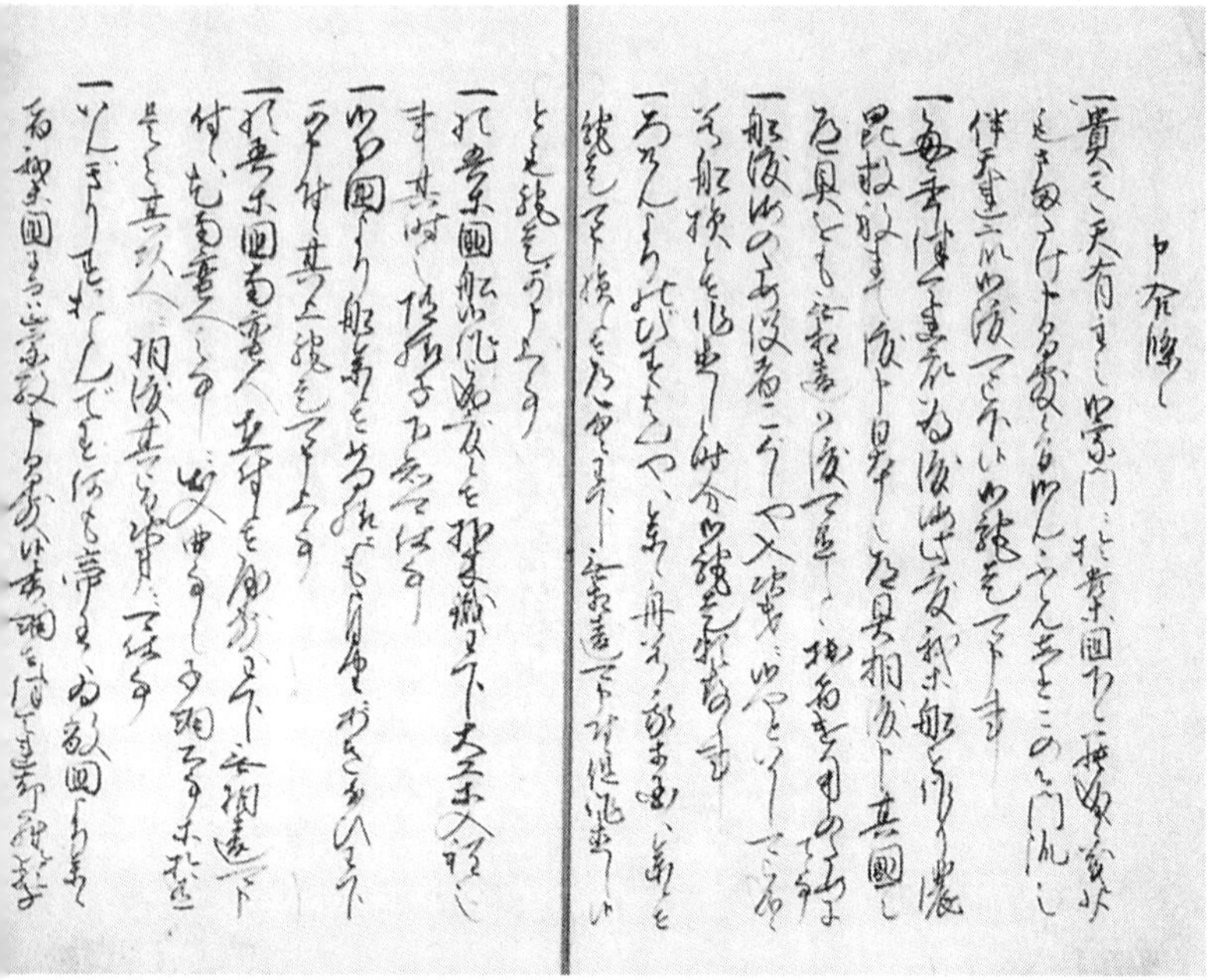

伊達政宗がスペイン国王フェリッペ三世に提案した九カ条から成る「申合条々（案）」（「石母田文書」天理大学所蔵）

ン・パウロ修道士らとともに出帆し、同年八月十六日に浦川に着いた。

松木は、一六一七（元和三年）のイエズス会側の古文書に仙台藩領のキリシタン代表者として、後藤寿庵らとともに記録されている。彼は後藤寿庵と親交があり、日本を出帆する前に洗礼を受けていたか、洗礼志願者であった。

ところで、前述のヌエバ・エスパニア副王宛ての政宗の書簡では、支倉一人だけを奥（南蛮）国（ヨーロッパ）まで派遣すると記されているが、「訪欧使節団」は、実際には支倉を含めた伊達藩士と三名のキリスト教徒の代表者を合わせて総勢二十八名で編成されていた。

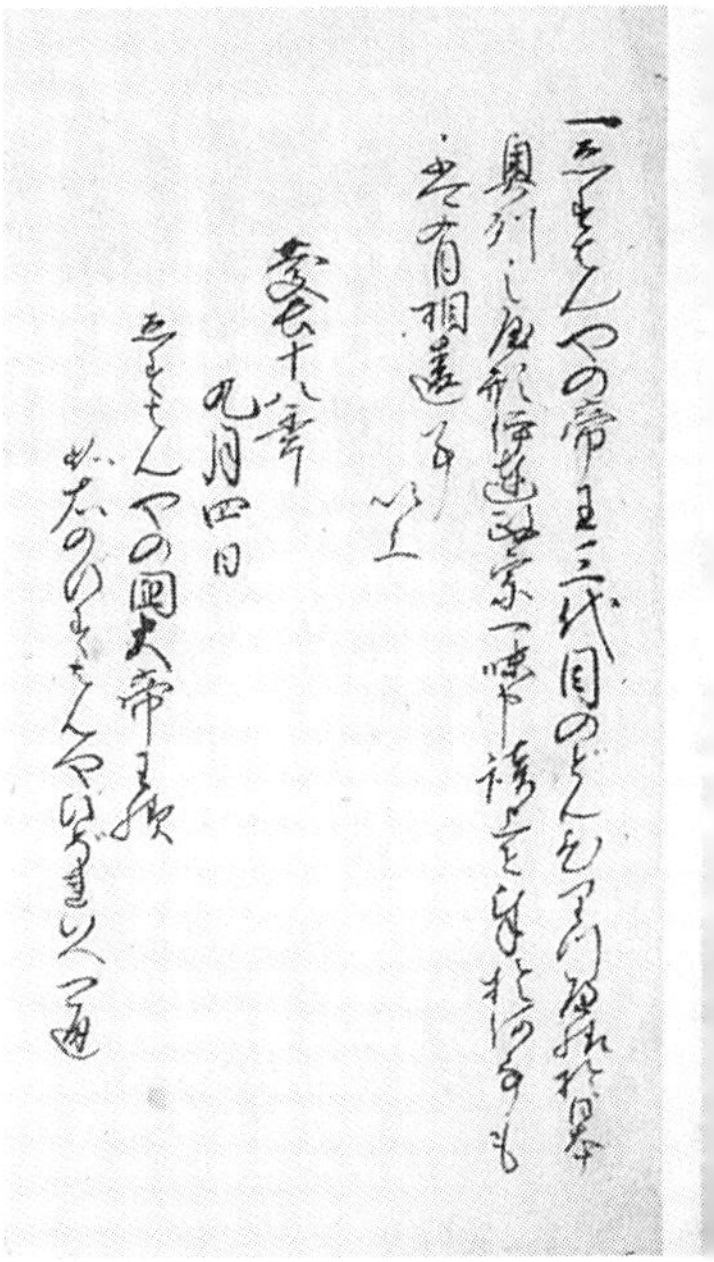

一方、使節一行が副王グアダルカサール侯との謁見の中で手渡した政宗の親書の中に、九カ条から成る「申合条々」とある文書が含まれていた。この「申合条々」は次のような内容である。

一、神の聖なる戒律を当領国内において布教し、かつ家臣がキリスト教徒となるため、フランシスコ会の宣教師を派遣されるよう要請する。これについてはいかなる妨害をも加えず、布教の効果を上げるため、誠意を持ってこれを保護し、フランシスコ会の宣教師には十分なる便宜をはかり、これを厚く優遇する。

一、フランシスコ会の宣教師が毎年来航できるよう、今般この船（《サン・ファン・バウティスタ号》）を建造した。貴国の商品と交換するため、この船により日本の商品を積送するので、当伊達家の用向きのため、貴国商品の送付を要請する。

この申し出の文面では、宣教師の派遣要請を第一の目的とし、交易はそれに付随する行為のようになっている。つまり政宗は、「キリシタン帝国」の建設に不可欠な宣教師の派遣要請を最重要課題とし、同時に、日本とスペインとの通商交易の開始の目的がかなえられればと考えたのであろう。

一、（宣教師派遣のための）船の航行に必要とする航海士と水夫を、提供されるよう要請する。万一、船が破損し、また何らかの修理を必要とする場合には、あらゆる食料品や装備品を給付されるよう要請する。ただしこれらの費用は当方が負担する。

一、ルソン（フィリピン）からヌエバ・エスパニアに向かう船舶が、当領内に寄港したときは、これを歓迎し、この船舶の乗組員を十分に厚く優遇する。また、たとえ船舶が難破し、損傷を受けても、乗組員の衣服や携帯品はすべて回収し、これらを残らず乗組員に返却することを厳重に命令する。万一、船舶を修理または新たに建造することを希望する場合には、乗組員に便宜をはかり、これをあつく優遇し、的確に援助を行う。

一、陛下が、当領内において船舶を建造することを許可されるときは、大工、鉄工のほか、木材、その他あらゆる必要品を、時価に応じて当方より供給する。

一、貴国からの船舶が来航したときは、歓呼と厚遇をもってこれを迎え、売買その他すべてが自発的かつ自由に行われ、いかなる税金も賦課されないよう厳重に命令する。

一、スペイン人で、当領内に滞在することを希望する者に対しては、その居住すべき場所と土地を与える。万一、スペイン人と日本との間に、訴訟、論争または意見の相違が生じたときには、いかなる場合にも当人をスペイン人同士の統率者、または調停者であるスペイン人に引き渡すことを命令し、スペインの法律に基づいてその訴訟を解決し、統率者または調停者の判断に従って裁判を行わせる。

一、スペイン国王と敵対関係にあるイギリス人、オランダ人、およびその他のいかなる国民でも、当領国内に渡来した者は、すべてこれを裁判に付す（註9）。詳細についてはルイス・ソテロが口頭で申し上げます。

これは、スペインの敵国であるイギリス、オランダ両国を政宗の領内から排斥することを約束しているのである。すなわち単なる通商条約というより、軍事同盟の提議まで踏みこんだものである。

この「申合条々（平和条約）（案）」は、《サン・ファン・バウティスタ号》が出帆するわずか十二日前の一六一三年十月十六日（慶長十八年九月四日）付で、伊達政宗がヌエバ・エスパニア副王に提案した九カ条からなる「奥州王イダテ・マサムネおよびヌエバ・エスパニア副王との間の平和協定締結（案）（申合条々）」である。

「訪墨使節団」は、前にも述べたが、伊達政宗がヌエバ・エスパニアとの通商交易を開始するための協定書の締結を目的に、伊達藩と幕府が合同で編成したものである。しかしながら、この協定書（案）は、伊達藩が幕府の認証を得て提案したものであるという説があるが、伊達藩が幕府の認証を得ないで単独で作成されたものであると考えるのが妥当である。その主な理由としては、まず、「同協定書（申合条々）（案）」の作成期日が《サン・ファン・バウティスタ号》が日本を出帆するわずか十二日前であり、幕府から正式な手続きを経て認証を得るための時間的な余裕がなかった。つまり、十二日間で仙台と江戸を往復して、幕府に協定書（案文）の条文を検討してもらって認証を得ることが物理的に困難で

使節の随行員が受洗したサン・フランシスコ教会

サン・フランシスコ教会の1614年4月の洗礼台帳には日本人の受洗記録は見当たらない

あったことが挙げられる。次に、協定書の条文の内容が、明らかに幕府のキリシタン禁教方針や、オランダ、イギリスとの関係を重視する対外政策に真っ向から反するものであり、伊達藩が独立国といえども、幕府側から見れば間違いなく謀反行為に等しいものであった。それゆえに「同協定書（申合条々）（案）」の内容について、政宗が幕府の承諾を得たとは考えられず、極秘にスペインと同盟関係を結ぼうとしていたのである。なお、グアダルカサール侯が国王フェリッペ三世とインディアス顧問会議議長に宛てた長文の覚書に、使節派遣は幕府の許可を得ないで派遣されたと、次のように記されている。

「この使節は、個人的に一人の王（伊達政宗）が皇帝（徳川将軍）に知らせないで派遣したのであり、特に、キリスト教界の利益となるためでありました。それは皇帝の好まな

いことであったため、不愉快な思いをさせる原因となったかもしれません」（註10）

つまり、表向きの幕府・伊達藩の合同編成の「訪墨使節団」とは別に、伊達藩内におけるキリスト教の布教拡大を目的とした支倉・ソテロのほか、三人の日本のキリスト教界の代表者らによる、伊達藩単独の「訪欧使節団」が編成されていたことを裏づけている。他方、「船と使節は皇帝とその息子である王子（秀忠）の承認（了解）と許可を得て来た」と、弁明の文章が続いている。

4．ヌエバ・エスパニアでの集団受洗・堅信の意義

『チマルパインの日記』によると、一六一四年四月、一行のうち四十二名（アマティの『遣欧使節記』では七十八人）がサン・フランシスコ教会でドン・ファン・ペレス・デ・ラ・セルナ（一六一三〜一六二六在任）メキシコ市大司教から洗礼を受け、六十四名が集団堅信を受けた。

著者は、メキシコ国立自治大学留学と同時に、この集団受洗の洗礼台帳の所在を確かめるため、約五年間探し求めた。その結果、当時、サン・フランシスコ教会における受洗者の洗礼台帳（霊名、受洗者の両親名、出生地、代父母名、洗礼を授けた司祭の署名が記載されている）が、メキシコ市中心部に所在する教区教会（Parroquia）「サンタ・ヴェラクルス教会」に保管されていることを突き止めた。しかしながら、その洗礼台帳には日本人の名前は一人も記述されていなかった。実際に受洗したので

あれば、今も昔も人種・身分などに関係なく誰でも必ず記録されるはずである。それなのになぜ、日本人受洗者の名前が一人も記録されなかったのであろうか。

十六世紀の初め、スペイン人がメキシコを征服した当初、カトリック教会は先住民の集団改宗に力を注いだ。フランシスコ修道会の記録によると、毎日約一万四千人の先住民に洗礼を授けたという。しかしほとんどの場合、洗礼台帳に記録されることはなかった。使節一行の日本人受洗者も先住民と同様に扱われ、記録されなかったのではないかと推察される。

余談であるが、著者は一九六九年三月、サンタ・ヴェラクルス教会で日本人の集団受洗を描いた一枚の絵画を発見した。この作品は縦横とも二・五メートルという大きなものであった。画面中央の洗礼台にはちょん髷《まげ》姿の男がひざまずき、西欧人神父の聖水を受けている。そのまわりで数人の男たちが祈りながら洗礼の順番を待っている情景が描かれている。

当時著者は、西欧人神父の頭に聖人を示す円光がついていることと、侍者を子どもが務めていることに疑問を感じながらも、日本人の受洗関係の裏づけ史料を探し求めていたために、感動のあまり、この絵をサン・フランシスコ教会で集団受洗した使節一行の日本人を描いたものと早合点してしまった。

しかしその後の研究の結果、この絵画は使節一行とはまったく関係がなく、フランシスコ・ザビエルが鹿児島や山口で布教活動をしていたとき、日本人に洗礼を授けている様子を描いた絵であることが判明した。ちなみに、この絵画は、ザビエルが一六二二年三月十二日、教皇グレゴリオ十五世によって列聖された後に制作されたものである。

話を戻すが、いずれにせよ、使節一行がメキシコ市に滞在していた一六一四年春の時期はすでに幕府によってキリシタン禁教令が出されており、ヌエバ・エスパニアにもその事実が伝えられていたはずである。それなのに、なぜ彼らはキリシタンの洗礼や堅信を受けたのであろうか。その答えは、日本へ帰国するつもりがなかったとか、また、現地で商談を有利に進めるための方便などではなかった。日本人が洗礼や堅信を受けた最大の理由は、当時、ヌエバ・エスパニアには一五四二年に発布された「インディアス法（新大陸法）」（註11）によって、「信仰は能力を制限する原則の一つであり、（カトリック教以外の）異端の信仰を有する者は法的能力を有せず、栄誉およびその財産を剥奪される」と厳しく規定されていた。またヌエバ・エスパニアに渡航できる移住者は、三代にわたってカトリック信徒であることを証明できる者に限られていた。そのため異教徒であった日本人随行員は、この不利な条件を取り除くため、自らの意思に反してでもカトリック教の洗礼を受けざるを得なかったのである。

一六一四年五月二十九日、支倉とソテロの二人の大使のほか、日本のキリスト教徒の代表者であった滝野嘉兵衛、伊丹宋味《いたみそうみ》、野間半兵衛の三人と伊達藩士の佐藤内蔵丞《くらのじょう》、丹野久次、菅野弥次右衛門、山口勘十郎、佐藤太郎左衛門、原田勘右衛門、山崎勘助、小寺池（または小平）外記《げき》、藤九郎、助一郎、茂兵衛、九蔵ら日本人二十八名と、ヌエバ・エスパニア生まれの日本語通訳フランシスコ・マルティネス・モンターニョ、ヴェネチア人執事グレゴリオ・マティアス、フランシスコ会の修道士など総勢三十余名がスペイン本国に向けてメキシコ市を出発した。

使節一行は途中プエブラ・デ・ロス・アンヘレスとハラッパに立ち寄り、フランシスコ会修道院長らの歓迎を受け宿泊先を提供された。

アマティの『遣欧使節記』によると、プエブラで闘牛のもてなしを受けたという。また、支倉らは日本からの宗教使節団と見なされていたから、当然プエブラのアロンソ・デ・イ・エスコバル司教にも会い、ねぎらいの言葉を受けたのであろう。

メキシコ市からサン・ファン・デ・ウルアまでは四百二十四キロメートル。アステカの王女と勇士の名がついたイスタシワトル山とポポカテペトル山、それにヌエバ・エスパニア最高峰のオリサバ山など五千メートル級の山のふところを縫って高原の道が続く。支倉六右衛門は連山を眺めて、幼いころ育った支倉村（現在の宮城県柴田郡川崎町）から見える蔵王連峰を懐かしく思い浮かべたかもしれない。

エル・ドラド（黄金郷）を求めてアステカ帝国に踏み入ったエルナン・コルテスが根拠地としたのがウルーワの島であり、その対岸にヌエバ・エスパニアで最初に建設された植民都市ヴェラクルスがある。コルテスは馬と鉄の槍と火器の力でアステカを滅ぼした。以来、ウルーワ島にあるサン・ファン・デ・ウルアはスペイン海軍の根拠地となった。

そして一六一四年六月十日、支倉らはヴェラクルスのサン・ファン・デ・ウルア港からアントニオ・オケンドの船隊に乗船し、七月二十三日、キューバのハバナ港に到着。総督、司教や他の人々の歓迎を受けた。そして一行を乗せたオケンドの船隊はハバナで、メンダリス司令官が率いる別の艦隊

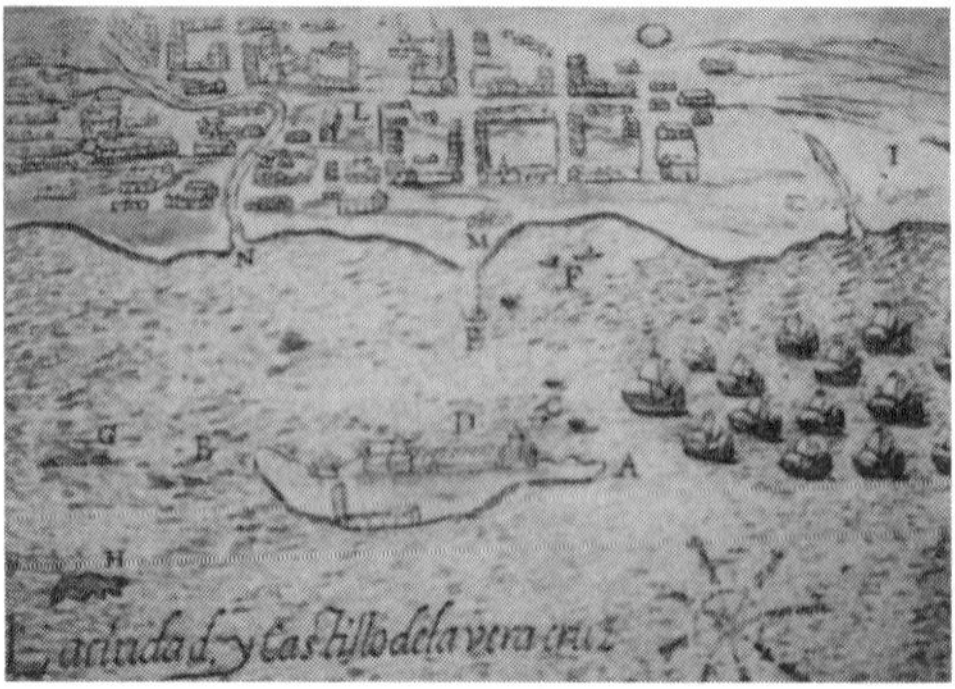

ヴェラクルス・サン・ファン・デ・ウルア港　1632年

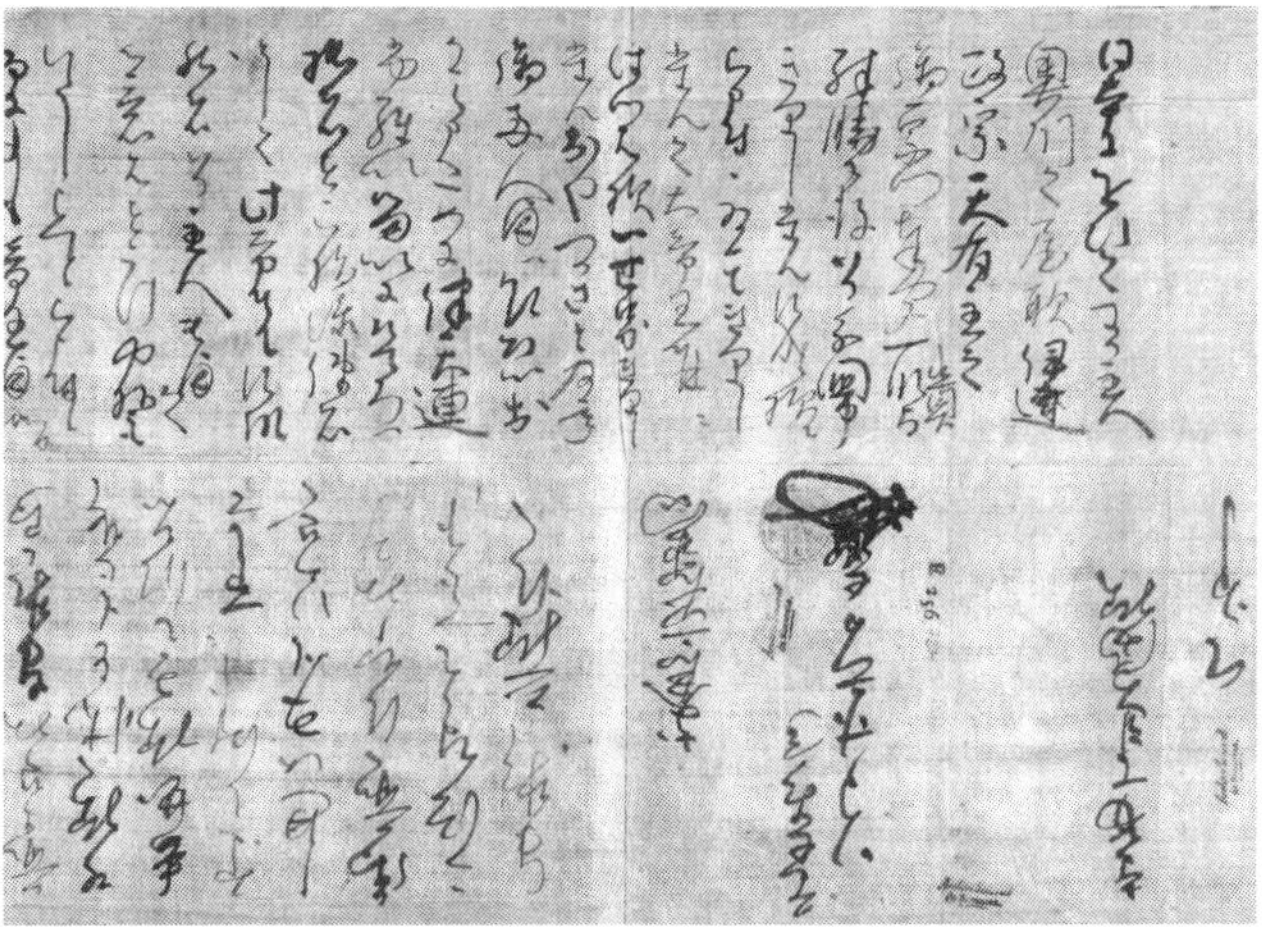

支倉六右衛門がスペインの宰相レルマ公爵に宛てた披露状（シマンカス総文書館所蔵）。原文書から著者撮影

の来船を待って合流した。使節一行は、同年八月七日ハバナ港を出帆し、大西洋で数回暴風に遭い、危険に陥りながらも約四カ月後の十月五日、なんとか無事に、南スペインのサン・ルカール・デ・バラメダ港に到着した。

その航海中の一六一四年九月二十九日（慶長十九年八月二十六日）、支倉六右衛門はスペインの宰相レルマ公爵宛てに次のような内容の披露状（註12）を認めた。この披露状を読み下してみると、次のような内容である。

「日本の私の主人、奥州の王（領主）伊達政宗は、（天有主の）尊い御宗教を聞き、一段と殊勝に思い、公の分国中（政宗の領国中の意）がキリシタンになるように申しつけました。そのためキリシタンの大帝王（スペイン国王フェリッペ三世）ならびにローマ教皇は世界のキリシタンの親司と聞き、御二人へ恐れながら拝み申すため、伴天連フライ・ルイス・ソテロへ私を添え、使者としてこちらまで参りました。主人（伊達政宗のこと）は、あなたのご意見をおうかがいするようにと（私に）申しつけましたので、何事も帝王様に宜しきようお頼み致したく、あなた様へお手紙を差し上げました。詳しくは、お目にかかった折に申し上げます。少しでも急ぎ御前へ参りお目にかかれるよう（仰せつけて下さいますよう）お願い申し上げます

支倉六右衛門尉
長経（花押）

慶長十九年　八月二十六日
堂け・て・れるま様御披露
人々御中」（註13）

この支倉書簡でも政宗がキリシタンに好意的であることを強調しており、キリシタンを政宗の天下取りのために利用しようとしたことが推察される。

支倉はすでに家康の禁教令が出ていて、レルマ公爵もその事実を知っており、日本国内でキリシタン迫害が行われている様子も伝えられていることを察知しながら、このような内容の書状を認めたのである。この書状から、政宗が領内でキリシタンを保護し、キリシタンと手を結んでキリシタン帝国を築き、スペインの軍事力の支援を受けて、ローマ教皇に「服従と忠誠」を誓うことを考えていたことが察せられる。

支倉の書状がセビィリャに届けられるより先、ヌエバ・エスパニア副王とビスカイノ司令官がスペイン国王に対して、「使節の請願事項を全面的に拒絶すべきである」という内容の書簡を書き送って使節の目的に関して厳しく批判しており、いずれも使節一行にとってはきわめて不都合な内容であった。

5．残留した伊達藩士ルイス・デ・エンシオ・福地蔵人の盛衰

使節一行は副王に、乗ってきた《サン・ファン・バウティスタ号》を直ちに、日本へ帰航させてくれるよう許可を願い出た。帰航するためには、ヌエバ・エスパニア側は、水夫、水先案内を再び貸し与えねばならない。しかし副王は日本人が航海術と造船術を習得し、遠洋航海に熟達することを恐れ、スペイン国王フェリッペ三世の訓令があるまで、《サン・ファン・バウティスタ号》をアカプルコ港に約一年間停留させることにした。

これに対し国王は、一六一四年十二月二十三日付副王宛て書簡で「日本人はヌエバ・エスパニアで収入もないのに費用ばかりかかっている」と述べ、日本人が乗ってきた船で直ちに送り出すように命じた（註14）。そのため、ヨーロッパへ向かう支倉とソテロが率いる「訪欧使節団」のメンバーと別れた百二十余名のヌエバ・エスパニア残留組は、翌年、一六一五年四月二十八日、アカプルコ港を出帆し、日本に戻った。

メキシコにおける当該使節一行の残留組の末裔に関する本格的な追跡調査は、直木賞作家の城山三郎氏が一九六六年に初めて実施し、調査のエピソードやプロセスなどをまとめて『望郷のとき―侍イン・メキシコ―』（文藝秋春、一九六九年）を出版した。このときメキシコ国立自治大学に留学していた著者が取材のお手伝いをし、同書の第二部で「ある若者」として紹介された。その後、一九七四年十月、著者がNHK総合テレビに取材協力して番組にも登場した「日本史探訪―支倉常長―」の中で、使節の随行員のヌエバ・エスパニア残留組について放映した。だが、いずれも客観的な史料を発見することができず、確証を得ることができなかった。

一九八〇年代初めに著者は、メキシコ国グアダラハラ市の公文書館において、一六三四年四月十六日と同年五月十六日付で作成された、日本出身のルイス・デ・エンシオ（Luis de Encio）＝福地蔵人（くろうど、または、くらんど）とスペイン人フランシスコ・デ・レイノソとの間で締結した小売業の共同事業の二種類の契約書（註15）に、ルイス・デ・エンシオが日本語で「福地蔵人・る伊すていん志よ」および「るいす福地蔵人」とそれぞれ署名しているのを発見し、十七世紀初頭にスペイン領ヌエバ・ガリシア（現在のメキシコのハリスコ州）に複数の日本人が集団で居住していた事実を初めて確認した。

当時、日本からヌエバ・エスパニアへ渡航したと考えられるのは、①漂流者としてヌエバ・エスパニアの太平洋沿岸に漂着した者、②フィリピンに居住していた日本人、③前述した田中勝介使節団で現地に残留した三人のうちの一人、④関西出身の商人で「慶長遣欧使節団」の随行員、⑤伊達藩の家臣で「慶長遣欧使節団」の随行員のいずれかである。

著者はあらゆる角度から精細に調査した結果、福地が伊達藩士であったことが断定できたのは、契約書の彼の署名からである。最初、「る伊すていん志よ」の署名を現地名の「Luis de Encio」と比べた際、本来は「いん」を「えん」、「よ」を「お」であるべきなのに、どうしてそうなっていないのか疑問を感じながら、当初、福地は日本語があまりできない人であったと判断した。そしてENCIOの苗字はスペインでは希少なので、ENCIOは「遠州出身」の意味ではと考え、静岡県の遠州地域で「福地姓」の所在について調べたが、一人も見つけることができなかった。

その後も「福地姓」の由来について毎日考えていたが、二〇〇一年の夏、東京から三島に向かっていた新幹線の中で、支倉六右衛門常長がヌエバ・エスパニア副王に宛てた書簡の中で、自分の霊名の「ドン・フェリッペ・フランシスコ（Don Felipe Francisco）」を「とん・ひりないて・ふらいせすこ」と仙台なまりで署名していたことを思い出した。そして、福地が署名した『る伊すていん志よ』は、

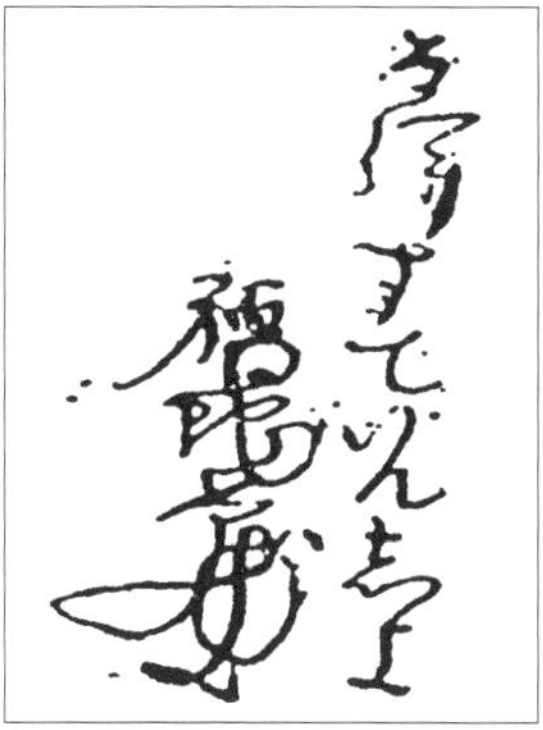

「る伊すていん志よ　福地蔵人」の署名

支倉も自分の霊名の「ドン・フェリッペ・フランシスコ」を「とん・ひりないて・ふらいせすこ」と、仙台弁で署名している

日本語を間違えて書いたのではなく、著者自身も子どものころから馴染みのある、仙台なまりで書かれていることに気づいたのである。子どものころから仙台弁に馴染んでいる者でなければ絶対に気づかないことである。こうした思いがけないことから、福地蔵人は「陸奥国（現在の宮城県東松島市と石巻市）出身であることを確認した（註16）。

　福地姓の由来については、伊達藩の『家臣録・世臣家譜・世臣家譜続編』によると、伊達（仙台）藩家臣に、藤原姓で須藤刑部《すどうぎょうぶ》俊通《としみち》の子孫、福地《ふくち》左馬助《さまのすけ》（葛西真記録には福地織部介）に始まる福地家がある。俊通は初め、鎌倉山内に住み山内を称した。のち浪人して奥州に移り、葛西家に寄食したという。左馬助も葛西家に属し、桃生《ものう》郡福地村（現在の宮城県石巻市）に住んで福地を称した。また、宮城県桃生郡地頭山内首藤氏の分流に福地氏がある（註17）。

　一六五〇年十月二十九日付で作成された、ヌエバ・ガリシアのペドロ・フェルナンデス・デ・バエサ総督に対する訴訟裁判でのルイス福地蔵人の証言文（註18）に記載されている年齢が五十五歳なので、これを逆算すると、福地の生年は、一五九五年ごろに伊達領内で生誕したと推察される。つまり彼は、十八～十九歳のときに支倉らとともに使節の随行員として渡墨し、グアダラハラ近郊のサポパン行政区で隠居生活を営んでいたセバスティアン・ビスカイノ司令官一族を頼って、数人の日本人仲間とともにヌエバ・ガリシアのグアダラハラ市近郊に移住した。福地は一六二〇年にアウアカトラン地区で郡奉行のアロンソ・サンチェス・エンシオが代父となってカトリック教の洗礼を受け、「ルイス」という霊名を授かったのである（註19）。後に、彼は混血女性（メスティーサ）カタリーナ・デ・シルヴァと結婚し、マルガリータという一女をもうけた。彼は当時のヌエバ・ガリシア総督のペドロ・フェルナンデス・バエサの特別な援助を受け、小売業や椰子《ヤシ》酒の独占販売などで蓄財に成功した。しかし、晩年にはすべての事業に失敗して破産し、一六六六年九月、享年七十一歳で病没している。

一方、ルイス・福地蔵人の愛娘マルガリータ・デ・エンシオは大坂出身のファン・デ・パエスと結婚した。ファン・デ・パエスは、一六四〇年、三十五歳のときにグアダラハラ市郊外のサポパン行政区のコレヒドール（王室代理官＝代官）およびアルカルデ・マヨール（郡奉行）を務めていた（註20）。敬虔なカトリック教徒であったパエスは、一六五四年六月にメトロポリタン・カテドラルの執事に就任し、他界するまで務めた（註21）。また、一六四三年から一六六七の間に、地元の複数の教会の聖堂参事会長や聖歌隊の先唱者等を務めていた（註22）。

パエスは実業家としても成功を成し遂げ、巨額な財を築く一方で、教会や一般大衆のためにも貢献し、グアダラハラ市とサポパン行政区の社会・政治改革に大いに力を注いだのである。そして何よりも彼は、多くの人々から信頼され、また頼りにされたことから、二十一年間に二十四回も遺言執行人として立ち会っている（註23）。

このようにパエスはヌエバ・ガリシアの実力者の一人としての確固たる地位を築き、特に財政的な面において上位を占め、一六五八年に国王陛下とヌエバ・ガリシア総督への寄付金をそれぞれ三百二十ペソ支払うなど、有力な納税者としても知られていた（註24）。

ところで、ルイス・福地蔵人以外にヌエバ・ガリシア、グアダラハラ市（タパティア行政区）に居住していた日本人は、いずれもセバスティアン・ビスカイノ一族と深いつながりがあった人物であり、一六四二年五月二十九日にグアダラハラ市のサント・ミゲル病院で病死した福地の親友アウグスティン・ロペス・デ・ラ・クルスなど、四、五人いた（註25）。彼らはいずれも現地においてカトリックの洗礼を受け、日本の姓名を捨て、現地人と同様の霊名と姓を使用し、現地に同化して生活していた。

当時、ヌエバ・エスパニアには日本人を含む外国人が新大陸において商売をしたり、雇用されたりすることを禁じた前述の「インディアス法」（第二十七条第1項）があった。もちろん、ルイス・福地ら日本人にもこの法律が適用されたわけであるが、通常であればヌエバ・エスパニアでの永住許可や雇用許可を取得することは非常に困難であったが、ビスカイノが彼らを受け入れるための身元引受人となったため、容易に許可を得ることができたのである。

註1．A.G.N., Inquisición, Vol. 293. Fjs. 107 110.
註2．A.G.I., México, 28, 3n. 17
註3．A.G.I., México, 28, 3n. 17
註4．A.G.I., Filipinas, 1, n. 224
註5．A.R.S.I., Jap. Sin. 34, Documento No. 1-5, f.29
註6．A.G.I., Contaduría, 902
註7．大泉光一『メキシコの大地に消えた侍たち―伊達藩士・福地蔵人とその一族の盛衰―』新人物往来社、二〇〇四年、一一七〜一一八頁
註8．天理大学図書館蔵『石母田文書』（日本文）およびA.G.S., Estado Español, 256（欧文）

註9．スペイン語訳は、「スペイン国王の敵対者であるイギリス人、オランダ人およびその他のいかなる者も、仮に私の領内に来たならば、すべて彼らに裁きを下す。そして彼らに死刑を命じるでしょう」となっている。

註10．A.G.S., Estado Español, 256, 30

註11．Recopilación de Leyes de los Reynos de las Indias, Mandadas inprimir y publicar por la Magestad Católica del Rey Don Carlos II, Tomo II,III quarta Impresión Hecha de orden del Real y Supremo Consejo de Indias, Madrid MDCCLXXXXI por la viuda de D. Joaquin Ibarra.
インディアス法（新大陸法）とは、イスパニアの植民地において効力を持つものとして、イベリア半島のイスパニア本国政府当局者、またはその代理人、もしくはその他の官僚、およびその植民地の機関によって一五四二年に公布された法律である。インディアス法の基礎は王権であり、国王直属の副王、アウディエンシア（聴訴院）、総督、都市などが発令したすべての措置は王権による批准を必要とした。インディアス法の第一の法源は立法である。個の法源には、勅令（Cedula Real）、処置規定（Provisión）、訓令（instrucción）、条令（ordenanza）、決裁（auto acordado）、規則（reglamento）、命令（decreto）、公開書簡（carta abierta）などが含まれた。

註12．「披露状」とは、貴人に対し書簡を送る場合、その側近を通して内容を披露してもらう手続きをとることである。

註13．Carta del Embajador Hasekura Tsunenaga al rey de España, 1614, septiembre, 30, en el mar.（A.G.S., Estado Español 256-1, 126）

註14：A.G.I., México, 1065, vol. VI. F. 117v. Ss

註15：A.I.P.G., Protocolo, Francisco de Orendain, 1634, fol.31v. 32r. A.I.P.G., Protocolo, Francisco de Orendain, 1638, fols. 52-53

註16：大泉光一『メキシコにおける日本人移住先史の研究—伊達藩士ルイス・福地蔵人とその一族—』文眞堂、二〇〇二年、四九～五七頁

註17：紫桃正隆『葛西氏と山内首藤一族—女川（飯田）口説—』仙台宝文堂、一九九六年、二二四頁

註18：A.G.I., escribania de Camara, 386-C 51v～53r

註19：A.S.M.G., Libro núm. 5, de bautismo, matrimonios y defunciones, fol. 121, cf. A.S.M.G, Libro Núm. 2 de defunciones, fol. 52v

註20：A.G.I., escribania de camara, 386-C-pieza 8, fol. 38r

註21：A.G.N., Ramo del Clero Regular y Secular Vol. 24, fol. 287r

註22：Vizcarra de Jimenez, Eugenia Irma y Jimenez y Vizcarra cabildo de la Santa Iglesia de Guadalajara, Boletín del Instituto de Investigación Bibliograficas, enero-junio 1971, pp.166-167

註23：A.I.P.G., Protocolos, Tomas de Orendain, 1661, fol. 29

註24：A.G.I., Guadalajara 10, donativo de 1658, la colecta se hase del 6-7-1655 al 29-8-1688

註25：A.S.M.G.（Archivo del Sagrario Metropolitano de Guadarajala）, Procócolo de Juan Sedano, Tomo IV（1631）fols. 165v-66r.

第五章　スペイン王国セビィリャで大歓迎を受ける

―使節団への疑惑と真相究明調査

1．ソテロ神父、日本皇帝（将軍）派遣の使節団を装う

月ノ浦を出発する支倉常長の胸中は、これから地の果てに向かうという不安でいっぱいだったであろう。日本を出帆してから丸一年、当時日本国内を旅することすら容易でなかった時代に、はるか海を越えてヨーロッパの土を踏んだ支倉の気持ち、感動は、いかばかりであったろうか。

十六世紀後半まで広大な植民地を持ち、世界の覇者として君臨していたスペインは、一五八八年、無敵艦隊が、イギリス・オランダの連合艦隊に敗れ、没落の一途をたどり始めていた。事実、当時のスペインの国家財政は二回も破産を宣言し、コルテス（王国議会）の承認する臨時的な上納金に依存せざるを得なかったという。

このような経済不安の時代に、使節一行はスペインを訪れたのである。

フェリッペ二世の対外政策の失敗によって、巨額の負債を背負いこんだフェリッペ三世は、政治には関心が薄く、国政は有力なカスティリャの貴族レルマ公爵に委ねられていた。

使節一行がヨーロッパ大陸に第一歩をしるしたサン・ルカール・デ・バラメダ港は、スペインの西海岸、カディス湾のグアダルキビル川の河口にある。スペイン華やかなりしころの軍港である。一行はこの港で、当時まだ世界最強を誇っていたスペイン艦隊を目の当たりにし、その威容に驚いたことだろう。

使節一行は、サン・ルカール港からグアダルキビル川をさかのぼり、セビィリャ市の手前十五キロメートルほどのところにあるコリア・デル・リオに向かった。

この町に四日間滞在し、セビィリャ市入場の衣服を整えた。グアダルキビルは、アラビア語で「大きな川」を意味する。スペイン東南部の山地からコルドバ、セビィリャを経由して大西洋に注ぐ全長六百キロメートルの文字どおりの大河である。この大河がアンダルシア地方を潤し、温和な気候とあいまって、オリーブ、ブドウ、綿花、穀物などを産する豊かな農業地帯となっている。

一六一四年十月二十一日、使節一行は、アンダルシアの州都・セビィリャ市に到着した。当時、地中海航路と大西洋航路の中継地として、セビィリャ市はスペイン王国最大の商業都市として栄え、カサ・デ・コントラタシオン（通商院）の設立はその繁栄を決定的なものにした。

十六世紀から十七世紀にかけて、スペインは新世界に広大な帝国を建設することに成功した。大西洋貿易は一五一〇年から五〇年までに八倍、一六一〇年までにその三倍になった。この貿易の中心は、セビィリャであった。その事業は国家が独占し、大西洋貿易の基幹はペルーやヌエバ・エスパニアからの地金であった。

スペイン民族の祖先は、アフリカから北上したイベロ人とフランスから南下したケルト人が混合したケルト・イベロ人である。カルタゴ、ローマの支配のあと、ゲルマン人が侵入、さらに八世紀になると、北部を除いて長いサラセン支配の時代が続いた。これに対し根強い国土回復運動が続けられ、一四九二年、最後のイスラム教国グラナダが敗れて全土がキリスト教国の手に帰した。

スペインでは、ローマ、イスラム、キリスト教の東西三つの文化が融合しており、今日でも中央部以南では、この三つの文化が重なりあった形の建物が数多く残っている。

太陽がまぶしい町セビィリャ、四百年前に支倉が見た風景は今もこの町に息づいている。そのとき支倉四十四歳。人生五十年と言われた時代に、まったく異質なヨーロッパ文明に初めて触れたその驚きは、想像を絶するものがあったに違いない。

使節一行は、まずセビィリャ市が宿舎として用意したアルカサール宮殿に落ち着いた。この宮殿は古いサルタンの城跡に、十三世紀になってスペイン王が建設したものである。十九世紀に建て替えられ、当時の姿をとどめているのは、イスラム様式の門、さまざまなＶＩＰとの会見に使われたという「大使の間」、そして「乙女のパティオ（中庭）」だけである。

アルカサール宮殿から広場一つ隔てて、カテドラルと、スペインで最も民衆的な歴史建造物の一つであるヒラルダの塔がそびえている。

セビィリャのカテドラルは回教寺院のあとに、十五世紀初めから約百年をかけて完成させたゴシック大聖堂である。ローマ・ヴァティカンのサン・ピエトロ大聖堂、ロンドンのセント・ポール大聖堂とともに世界三大聖堂といわれている。十六世紀にカテドラルの一角につけ加えられたヒラルダの塔は、セビィリャの象徴である。らせん階段を上ってたどり着く地上約百メートルの塔の上からは、ほぼ全市が見渡せる。

大歓迎を受けた支倉は、国王フェリッペ三世と会えば仙台への宣教師派遣の道も開かれ、課せられた使命を果たすことができると、前途に希望を持ったのではあるまいか。

使節一行がセビィリャ市に到着する直前に、同市のファン・ガリャルド・デ・セスペデスが、一六

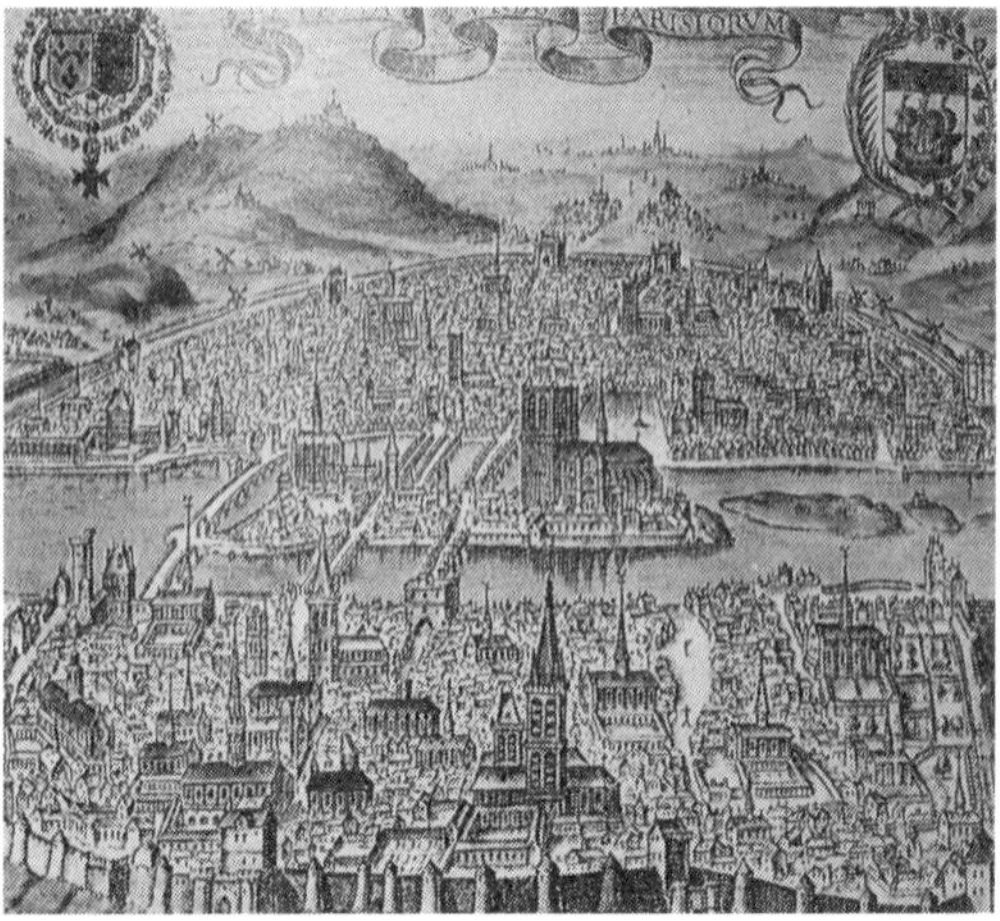

16世紀のセビィリャ市全景　L. Gautierの銅版画（パリ国立図書館所蔵）

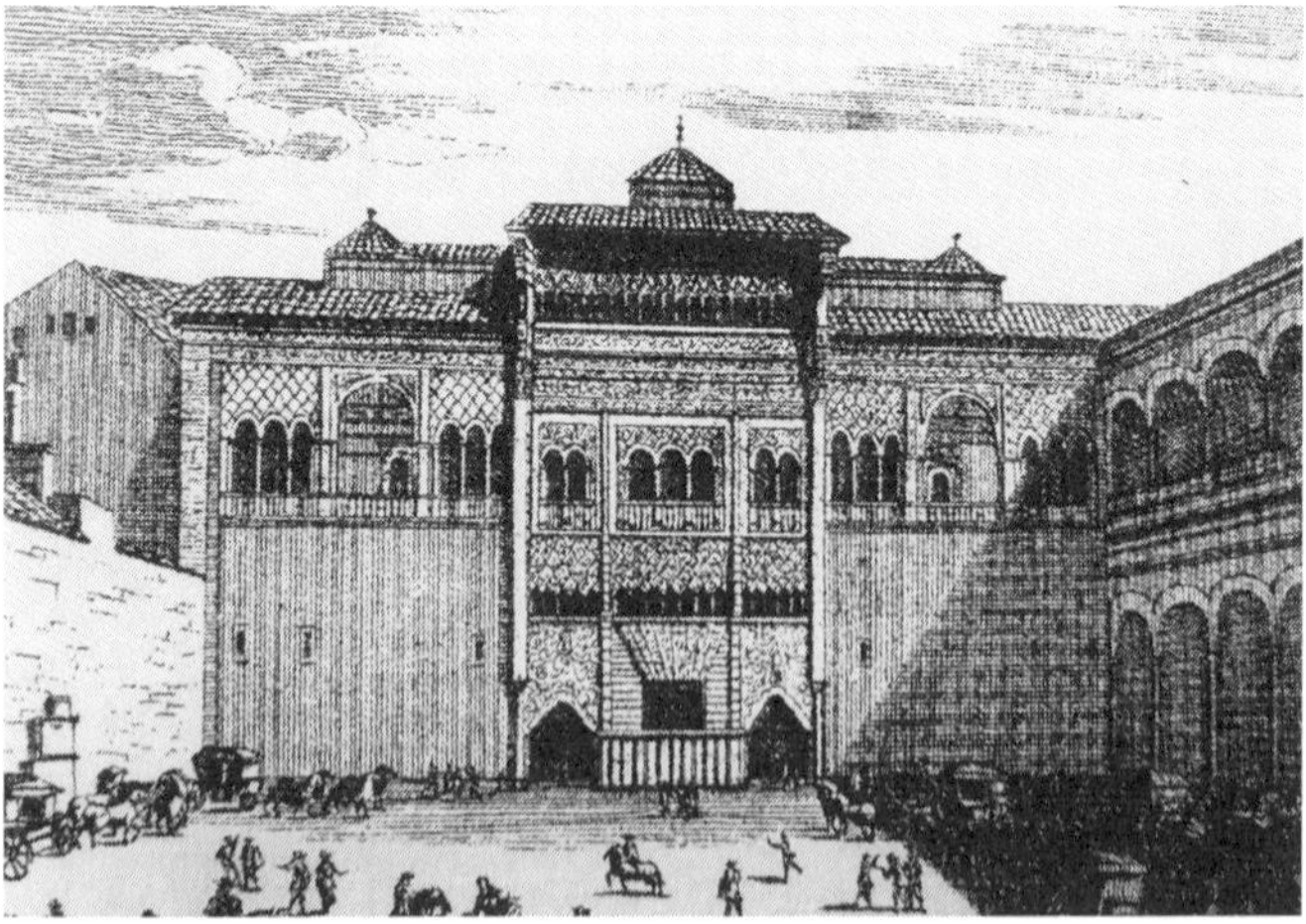

17世紀のセビィリャのアルカサール宮殿

一四年十月十四日付でスペイン国王に対し、使節の処遇と滞在費用の負担などについて次のような意見を述べている。

「フランシスコ会士（ルイス・ソテロのこと）が、スペインに到着した最初の訪問地セビィリャに、日本皇帝（将軍）と奥州王の大使を連れて来たことに敬意を払いました。…（中略）…。彼らは（スペイン国王）陛下と教皇聖下に服従するために来ました。そして、使節一行が当市に滞在する日々の費用を当市が賄うことを受け入れるように私に頼んで来ました。これは陛下にとって役に立つことと思っておりますので、私は非常に喜んでそれを引き受けました。そして、二、三日中に当地に（一行が）到着しますので、接客の準備をしております。最も快適に過ごすことができるように、陛下のアルカサール王宮のいくつかの部屋を大使たちと主な（随行員）五、六人に宿舎として提供することにしました」（註1）

この書簡によると、使節の資格は「日本皇帝（将軍）」と「奥州王」の派遣となっている。そのため、同市滞在中の経費はすべてセビィリャ市が負担することになり、支倉とソテロのほか、五、六人の上級随行員の宿泊先も、国賓級のＶＩＰが泊まるアルカサール宮殿が提供されたのである。この時点で、スペイン側はまだ使節の資格や真の訪問目的などについての詳細な情報は入手しておらず、ソテロの言い分をそのまま信用して対応していた。

一六二〇年十一月三十日付のイエズス会本部総長宛てのジェロニモ・デ・アンジェリスの書簡で

は、「奥州王」の位置づけについて次のように報告している。

「この奥州の地は日本の全島の四分の一を超える。ただし、（総長）猊下《げいか》にお断りしておくが、ルイス・ソテロ師が使節の地位を高めるためヨーロッパにおいて言ったような、全奥州が政宗に属しているわけではない。すなわち、彼（政宗）が所有しているのはその四分の一にすぎず、その地は日本の諸領主によって分割されている」（註2）

2. 事情聴取を受けた支倉とソテロ

使節一行がセビィリャ市に到着したころ、国王やインディアス顧問会議に対し、ビスカイノ司令官やヌエバ・エスパニア副王から、使節に関する疑惑やソテロを批判する書簡や報告書が、続々と届けられていた。こうした状況のもとでインディアス顧問会議は、前述したように、セビィリャ市の有力者で利害関係がまったくないドン・フランシスコ・デ・ウアルテに対し、使節の訪問目的、使節の資格などについて、ソテロと支倉から事情聴取するように命じた。これを受けてウアルテは、彼らの宿泊先のアルカサール宮殿を訪ね、長時間にわたって事情聴取した。その内容についてウアルテは、インディアス顧問会議のマルケス・デ・サリナス侯に報告している（一六一四年十一月四日付〈セビィリャ発信〉）。

まず、報告書でウアルテは、ビスカイノが日本人（使節団）をインディアス（ヌエバ・エスパニア）へ再渡航させてはならぬという国王陛下の命令に背き、《サン・ファン・バウティスタ号》の造船にかかわって手助けしたことを批判し、また、ソテロの壮大な企みと傲慢な態度に対して同僚の修道士たちから抗議文がきていることに触れている。そして、使節の資格と身分は、彼らを派遣した人物によって大いに異なるということを前置きして、報告している。

その報告書によると、支倉とソテロは通商交易の交渉や宣教師派遣要請以外の真の目的を明かさなかったことと、使節派遣者が日本の皇帝なのか、地方の国王（大名）なのか曖昧に伝えていたことが分かる。ウアルテはこの報告書の中で、ソテロからの伝聞として、伊達政宗は心の底からキリスト教を望み、友好関係を築くためにスペイン国王陛下とローマ教皇聖下のもとに使節を派遣したと述べている。また、ソテロがウアルテに、家康からスペイン国王に宛てた親書を見せて、使節派遣者は皇帝（将軍）であると吹聴し、**スペイン側に対しての宣教師派遣の要請は、日本の皇帝の認証を得たものであると説明したのである。これに対して、スペイン側は、「キリスト教に反対を宣言した日本の皇帝（将軍）が、宣教師派遣を要請している奥州の王（政宗）のような対応をするはずがないと、矛盾を突き、使節団に対し強い疑念を抱いたのである**（註3）。つまり、ソテロと支倉は仙台領内に複数の宣教師を招いてキリシタン帝国を建設する計画を極秘にしていたため、スペイン政府側に真実を語ることができずこのような矛盾を突かれてしまったのである。結局、使節一行は奥州王の使節であることが明らかにされ、セビィリャ市以外での支倉らの宿舎は、王宮ではなくフランシスコ会修道院があてられるなど、一行に対するスペイン側の待遇が大きく変わったのである。

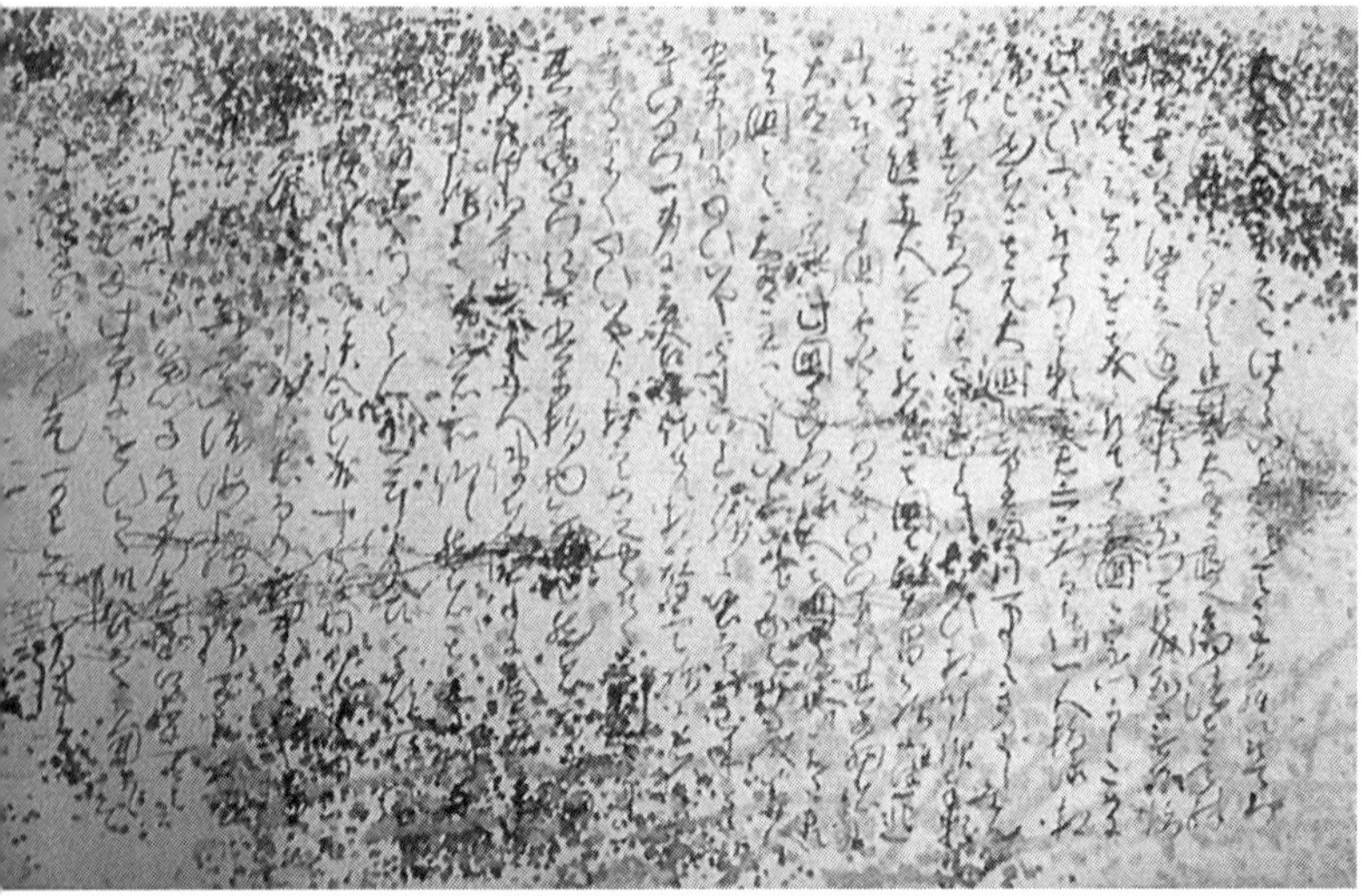

1613年10月26日（慶長18年9月14日）付で伊達政宗がセビィリャ市に宛てた書状（セビィリャ市所蔵）

ウアルテは支倉六右衛門と長時間にわたって話し合い、支倉の人柄について、前にも述べたように「尊敬に値し、沈着で智慮があり、雄弁家で謙虚な人物である」と絶賛している。

ところで、一行がセビィリャ市に到着したときには、スペイン当局はすでに、イエズス会を通して日本におけるキリシタン迫害に関する情報を入手していた。キリシタン迫害に関するウアルテの質問に対し、ソテロは、自分が率いている使節派遣者が皇帝であると吹聴していたため、皇帝が自ら迫害しているイメージを取り除くため次のように弁明した。

「（皇帝は）キリスト教を受容し保護してくれ、陛下の恩恵と友好を得、教皇聖下に服従することを申し出ようと努めている。…（略）…。皇帝は（キリシタン

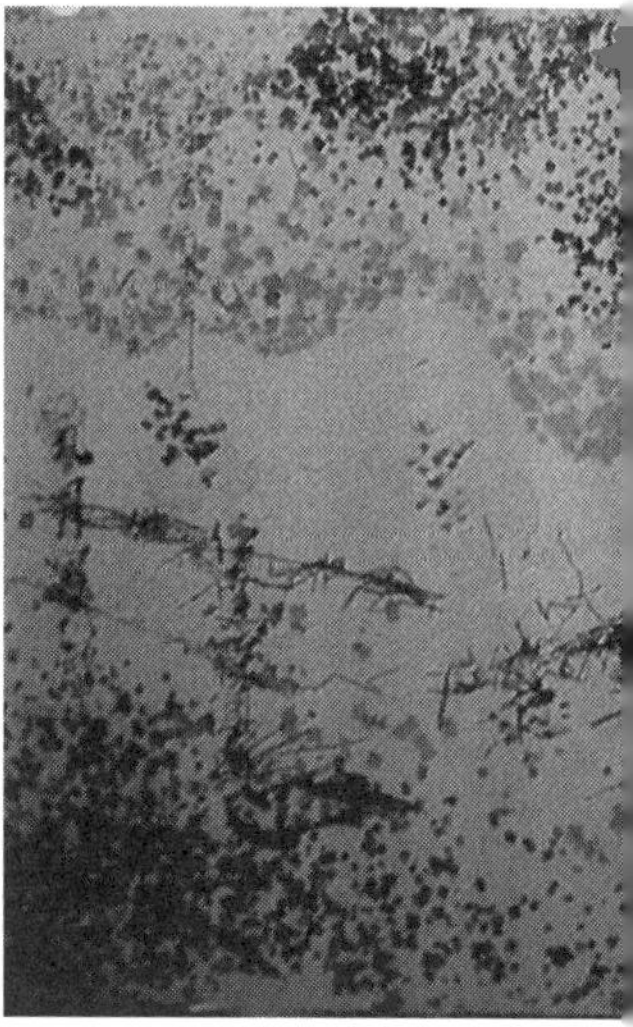

迫害を行うというより）表面上日本の国是に合わせるために処罰したにすぎない。また（皇帝は）このフライ・ルイス・ソテロ神父自身も布教を続けていたため処罰しようとした。しかし、（ソテロ）神父の弁明を認めて、怒りを鎮め、キリシタン弾圧を中止した」

また、ウアルテは、長時間かけて二人の大使に聴取したが、「この使節の（訪問目的などについての）信憑性に関してこれ以上私には分からない」と報告していることから、ソテロも支倉も極秘事項については最後まで何も話さなかったのである。

十月二十七日午後、支倉とソテロは、大使の警護隊長のドン・トマス（滝野嘉兵衛）を伴って十六世紀にプラテレスコ形式で建てられたセビィリャ市庁舎に赴き、市長を表敬訪問して、セビィリャ市宛ての伊達政宗の書簡と大小二振りの日本刀を贈呈した。市長は進物と書簡を受け取り、（政宗の）書状はスペイン語とイタリア語に訳述され、市議会の秘書官によって読み上げられた。政宗がセビィリャ市に宛てた書状の主な内容は、次のとおりである。

「神の特別のご摂理により、ルイス・ソテロ神父が我々の領国に来て説かれる聖なる優れた教えを拝聴し、それが神聖で正しい教えであり、救霊の真の道であると分かりました。それゆえに私たちはキリスト教の義務を果たし、神聖な洗礼によって真のキリスト教徒になりたいと思ってきました。しかし、今のところ差し障り（障害）がありますので、身分（の上下）を問わず、すべての家臣がキリスト教の神の掟を受け入れるように願っております。このため、ルイス・ソテロ神父の（行き届いた）配慮とお骨折りによって、強大なキリスト教徒のスペイン国王、ならびに地上におけるキリストの代理として崇拝されている（ローマ）教皇のもとに、当家の騎士（武士）で支倉六右衛門《はせくらろくえもん》と申す者を大使に任命して派遣致します。貴国には世界中の船が集まり、多くの航海士らが集まります。その者らを召して日本から貴国へ直接航海が可能かどうか、いかなる経路、いずれの場所、港に寄港すべきか検討するよう命じていただきたい。すべてを詳細にお知らせいただきたい。（中略）私たちは教皇聖下へ感謝の気持ちを持ち続け、私たちの代理である大使を通して書状と口上をもってこれをお伝え申し上げます」（註4）

この書状はすべてソテロの意思で書かれたものであるが、政宗が書かれた内容について承諾し、署名をしている。この書状は、どちらかといえば通商交易使節団というより、宗教使節団のイメージを与える内容である。それにしても政宗が、幕府のキリシタン禁教令を無視して、逆に「**我々はキリスト教の義務を果たし、神聖な洗礼によって真のキリスト教徒になる……**」と、近い将来に政宗自身とすべての家臣がキリシタンになることを希望していると大胆に表明したのは、彼は本気で奥州に「キリシタン帝国」を建設する夢を抱いていたからであろう。

また、政宗はこの書状の中で、「我々は信頼のおける陛下の庇護のもとにありたいと存じます」と言っていることは、政宗がスペイン国王の臣下になるので、どうか守って下さいと頼んでいるのである。さらに文中で政宗は、

「我が国からスペインの海域への航海を誘導してもらえるように願っております。もし（相互に）航海ができれば、より一層、私どもの志を示す機会を得られるように、毎年同じ航海を行うように私どもの家臣たちに命じられましょう」

と、スペインから航海技術を学ぶ申し出をしているが、日本（伊達藩）とスペインとの通商交流のことなのか軍事交流のことなのかはっきりしないが、政宗はこの件について、ソテロに一任してあるので口頭で事細かに依頼する、と明言を避けている。

使節一行がセビィリャに到着したのは、一六一四年十月である。ちょうど、日本では、高山右近らキリシタンをマニラに追放した。すぐに大坂の冬の陣も起きる。

もし、家康が、政宗のこのセビィリャ市宛ての親書を読んだならば、即刻、仙台藩を取りつぶし、政宗をキリシタン大名としてマニラに追放していたはずである。使節派遣の目的がヌエバ・エスパニアとの直接通商交易ではなく、スペインから直接、船を迎え入れることを願ったのである。

使節一行が運んだ政宗からセビィリャ市に贈られた書状と日本刀の贈呈品であるが、いずれも紛失していたが、書状は、一八五九年にセビィリャ市の修史官（史料編纂官）ドン・ホセ・ヴェラスケス・

イ・サンチェスによって市庁舎内で発見され、現在もセビィリャ市立文書館に保管されている。ただ、日本刀の所在は未だ行方不明のままである。

余談であるが、著者が、セビィリャ市に宛てた伊達政宗の書簡を初めて検分したのは、三十年前の一九八六年七月である。メキシコ生まれの長男・常長と次男・陽一を連れて、夏休みを利用してセビィリャ市を訪れた時であった。当時、政宗の書状は粗末な木枠の額に納められて、同市庁舎二階の古文書保管室の隅に展示されていた。その後、セビィリャ市の重要文化財に指定され、一般公開はしていない。

ところで、一六一四年十月三十日付で、インディアス顧問会議から国王フェリッペ三世に宛てた「使節一行の渡航目的に関する意見書」に次のような記述がある。

「セバスティアン・ビスカイノは、…（中略）…日本国中最も権力を持つ殿の一人である奥州の王（伊達）政宗殿が派遣した船《サン・ファン・バウティスタ号》で帰り、一月二十八日にアカプルコ港に到着した。政宗の大使（支倉）がフランシスコ跣足《せんそく》会の宣教師フライ・ルイス・ソテロとともに来航した。その目的は、彼の国（奥州）において福音を説教する宣教師を求め、彼（政宗）とヌエバ・エスパニアとの間の交通を開くためである。両国間の交通の開始は、事情が判明するまで延期すべきであり、その間日本人はできる限り厚遇すべきである。なぜなら、彼ら（日本人）は勇敢なので、ヌエバ・エスパニアで厄介な事態を引き起こす恐れがあるからである。今回も必要がないのに百五十人以上も来航した。また、彼らは武装してきている。彼らは航海術および造船術を習得することを希望しており、この使節の渡航にあたっては、一人のポルトガル人の親方が船を建造した。…（中略）…また、通商によって日本人がヌエバ・エスパニアから持ち出す銀も多くなるであろう。宗教に関しては、日本の皇帝（家康）はキリスト教徒を殺戮《さつりく》し、かつキリスト教の布教を妨害し、皇帝の息子の王子（秀忠）が宮廷（城下）から宣教師たちを放逐した。以上のような理由から、国王陛下が日本へ贈られる品物は、さらに命令を受けるまで発送を見合わせるようにさせるべきである。

また、大使は、乗船してきた船をすぐに帰航させる許可を求めたが、副王はこれを延期させたということである。その理由は、帰航の際、再びスペイン人の水夫の援助を与えれば、（彼らは）自然に渡航に熟達し…（略）…」

この書簡では、インディアス顧問会議が、当初からこの使節の目的に対して疑惑を抱き、国王陛下に対し、疑惑が晴れるまでは慎重に対処した方がよいと進言している。また、スペイン側は日本人が造船技術や航海術を身につけることに対してかなり警戒していた様子がうかがえるのである。

家康によるキリスト教徒の殺戮と布教の妨害の事実はすでに報告されていたから、使節一行が宣教師の派遣を要請していることに疑惑を持たれるのは当然のことであった。

3. ソテロの故郷〝セビィリャ市〟での歓迎

セビィリャ市庁舎での謁見式が終わると、市長のサルバチュルラ伯爵をはじめ、二十四人参議会議員や教会関係者らと会見した後、支倉とソテロらは、宿舎のアルカサール宮殿に向かった。同宿舎で数日間、大歓迎を受けていく度となく晩餐会が催された。セビィリャは、使節一行に対してヨーロッパで一番好意的な町であった。

支倉は大司教座聖堂を訪問し、聖具室で銀で覆われた豪華な財宝や聖遺物を拝観した。セビィリャの大司教座聖堂司祭会議長ドン・フェリス・デ・グスマンは、支倉の洗礼の儀式をセビィリャのカテドラルで厳かに執り行うことを申し出たが、しかし、支倉の受洗式は、国王陛下のご臨席のもとで執り行うのが適切であると判断した。

セビィリャ市の財政は困窮状態にあり、市長は使節一行のマドリードまでの旅費は、使節自らか国王が負担してくれるものと思っていた。しかし国王からは、経費全額をセビィリャ市が支払うようにという返答が届いた。

聖カタリーナの祝日である一六一四年十一月二十五日、使節一行は、セビィリャ市長サルバチュルラ伯爵から、スペイン国王とローマ教皇への贈物を運ぶための騾馬四頭立ての荷車を五両、馬車二両、手荷物運搬のための駄馬五頭などを提供してもらい、セビィリャ市を出発、マドリードに向かった。途中コルドバでは、王室代理官（代官）のドン・ジョヴァンニ・デ・グスマンの自宅に招待され、歓待を受けた。

十二月三日、使節一行は十六世紀中ごろまでスペイン王国の首府であった、古都トレドに到着した。トレドの歴史を振り返ると、ローマ人の支配のあと、六世紀に西ゴート族が入って来て、トレドは西ゴート王国の首都として栄え、その後、八世紀にアラブ旋風が巻き起こると同時に、西ゴートは駆逐され、十一世紀までアラブ人に支配されることになる。国土回復戦争の結果、キリスト教徒が勝利を収め、トレドはスペインの首都となって、一五六一年フェリッペ二世がマドリードへ遷都するまで常に脚光を浴び続けた。

使節一行はトレドに宿泊せず、レルマ公の伯父であるトレドの大司教ベルナルド・デ・ロハス・イ・サンドバル枢機卿を表敬訪問した。枢機卿は大いに喜び、その日はトレドに宿泊するように勧めたが、使節一行は果たすべき用事があることを理由にその申し出を丁寧に断り、そのまま人口約十万人のマドリードへと向かった。

4．コリア・デル・リオの「ハポン（日本）姓」の謎

ここで少し話題を変え、スペイン人の「ハポン（日本）姓」の謎について紹介しよう。使節一行はセビィリャに入る前の四日間、コリア・デル・リオというところに滞在した。ここには二年後の一六

一六年にも、ローマからの帰途、九カ月間という長期にわたって滞在している。

現在、コリア・デル・リオはセビィリャの行政管内にあり、人口二万数千人の農業と漁業が盛んな小さな町である。この町には「ハポン」、すなわちスペイン語で「日本」という姓を持つ人が八百人以上もいる。彼らは使節の末裔《まつえい》ではないかと言われている。

コリア町役場に勤務していたビクトル・バレンシア・ハポンさんは、自分たちハポン姓の者が仙台から来た侍の子孫かどうか、その証拠を確認したいと、コリア町に残されている古文書を調査した。その結果、エストリーア教会に保管されている一六六七年の洗礼・婚姻台帳に、ファン・マルティン・ハポンとマグダレーナ・デ・カストロの娘カタリーナの名前を発見した。使節一行がローマからコリアに戻って来たのが一六一六年であるから、それから五十一年後のことになる。

ここで注目すべきなのはファン・マルティン・ハポンのハポン姓が、第二姓だということである。つまり、母親がすでにハポン姓を名乗っていたのである。

この洗礼台帳に記されたころ、ファン・マルティン・ハポンが二十五歳だったと仮定しよう。その母親もまた二十五歳でファン・マルティン・ハポンを生んだとすれば、ハポン姓を名乗っていた母親は五十年前に生まれたことになる。そう考えると、使節一行がコリアに滞在していた時期とちょうど符合する。

ただ、残念なことに一六〇四年から一六六五年までの洗礼台帳は現存しておらず、いつ、どうしてなくなったのかもまったく分からないという。ちなみに、一六〇四年より前の台帳には、ハポン姓を見つけることはできなかった。

コリア町に住むハポン姓の人々は、「わたしたちの最初の父はグアダルキビルからやってきた日本人の漁師」という先祖代々からの言い伝えを今でも信じ、日本の侍の子孫であるということに誇りを持って生きている。

さて、セビィリャのインディアス総文書館に所蔵されている一六一六年五月十八日付の「フライ・ルイス・ソテロの備忘録」を見ると、

「フライ・ルイス・ソテロは、奥州王の大使と彼に随行している二十八名の日本人と二名のフランシスコ会修道士のための乗船許可を申請した。（インディアス）顧問会議は、一六一六年五月十八日付でこれを承認し、旅費として三千三百ドゥカドを支払った。しかしながら、船団には二十名の日本人にフライ・フランシスコ・デ・サン・マルティンとフライ・ファン・デ・ラ・クルスの二人のフランシスコ会修道士が同伴して乗船し、同年ヌエバ・エスパニアへ向けてセビィリャを出港した。ソテロ神父と支倉大使は病に冒され、ロレート修道院に退却したことを申し伝えた」（註5）

とある。

ローマからスペインへ戻った支倉に随行していた人数は、日本人二十八名とフランシスコ会修道士二名の合計三十名であった。そして、一六一五年五月十八日のスペイン艦隊でヌエバ・エスパニアへ戻ったのは日本人二十名と修道士二名の合計二十二名であった（註6）。つまり、この時点で八名の日本人がセビィリャにとどまったわけである。セビィリャの通商院の記録（註7）によると、これら

八名のうち五名の日本人随行員が、支倉やソテロと一緒に一六一七年七月四日、スペイン艦隊でセビィリャを出帆し、ヌエバ・エスパニアへ向かったのである（註8）。つまり、「訪欧使節団」の二十八名の日本人のうち、二十五名がセビィリャを出帆し、ヌエバ・エスパニアへ戻ったことが分かる。これら二十五名の帰国組は全員伊達藩の関係者と見るのが妥当であろう。

その根拠は、当時、スペインに出入国した外国人については法律で非常に厳しく管理（監視）されており、国王から特別な許可を取得しなければスペイン国内にとどまって、自由に行動することができなかった。その証拠にセビィリャにとどまったと思われる三名のうちドン・トマス・フェリッペ・滝野嘉兵衛は、使節団から離脱してフランシスコ修道院の修道士になったが、後に修道院を去り、ディエゴ・ハラミーリョの使用人になった。ところが、この新しい主人は冷酷な心の人間で、ドン・トマス（滝野）を奴隷扱いにし、奴隷の身分を示す焼印を体に押すように命じた。そのうえ彼に労働報酬をまったく支払わなかった。これを不服として、彼は国王フェリッペ四世に日本への帰国の自由と許可を申請した。これに対し、インディアス顧問会議は一六二二年九月二十六日の会議で、トマス・滝野に帰国の許可を与え、一六二三年六月七日、ヌエバ・エスパニア艦隊でヌエバ・エスパニアに送り出した（註9）。

二つ目の根拠は、法的な問題である。つまり、仮に、国王から残留する許可を取得し、現地人女性と結婚する場合、フェロ・フスゴ法（Cerda, Fuero Juzgo）という想像以上に厳しい法律があった。この法律では、婚姻は厳格な行為として規律されており、一般に、ある自由人の男性がある自由人の女性と結婚を望む場合、男性はまず女性の両親に結婚を申しこまなければならず、この申しこみが受け入れられると、男性は女性の両親に手付金を渡す。すなわち、これが新郎と新婦の両親（もしくは親族）との間の契約（婚約）であり、新郎は両親（または親族）に婚資として一定金額を支払う。この婚資は、その後、新婦に引き渡される（フェロ・フスゴ法第3編第2章8）。そのため、外国人の自由人（移住者）がこれをクリアーするには、高額所得を得ることが出来る真面目な職業を持っていなければならなかった（註10）。しかし、カスティリャ語をうまく話すことができない悩みを抱えていた日本人随行員が、スペインに残留して真面目な職業に就くことは事実上不可能なことであった。

余談になるが、使節一行がスペインを訪れたほぼ同時期に、二人の日本人がヌエバ・エスパニア経由でスペイン本国へ渡り、貴族の召使いをしながら現地社会に溶けこもうとした記録が残されている。これら二人の日本人は、言語の壁や異文化衝突の壁などにぶち当たり、結局、スペイン社会に同化することが出来ず、ヌエバ・エスパニアへ戻っている。

一六一〇年八月一日、徳川家康は、房総半島に漂着した前フィリピン諸島臨時総督ロドリゴ・ビベロの送還に便乗させて、京都の商人田中勝介を団長として京都や大坂の商人と町人合わせて総勢二十人を、三浦按針《みうらあんじん》に建造させた《サン・ブエナベントゥーラ号》でヌエバ・エスパニアへ派遣した。彼らは一年間メキシコ市に滞在したが、帰国する段階で、使節一行のうち三名がその地に残留した。

プロローグでも述べたが、これら三人の残留者のうちルイス・デ・ベラスコとファン・アントニオ（いずれも日本名は不詳）は、副王ルイス・デ・ベラスコ侯爵の召使いとして仕えた。そして副王が任務を終えてスペイン本国へ帰国した際に、二人とも同侯爵に同行して大西洋を渡った。なお、これら二人の日本人に対して渡航のための食費、旅費として四十ペソが与えられている（註11）。

ベラスコ侯爵の衣装係だったファン・アントニオは、スペイン本国へ渡った後、主人と衝突したのか、嫌気がさしてヌエバ・エスパニアへ戻ることを決意し、一六一二年五月と十一月の二度にわたりインディアス顧問会議に帰還許可を求めている。現在インディアス総文書館に所蔵されているファン・アントニオの請願書には、

「ファン・アントニオ、日本生まれ、は以下のことを申し立てます。サリナス（ベラスコ）侯爵に仕えてヌエバ・エスパニアから私は渡来しました。当地（スペイン本国）にはこれ以上滞留しませんので、サリナス侯爵によってヌエバ・エスパニアに帰還する許可を与え、その件では私が大いなる恩恵と施しを受けられるように陛下がお命じ下さることを請願いたします」

とあり、インディアス顧問会議は同年十一月三十日、「来国した如く帰国すべし」（註12）と、これを許可している。ところが、彼はベラスコ侯爵から引きとめられ、十年以上スペイン本国に滞在し、一六二四年二月三日、再び故国日本へ帰還するための許可を求めている。これに対し、顧問会議は、日本人ファン・アントニオに、その求めに応じて支度金として五十ドゥカドを一括で与えることを決定している（註13）。

憧れてスペイン本国へ渡った二人の日本人は、確かな理由は分からないが、結局、現地生活に馴染めず、二人とも現地女性と結ばれることもなく、ヌエバ・エスパニアへ帰還している。

話を元に戻そう。三つ目の根拠は、伊達藩士の政宗に対する忠誠心である。伊達藩の随行員の監督

責任者は、主君政宗に非常に忠実な臣下であった支倉六右衛門であったが、彼は、随行した藩士たちが主君と自分を裏切って使節団を離脱することを絶対に許すはずはなかった、と考えるのが妥当である。また、藩士たちも主君政宗を裏切るような行動を取ることはしなかったはずである。ちなみに、支倉は、一六一八年六月二十二日付マニラ発信で息子勘三郎宛てに私信を送っているが、その中で「清八、一助、大助」の三人がヌエバ・エスパニアで逃亡したことをわざわざ知らせている。仮にローマまで随行した藩士たちが逃亡してヌエバ・エスパニアやスペインに残留したならば、同様に息子に知らせたはずである。

ところで、滝野以外でスペインに残留した二名とは誰であり、その消息についてであるが、当時のスペインの事情から察して、スペインにとどまる許可を入手できたのは、ほかでもない「日本のキリスト教徒の代表者」の伊丹宋味《いたみそうみ》と野間半兵衛の二名であったと考えるのが妥当であろう。なぜならば、彼らは敬虔なキリスト教徒の自由人であって、ローマでは貴族として扱われたからである。彼らは、ローマ教皇に対する大半の重要な請願事項が却下され、日本のキリシタン禁教令下において信仰生活を維持することは困難であると考え、スペインにとどまったとしても不自然なことではない。むしろ当然のことと言えよう。伊丹と野間も滝野のように修道士になって霊的生活を送ったのか、その消息を知るための客観的な史料はまだ発見されていない。しかしながら、滝野を除く二名の日本人が通商院に対し、セビィリャからヌエバ・エスパニアへの艦隊に乗船するための出国許可を申請したという記録が見当たらない。そのままスペインにとどまった可能性が高いのである。しかし、彼らがコリア・デル・リオに移住したという証拠はどこにも存在しない。

さて、コリア・デル・リオの「ハポン（日本）姓」の謎についてであるが、著者も何度も現地調査を実施しているが、ハポン姓が慶長遣欧使節団と直接関係があるということを証左する史料は何も発見されていない。にもかかわらず、日本側（宮城県の関係者、駐スペイン日本大使館、一部のマスコミ機関）がコリア・デル・リオのハポン姓の人たちが支倉使節団員の末裔であると勝手に決めつけて、お祭り騒ぎをしているにすぎないのである。特に、二〇一三年の使節団出帆四百周年には、Y新聞社の記者などは、支倉六右衛門常長の子孫であるという人物を仙台からコリア・デル・リオや支倉文書が所蔵されているシマンカス文書館などへ連れて行き、スペインの人たちはそれほど関心がないにもかかわらず、サムライの格好をさせて講演をさせたり、街の中を歩かせたりしていた。

当時、ハポン姓を名乗っていたのはコリア・デル・リオの関係者だけでなく、使節の日本語通訳としてヌエバ・エスパニアから同行したヌエバ・エスパニア生まれのフランシスコ・マルティネス・モンターニョ・ハポン（Francisco Martinez Montaño Japón）も、母方の苗字の代わりにハポン姓を名乗っていた（註14）。また、一五九〇年にセビィリャで出版されたホセ・デ・アコスタ著〝Historia Natural y Moral de las Indias（インディアスの自然と知恵の歴史）〟にもハポン姓の人物が登場している。さらに、メキシコ国立公文書館（A.G.N.）に所蔵されている一五九九年作成の古文書にもガスパル・フェルナンデス・ハポン（Gaspar Fernández Xapón〈＝Japón〉）というハポン姓の人物の名前が記されている。ちなみに、当時のスペインでは、人口統計調査で出生地や民族名を聞いて姓の後に付記したので、ハポン姓もその慣例にならってつけられたとも考えられる。

註1．A.G.S., Estado Español 256

註2．A.R.S.I., Jap. Sin. 34, Documento No.1-5, f.37

註3．一六一四年十一月二十二付マドリード発信の「日本の使節に関する枢密会議奏議文」（A.G.S., Estado Legal. 2644, 37）

註4．Archivo Municipal de Sevilla（セビィリャ市立文書館所蔵）

註5．A.G.I., Indiferente, 1442

註6．A.G.I., Indiferente, 1442

註7．A.G.I., Contratación, 5539, Libro 2, F. 481r-481v

註8．A.G.I., Contratación, 5539, Libro 2, F. 481r-481v

註9．A.G.I., Indiferente, 1452

註10．中川和彦『ラテンアメリカ法の基礎』千倉書房、二〇〇〇年、一二四～一二五頁

註11．A.G.I., Filipinas, 5, 2n. 321

註12．A.G.I., INDIF. 1435

註13．A.G.I., INDIF. 754

註14．スペイン・マドリード市サン・ペドロ教会所蔵「死者・埋葬台帳」

第六章　国賓級待遇から準公賓待遇に格下げ

―目的の分からぬ使節に「邪魔者」の声

1．宿舎は宮殿から修道院へ

日本で宣教活動をしていたイエズス会の宣教師からローマのイエズス会総長宛てに、日本で幕府がキリシタン禁令を出し、キリスト教徒を弾圧していることについて詳細な報告が送られていたが、スペイン国王にも、同会のルイス・ピニィエロ神父らから直接、同様の情報が届けられていた（ルイス・ピニィエロ編『日本切支丹弾圧史―一六一二〜一六一五年間』、一六一七）（註1）。

使節一行がヘタフェに差しかかると、マドリードへの到着の知らせが枢密院から宮廷に伝えられ、国王は知らせを受けると、使節を王宮ではなくサン・フランシスコ会修道院に宿泊させるように命じた（註2）。

使節一行がマドリードに到着したのは、一六一四年十二月二十日、雪の降りしきる寒さの厳しい日のことであった。特別な歓迎式典もなく、すぐに国王が指定した宿泊先のサン・フランシスコ会修道院に入った。サン・フランシスコ会修道院は、マドリード市中心部にある王宮の近くに位置し、サン・フランシスコ・エル・グランデ教会と併設されていた。

修道院内の部屋は華麗な絨毯《じゅうたん》が敷かれ、一行に必要なものすべてが銀細工で装飾され、給仕のための官吏が送られた。やがて宿泊先へ貴族や名士が次々と訪ねてきたが、肝心のスペイン国王フェリッペ三世からは面会の許可はなかなか得られなかった。それは、支倉六右衛門《はせくらろくえもん》一行が奥州の一大名が派遣した使節であり、日本政府を代表する使者ではないという格式が問題にされたようである。セビィリャで感じられた成功への予感も徐々に薄らいでいった。

一六一四年十二月二十日、受取人、ディエゴ・デ・ベルガラ・ガビリーアに国王が命じたのによれば、十二月五日から宿泊経費として一日二百レアルが支給され始めた（註3）。

インディアス顧問会議は、「まえがき」で述べたように使節の資格は皇帝（将軍）が送った正式なものではなく、一領主（大名）のものであると判断し、スペイン滞在中の待遇も国賓級待遇から準公賓待遇に格下げされ、宿泊先は王宮からサン・フランシスコ会修道院の客人扱いとなった。このインディアス顧問会議の結論が出された後、使節は通商使節ではなく明らかに宗教使節と位置づけられ、ますます儀礼的に扱われるようになっていく。

使節一行のためのベッド、椅子、事務机、食器戸棚、絨毯、食器類などを賃貸したドニャ・マリアナ・エスピナがインディアス顧問会議に宛てた「日本使節に調達した寝具リネン類と毎月の総額についての覚書」（註4）によると、一カ月のリース代金が二千六百十四レアルで、八カ月間滞在したので、合計二万九百十二レアル支払われている。このリース目録の中に、絹製ベッド三台、全リネンつき布製ベッド三台、普通ベッド二十二台と記入されていることから、マドリード入りした使節一行の人数は、支倉とソテロを含め総勢二十八人であったことが分かる。

2. スペイン側は使節をどう見ていたか

一六一五年八月まで長い期間滞在を余儀なくされたのは、その後も使節の目的が明確でなかったほかに、ヌエバ・エスパニア副王が国王に宛てた一六一四年五月二十二日付の書簡で、ルイス・ソテロは政宗を籠絡《ろうらく》して使節を派遣したのであり、本状を一読した後は彼らを通してはならない、と忠告している。

また副王は、伊達の使節派遣は将軍の思惑に反する行為であると明確に伝えており、日本のキリスト教化のためには将軍と親交を持つのが最善であり、一領主（大名）にすぎない奥州王と個人的に結託すべきでないと主張している。

ヌエバ・エスパニア副王は、政宗自身と、彼のすべての家臣がキリスト教徒の洗礼を受けるという話に疑念を抱き、最初から否定的な態度を示し、使節の目的が「(日本) 皇帝の思惑（キリシタン禁令）に反する行為である」ことを熟知していたので、その旨を本国に知らせていたのである。

確かに、ソテロや支倉がスペイン当局に対し、奥州王の政宗とすべての家臣がキリスト教徒になり、「キリシタン王国」を建設するので宣教師を派遣してほしいと要請しても、日本国内においてキリシタン迫害が激しくなっていただけに大きな矛盾が表面化し、支倉らが「日本国内のキリスト教徒と手を結んで討幕し、新しいキリシタン帝国を建設するのが目的である」と、本当の目的を明かさなければ、到底理解されるはずがなかったのである。

一方、スペイン人の貿易商人ベルナルディーノ・ヒロインの『日本王国記』第四十八章には、一六一五年八月十六日に、伊達の《サン・ファン・バウティスタ号》がアカプルコ港から浦川（浦賀）に帰還した際のことが、次のように記されている。

「一六一三年にアカプルコへ向かって月ノ浦を出帆した（伊達）政宗の船が、この国（日本）へ戻って来て、一六一五年八月十六日浦川に着いた。フランシスコ会の三人の宣教師（フライ・ディエゴ・デ・サンタ・カタリーナ、フライ・バルトロメ・デ・ブルキーリョス、ファン・デ・サン・パブロ）が来て、将軍（家康）とその息子（秀忠）への贈り物と使命文書を手渡した。彼（秀忠）は贈り物や使節、そして使節を派遣した者をほとんど意に介さず、彼らに会うことも彼らの話を聞くことも、また外交文書を開くこともなく、三人と遣外管区長のペドロ・バウティスタを一軒の家に閉じこめました。バウティスタは前述の船の帰着の知らせが来る前に、すでにかの地（江戸）に行っていたのである。船を再びヌエバ・エスパニアへ送り、今回来た宣教師たちと遣外管区長バウティスタ、そして二人の囚人を送り返すことは確実であると言われている」

この『日本王国記』に記されている三人のフランシスコ会の宣教師は、明らかにスペイン国王の命によって、支倉ら使節一行の目的について、幕府に直接確認する使命を帯びて派遣された遣日使節であった。

ところが、彼らは、家康と秀忠に国王からの贈物と外交文書を渡しただけで、家康にも秀忠にも謁見することができず、また、国王宛ての返書も受け取ることもできなかったのである。

当時すでに幕府は、キリスト教を日本から締め出すため、宣教師たちを放逐し、教会を破壊していたから、三人の宣教師たちと会うことを躊躇《ちゅうちょ》したのは当然であった。しかし、彼ら三人の宣教師は宗教人であると同時に、一国の外交官の任務も兼ねていた。このことは家康も秀忠も承知していたはずだから、彼らは日本とスペイン両国の断絶を覚悟したうえでこの処置を取ったのであろう。

これらの三人の宣教師たちは、目的をまったく果たすことができずに帰国を余儀なくされ、国王には日本との国交は無意味であると報告している。このことは、当時スペインに滞在していた支倉使節一行の処遇にも当然悪影響をおよぼす結果になった。

インディアス顧問会議は支倉使節一行に何が期待できるか、その真実を知るため、一六一〇年に家康の使節として帰国しながら、病気のために再び日本に戻ることができず、スペインのサラマンカにいたフランシスコ修道会の前日本遣外管区長ムニョス神父を召還してその意見を聞いている。

3. 支倉使節一行、国王陛下に謁見

マドリードが、スペイン全土の首府になったのは十六世紀末のことである。スペイン帝国の首府にふさわしい姿になったのは十七、八世紀で、使節一行が訪れたころは、完成に近づいた時期といえ

17世紀ごろのマドリードの王宮

る。傾きかけていたとはいえ、まだまだ世界の都であった。

マドリード到着から四十日あまりもたった一六一五年一月三十日、支倉とルイス・ソテロは、ようやくマドリードの王宮でスペイン国王フェリッペ三世に謁見することができた。支倉は政宗の親書と「申合条々《もうしあわせじょうじょう》（平和協定）（案）」の文書を国王へ手渡した。

支倉は、国王謁見という第一の使命を無事に果たした。しかし、一行が謁見を許されるまでに四十日間を要したのである。

この四十日間という時間には、重要な意味が隠されている。つまり謁見式に前後して、日本のイエズス会やビスカイノ司令官から届けられた使節一行に対する懐疑の知らせを受け、スペイン側は、どう対処すべきか判断に苦しんでいたのである。

支倉ら使節一行は、ドイツ式の近衛兵が配置されている宮廷の王室の広間に入り、そこで支倉は、使節の荘厳な儀式にのみ用いる装束を身に着けた。そして、貴族たちが大勢いる貴賓席の下にある床机にもたれかかって立っておられた陛下の前に歩み寄った。支倉は国王に三度、丁寧に跪拝《きはい》し、陛下の手に口づけをしようとしたが、国王は手を引っこめて帽子を脱ぎ、優しい表情で会釈をした。そして支倉に起き上がって使節の事柄を申し述べるように命じられた。奥州王の名代支倉が述べたスペイン国王への使節の口上について、アマティの『遣欧使節記』第二十章に次のように記されている（概略）。

「私の主君は、日本の宗教は悪魔による偽りであると考え、キリスト教の信心こそが救霊の真の道であり、聖なる洗礼によってキリスト教徒の一員に加わりたいと望んでいます。目的も信頼もない物事ははかないのであり、神の永遠の物事は不滅であるという主君の神聖な志に、すべての家臣が偶然に従うというのではなく、追従するように努めたいと願っております。（中略）

私は必要な援助（救い）を持たないゆえに、この使節を通して（キリスト）教会の堅固な柱石である陛下に訴え、（わが王に）聖なる福音書の真実を説き、聖なる秘跡を授けてくださるよう、修道士と宣教師を派遣されるよう強く請願することを考えました」

スペイン国王フェリッペ三世像（マドリード・プラド美術館所蔵）

まず、支倉はスペイン国王に対し、政宗は日本の宗教は邪悪であると考えており、彼自身がキリスト教徒になるための洗礼を受けることを望んでいる。そして、神聖な志について、すべての家臣が政宗に追従するように願っている、と口上している。

支倉はあくまでも政宗の形式的な意思を伝えたのであるが、これは将来の日本のカトリック王になるための布石である。そして政宗の本心を何も語らないで、政宗がキリスト教徒になるための洗礼の秘跡を授けてもらうために、修道士と宣教師を派遣してほしいと請願している。また支倉は、伊達藩とスペインとの関係促進について次のように口上した。

「この素晴らしい君主国（スペイン）との間に結びたいと望んでいる友好と提携を、陛下と陛下の統治国に対して私が申し入れる命を受けてまいりました。私たちの陛下に捧げる情愛を好意的で寛大にお受け下されますよう、また、私たちの王国すべてにおいて軍事力を備えております。陛下のお役に立つ機会があれば力を尽くしたいと望んでいますので、いつでもお使いいただきたく、国王陛下に請願します。そして私の意思を尊重される印として、かえって天の王（神）の栄光に寄与するものとして、私の主君である王も満足すると思われますが、陛下のご臨席のもとで、洗礼の秘跡により新たな生命を得ることができますようにお命じ下され、（受洗式を）荘厳に執り行うことで、日本において最も輝かしいものとなるようにと（受洗式を）引き延ばしてきた私の長い間の願いをかなえていただきたく懇願いたします」

次に支倉は、政宗のスペインとスペインの統治国（ヌエバ・エスパニアやフィリピン）との友好関係、そして提携を結ぶことを希望していることを伝えている。ここで言っている提携とは「中合条々」（平和条約）のことであったと思う。

また、「私たちの王国（奥州王国）すべてにおいて軍事力を備えておりますので、陛下のお役に立つ機会があれば力を尽くしたいと望んでいる」というのは、伊達藩とスペインが軍事同盟を結び、政宗がスペイン国王の臣下となって、軍事的な面において貢献したい意思を伝えたのである。さらに支倉は自分の信仰の意思表示として、国王陛下のご臨席のもとでキリスト教の洗礼の秘跡を受けたいことを表明している。支倉がキリスト教徒へ改宗したのは外交交渉を優位に進めるための手段だったのか、信仰心が芽生えてのことなのか定かではない。しかし彼の晩年の苦境に満ちた生き方を見ると、少なくともキリスト教の信仰のみが生きがいであったように思える。

この支倉の口上に対し、国王陛下は次のように返答した。

「使節を遣わした（奥州）王が求めていることに対し、喜んで応じることに決めました。私たちに示された提案、および友好を重んじ、深く感謝いたします。我々としては、現在も、またいかなる時においても、それに応じぬことはありません。これに対する最もふさわしい処置については、最も好都合な折に新たな協議する機会を与えるでしょう」

この返答は、政宗の提案を肯定も否定もせず、曖昧にしたまま交渉を先送りしたスペイン側の外交辞令である。結局、その後再び政宗の提案事項について、スペイン側と新たに協議する機会は与えられなかった。

支倉が国王フェリッペ三世に謁見した後に、インディアス顧問会議は、一六一五年二月四日付で、国王に次のような苦言ともいえる意見書を呈している。

「当宮廷にいる日本人は、すでに陛下に謁見済みですが、本日（一六一五年二月四日）まで当地に来た目的について協議していないことを承知しております。（使節一行に）経費が多くかかっており、苦しい勘定から支出しています。国庫が不足していて他に多額の債務があるので、陛下の（個人）予算から捻出して（使節一行に）援助しなければならなくなっております。また、サン・フランシスコ会修道院においては、彼ら（日本人）の宿泊施設が原因で、非常に不便な思いをしているようです。……」（註5）

このようにインディアス顧問会議は、使節一行に経費がかかりすぎると国王に苦言を呈したのである。確かに、スペイン政府にしてみれば、何の目的で来たのかはっきりしない大勢の使節団に対し、国庫が底をついている状況のもとで巨額な経費をつぎこむのは無意味なことであったので、このような苦情の申し立ては当然なことであった。深刻だったスペイン側の財政事情について、支倉ら使節一行はどこまで認識していたのだろうか。

ところで、この意見書に記述されている、使節一行が宿泊しているサン・フランシスコ会修道院におけるトラブルについて、同修道院の管理責任者のフライ・フランシスコ・デ・レガネス院長が一六一五年六月十四日付で、インディアス顧問会議のサリーナス侯に請願書を提出している。その主な内容は次のとおりである。

「国王陛下の御命令により、日本から到着した使節が当修道院に宿泊しているが、彼らの使用している諸室は、医療室や暑い時期の病室にあてられているものである。病人のうち五人が適当な場所がないために熱中症（または腸チフス）で死亡したことを考慮して、この使節を他の宿舎へ移動させていただきたい。日本人の数は三十人（ヴェネツィア人執事とヌエバ・エスパニア出身の日本語通訳を含む）である。修道院内でこのような大勢の俗人の世話をして大混乱を生じているにもかかわらず、彼らを迎え喜んで世話をしている。しかし、前述の支障があるので、諸室を使用されることで生じている弊害を検討され、他の場所へ移るように命じてくださることを陛下に懇願する。修道院が蒙った損害を負担するのは不当である」（註6）

スペイン国王の諮問機関「インディアス顧問会議」

さらに、院長は「彼ら（日本人）が修道院の病室や部屋に損傷を与えたことをご覧になってもらいたい。彼らが破壊したものを修理し、その費用を修道院が負担するのは道理的にも、正義的にも合わないことであると思う」と厳しく非難しているが、日本人随行員の品格（行儀）の悪さが浮き彫りにされている。日本人随行員のこうした蛮行は、日本を離れ、長年にわたって異国を駆け巡る生活を送り、当惑、失望、欲求不満、アイデンティティーの混乱など、多くの変化に直面したことで蓄積されたストレスが、大きな要因であったと思われる。

これに対して、インディアス顧問会議は同日付で国王に、「サン・フランシスコ会修道院の管理人の願いをいれて、日本人のための宿所を他に探すべきである」という意見を呈している。国王は、「これらの日本人の処置についてはすでに回答した。それによって万事解決するであろう」と答えた。

このように修道院側からは歓待されるどころか邪魔者扱いにされ、宿舎を一日も早く引き払うように勧告されたのだが、他に行くあてもなかったので、仕方なく約八カ月間世話にならざるを得なかった。支倉ら日本人随行員たちは、異国でたびたびこのように惨めな思いをしたのである。

支倉が国王フェリッペ三世との謁見の中で手渡した政宗の親書の中に、「申合条々」とある文書が含まれていた。

謁見の後、国王フェリッペ三世からは「申合条々」の提案に対して何の返事も返ってこなかった。支倉は、愕然としたに違いない。このような国王の態度は思いもよらないことであったろう。主君政宗の命令を必死に果たそうとする支倉にとって、途方に暮れる事態であった。結局、インディアス顧問会議は、日本と新たに条約を締結することに関しては、伊達政宗の好意には感謝するものの、現状維持にとどめるべきであると提案している。また、同顧問会議は国王に対し、使節一行のローマ訪問と奥州への司教派遣に反対し、宣教師の派遣だけを唯一許可すべきであると進言した。
支倉の親書披露が終了すると、ルイス・ソテロ神父が幕府（将軍）の大使の資格で、スペイン国王に対し、次のように口上した。

「皇帝は私が申し上げた論拠（世界でこれほど力のあるスペイン国王の友好だけが、オランダ人が提供するよりもずっと多くの物を入手可能にする）を再検討され、長く望んでおられたこの交流を協議する使命によって、新たにこの使節を託されたのです。それゆえに（日本の皇帝の）名代として陛下に心よりお願い申し上げます」（アマティ『遣欧使節記』第二十章）

この時ソテロがスペイン国王に手渡した家康の親書は、第一章の4で述べたように、一六一二年十月にソテロ神父が幕府の「訪西使節」に任命され、アカプルコへ向かおうとした船が浦賀で難破し、渡航できなかったときに家康から託されていて返却しなかったスペイン国王宛ての親書で、それを約二年半ぶりに手渡したのである。
ソテロは、この使節は政宗が独断で派遣したのではないことを次のように説明している。

「この使節派遣には皇帝およびその皇太子（秀忠）が直接関与しており、許可を出している。それは彼らがヌエバ・エスパニア副王宛ての書簡と進物を使節に託し、私（ソテロ）をその使者として随行させたことによって明らかである。したがって、政宗の希望を満たすことは、同時に皇帝の希望を満たすことに結びつくのである。一個の石で二羽の鳥を捕るも同様の効果をもたらすのである。それゆえ、これに反対した場合は、また二重の害をもたらすことになる」

このようにソテロはその使命を果たすために全精力を傾けて努力したのであるが、はかばかしい成果を挙げることはできなかった。反対に、一六一四年十二月（慶長十九年十一月）の大坂冬の陣、翌一六一五年六月（慶長二十年五月）の大坂夏の陣の結果、そしてその前後のキリスト教徒に対する弾圧の詳報が伝えられるにつれ、支倉やソテロの立場はますます困難なものとなっていった。

また、この同じ時期に幕府は、オランダとイギリスに通商許可の朱印状を下付し、平戸に商館を建てさせ、本格的に日蘭英貿易が始まるため、ポルトガルとスペインとの貿易を禁止しようとしていた。結局、前述したように、一六一五年一月三十日に、ソテロが家康の親書をスペイン国王に手渡してから約七カ月後の同年八月に、スペイン政府の三人の遣日使節が家康や秀忠から面会を拒絶され、事実上の国交断絶となったのである。

4．支倉、国王陛下ご臨席のもとで受洗

一六一五年二月四日、使節一行はレルマ公爵（フランシスコ・ゴメス・デ・サンドバル・イ・ロハス）を表敬訪問した。政宗の書簡を差し出して、主君の名代として挨拶した。それに対し公爵は、この栄

誉について謝意を表した。使節が希望しているすべての事がかなえられるように、特に、ローマへ行くための必要な教皇聖下宛ての書状を、国王陛下に依頼してくれることを約束してくれた。

レルマ公爵（一五五三～一六二五）はトルデシリャス出身で、幼年期の教育を伯父でオヴィエドの司教を務めたクリストバル・デ・ロハスから受けた。一五九八年九月十三日、フェリッペ二世がエル・エスコリアル宮殿で逝去した夜に、枢密院のメンバーに任命された。一五九九年、フェリッペ三世の侍従長に任命されると同時に側近となり、その後間もなく宰相となった。

当時のスペイン宰相レルマ公爵像

使節一行は翌二月五日、王立跣足《せんそく》会女子修道院の王女シスター・マルガリータ・デ・ラ・クルスを訪問した。支倉らは王女に日本の宗教や自然のことについて説明し、支倉の受洗式を同教会で執り行えるように、国王陛下に取り計らってほしいと請願した。そしてその願いが受け入れられたので、次いで彼らはトレドのサンドバル枢機卿のもとにこの洗礼の秘蹟を執り行ってもらえるように依頼した。それに対して枢機卿は、持病の重い中風の麻痺のためできないことを詫びた。

数日後に枢機卿は使節一行の宿舎に支倉らを自ら訪れ、記念として、多数の肖像画、ロザリオ、十字架、神の子羊やそのほかたくさんの聖具、金の縁飾りのある枢機卿自身の肖像画、高価な聖母マリアの絵画を枢機卿の思い出としてプレゼントしてくれた。

同年二月十七日、支倉六右衛門常長宿願の「入信の秘跡」、つまり洗礼式が、マドリードの王立跣足会女子修道院付属教会（フェリッペ二世の妹でポルトガルのファン・マヌエル王子の未亡人ファナ・デ・アウストリア王女が一五五九年に建立）において、厳かに挙行された。受洗式には国王フェリッペ三世のほか、フェリッペ三世の長女でフランスのルイ十三世の王妃アウストリアのアンナ、二人の王女、多くの貴族たちが臨席した。代父母はレルマ公爵とレルマ公爵の愛娘、ニエブラ伯爵夫人（アマティの『遣欧使節記』ではバラハス伯爵夫人）であり、国王フェリッペ三世とレルマ公爵の二人の霊名から「フェリッペ・フランシスコ」と名づけられた。この霊名とは、本来自分の思慕する聖人を選んで、その聖人に生涯の加護を願い、その徳行にあやかるよう努めるためにつけられるものである。

支倉の洗礼式はトレドのサンドバル枢機卿に代わり、王宮付属礼拝堂の主任司祭ドン・ディエゴ・デ・グスマン師が執り行った。

カトリックの洗礼とは、人が神の子として新たに生まれ、教会の一員となる秘跡である。洗礼によって人は、キリストの死と復活の神秘にあずかり、原罪、自罪とその罰が許され、神の子となり、永遠の命を受け継ぐようになる。支倉がカトリック入信の秘跡の祭儀を授かるのは、この儀式がキリストの死と復活に接するものであることから考えて、メキシコ市滞在中の復活祭に執り行うのが最もふさわしかった。しかし支倉はソテロと相談し、マドリードで、スペイン国宰相レルマ公爵に代父を依頼して受洗しようと早い時期から決めていたのである。

それは支倉がメキシコ市での受洗を拒み、また、セビィリャ滞在中に聖職者会議の議長から強力に受洗を勧められたにもかかわらず、その申し出を断り、あくまでもマドリードでの受洗を望んだことからも明らかである。支倉がレルマ公爵に代父を依頼したのは、彼と霊的親子関係を結んで、スペイン国王との「平和条約」締結を有利に取り計らってもらおうと考えたのであろう。

支倉が受洗したのは、スペイン国王やローマ教皇との対外交渉を進めるうえで、劇的効果を演出するためではないかという見方がある。

支倉は旅の途中、ソテロからキリスト教の教義（公教要理）について学び、数十年間生きてきた儒教的禅宗的な魂を捨て、回心と信仰の道を歩み始めてキリストに従うことを望み、洗礼を願うようになっていたのではなかろうか。キリストの教えに魅せられた支倉の心は、洗礼を受けようと決心するまで、太平洋の荒波にもまれる《サン・ファン・バウティスタ号》のように激しく揺れ動いたことであろう。

このとき支倉の心の中をよぎったのは、武士は二君を持たずという思想であり、洗礼を受けることは、武士の魂を売り渡すことを決心するほどの覚悟が必要だったたかもしれない。それでもキリストの教えの素晴らしさを知った支倉は、自分自身の心がキリスト教に傾いていることをはっきりと自覚し、ついに洗礼を受けることを決意したのではなかろうか。一方、ソテロは、支倉の洗礼式をローマ教皇も注目するようなイベントにすべきだと考えていたのである。

晴れて洗礼を受けた支倉の胸中はどのようなものだったか。宗旨替えしたことへのうしろめたさ、それ以上に、神に仕えることが、主君政宗を裏切ることになるのではないか、という複雑な気持ちが激しく渦巻いていたのではないだろうか。しかし、それでもキリスト教の教えは、支倉にとって大きな心の支えだったのである。

支倉の受洗について、芥川賞作家で文化勲章受賞者の故遠藤周作氏は、支倉六右衛門をモデルにした長編小説『侍』（新潮社、一九八〇年）の中で、主人公長谷倉、つまり〝侍〟が役目を果たす便宜として、心ならずも洗礼を受け、それにつき合わされて骨がらみになり、最後にはそれに殉じてしまう様子を悲劇的に書いている。遠藤氏はメキシコにおける取材の段階で、すでに支倉（小説の中では長谷倉）が使命達成のため偽りの洗礼を受けた悲劇の本質を見出していたのではないかと推察される。

小説『侍』の取材でメキシコを訪れた遠藤周作氏（右から二人目）と著者。右端は同氏の姪、左端は妻陽子（1974年10月）

5.「サンティアゴ騎士団」の騎士任命請願の目的とは？

支倉は受洗後、さらに「サンティアゴ騎士団」（Orden Militar de Santiago）の騎士に任命してくれるように強く要請した。これに対しインディアス顧問会議は、一六一五年四月二十九日付マドリード発信の国王への上奏文で次のような否定的な見解を述べている。

「この件については、前例がないだけでなく、大使はまだキリスト教国になっていない日本へ帰国する者である。両国の交通は成立しておらず、国王陛下は彼を騎士団に列することを嫌うであろうし、他の例に見えるように、大使は帰国後信仰を捨てると思われる。サンティアゴ騎士団は、本来キリスト教徒に限るものであり、そのような恐れのある者を推薦することは好ましくない。また、いったん日本へ帰国すれば、騎士団の義務や規則を順守することができない。さらに、こうした要請が大使から出されたのは、ソテロが何らかの特別な目的を持って行ったものであろう。したがって、使節にこの栄誉を授与することは適当でないとし、今後ソテロに対してこのような挙動を慎むよう厳重に注意することを決議した」（抄訳）（註7）

そもそも「サンティアゴ騎士団」とは、十二世紀にイベリア半島で国家の庇護のもと設立された騎士団である。ガリシアとアストゥリアスの聖人、聖ヤコブの旗のもと、イベリア半島のイスラム勢力との戦いで名を成した。

一四九九年、カトリック両王の一方、アラゴン王フェルナンド二世は、騎士団の理事に自分を推薦してくれるよう教皇へ依頼した。その孫カルロス一世の治下、教皇ハドリアヌス六世は、アルカンタラ、カラトラバ、サンティアゴの三つの偉大な騎士団をスペイン王のもとに併合させた。それ以後、三つの騎士団は称号も財産も分かれたままスペイン国王の下に置かれた。

騎士団は、聖ヤコブの墓がある聖地サンティアゴ・デ・コンポステラの防衛と巡礼者の保護、施療を目的とした。修道の三誓願を立て教皇の直轄下に置かれた。特にイスラムの勢力の強いスペインで

「サンティアゴ騎士団」の規則書の表紙

は、イスラムとの抗争と巡礼の保護のため、民族的傾向の強い十字軍の騎士団が結成された。

「サンティアゴ騎士団」への入団は、結成当初はそれほど難しくはなかったが、徐々にその存在価値が高まるにつれ、厳しくなった。騎士団に入団が許可される者は、ローマ教皇とカトリック王であるスペイン国王の騎士のため、カトリック教徒であることが最低条件であった。したがって、ユダヤ系、イスラム系の血を受け継いでいる者、カトリック教会から見た異端者、ユダヤ教やイスラム教からの改宗者、極道者などは入団が厳しく制限されていた。

ところで、支倉はソテロから「騎士団」の騎士に任命される意義について説明を受け、彼の指示に従って要請したのであろう。インディアス顧問会議の意見書を見る限り、支倉は「騎士団」の騎士に任命されたい目的や趣旨などについて何も説明せずにいきなり要請したのである。そのためインディアス顧問会議は、使節の資格や真の目的などを正しく把握できず、疑惑を抱いたのである。

仮に支倉が「騎士団」の騎士に任命されれば、政宗の臣下であると同時に、ローマ教皇そしてスペイン国王直属の騎士となる。そうなれば伊達政宗が受洗してカトリック王となった暁には、ローマ教皇とスペイン国王が軍事面において後ろ盾になってくれるだろうと考えたに違いない。それ以外に考えられる「騎士団」の騎士になる利点は何も見当たらないのである。

突然、支倉がこのような予想外の要請をしたのは偶然ではなく、使節が政宗から何らかの任務を託されていて計画的に提案したものと思われる。政宗の訪欧使節団の目的が通商交易の開始と宣教師の派遣依頼だけであったならば、このような重大な軍事面の要請をするはずがなかったのである。

6. 使節一行、マドリードを発ち、ローマへ向かう

使節一行がローマへ出発するにあたり、メディナ・デ・リオセコ公爵夫人ドーニャ・ビクトリア・コロナおよびモディカ伯爵夫人、そして駐マドリード・カエタノ・ローマ教皇大使の依頼により、ローマ人歴史家のシピオーネ・アマティ博士を使節の交渉役兼通訳として随行させることにした。

一六一五年八月二十二日、使節一行はマドリードを出発してローマに向かった。使節一行のローマ行きについてインディアス顧問会議は国王陛下に対し、次のような意見書を呈している。


「支倉とフライ・ルイス・ソテロはローマへ出発し、彼らの意図が判明した。それとは異なる何らかの計画をローマで企て、それを教皇聖下から認められるためにローマ駐在のスペイン大使を利用することがあり得るが、それは多大の支障を来たすであろう。その支障はすでに陛下が気づかれ、ソテロの申請を拒否されたものである。……」

この意見書に、使節一行が「ローマに出発し、彼らの意図が判明した」と記されているが、支倉が国王陛下に手渡した政宗の親書に書かれている宣教師派遣要請や、ヌエバ・エスパニアとの直接通商交渉以外の使節の意図とは、何であったのだろうか。このように国王陛下とインディアス顧問会議が、使節一行の真の目的に対し疑惑を抱いていたのは、前に述べたようなビスカイノ司令官やヌエバ・エスパニア副王からのソテロや使節一行に対する中傷だけでなく、イエズス会から報告されていた日本全国におけるキリシタン迫害に関する情報が大きく影響している。

使節一行のローマ行きの目的について、スペイン国王は、インディアス顧問会議に対し、次のような命令書を送付している。

「一六一五年四月二日、これらの日本人が福音の説教の件を協議し、かの地に信仰を確立させ、その地のカトリック信徒として教皇に服従するためにローマに赴くのを妨げるのは、不都合であり、考慮を要するであろう。それによって得られる数多くの効果の中に、異端者が自らは教皇に服従しないのに、あれほど遠隔の地から彼ら（日本人たち）が教皇の足下にひれ伏すために来訪したのに接するということがある。それゆえ、彼らの旅行を妨げるのは賢明ではないと思われる」（註8）

国王の命令書によると、使節のローマ訪問は、宗教的な目的でローマ教皇に拝謁するためであったことが分かる。結局、使節は、スペイン政府との外交交渉において何の成果も挙げられなかった。ス

16世紀当時のアルカラ・デ・エナレス（アルカラ・デ・エナレス大学所蔵）

ペイン政府当局では、ヌエバ・エスパニアと仙台藩との通商交易の開始は、フィリピン貿易の妨げとなり、また日本の皇帝は、もはやキリシタンを容認する余地のないことを察知していたため、政宗の提案は拒否され、その野望はことごとく砕かれてしまったのである。

一方、スペイン国王フェリッペ三世は、一六一五年八月一日付で、ローマ駐在大使フランシスコ・デ・カストロ伯爵に対し、支倉ら使節一行がローマ滞在中に援助をするように命じた次の様な書簡を送っている。

「日本における奥州の王の大使が当地に参り、今その地（ローマ）へ渡航しようとしています。その重大な目的については、彼が諸君らに直接告げるでしょう。当地で協議した用件（交渉事）は、われらの主のために非常に有益でした。朕の名において彼（支倉）を助け、彼が諸君に求めることはすべて朕が非常によく奉仕したように、貴下も同様に彼らのために最も都合の良い方法で援助するように命じます。**大使は誠実で尊敬できる人物であり、人柄も賞賛を受けるに値し、当地では上手く自己管理（自制）をしております**」（註9）

この書簡は、ローマに滞在する使節一行を世話するようにという国王の命令書である。この書簡で国王は支倉を誠実で尊敬できる人物であり、人柄も賞賛を受けるに値すると高く評価して紹介している。

使節一行は八月二十二日午後、アルカラに到着した。アルカラでは当時世界的に名声を博していたアルカラ・デ・エナレス大学（現在のマドリード・コンプルテンセ大学）を訪問した。大学では学長や学生の大歓迎を受けた。

同大学は一四九九年にイサベル女王の聴罪司祭であったシスネロス枢機卿が、聖職者を養成する目的で当時のローマ教皇アレクサンデル六世から許可を得て設立した。一五〇八年に最初のコースの神学の講座が開設された。サラマンカ大学と並んで長年スペインの神学の発展をリードした。

この大学ではイエズス会の創立者イグナチオ・デ・ロヨラが神学の勉強を始めたし、日本の宣教師の中ではペドロ・ゴメス、フランシスコ・カルデロンなどが卒業生であった。使節一行が訪れた十七世紀にアルカラ大学はすべての階級に扉を開き、貧しい階級の出身であることを示す〝縁なし帽〟(Gorra) と呼ばれる大きな学生帽をかぶった〝Gorron〟が入学するようになった。現在の学生数は二万五千人、教員数千七百人、事務管理職員八百人で構成されているスペイン国内有数の国立大学であり、一九八八年十二月にはユネスコの世界遺産に登録されている。

アルカラ・デ・エナレスのフランシスコ会修道院で支倉の警護隊長のドン・トマス・フェリッペ（滝野嘉兵衛）はミゲル修道士の話を聞いて、キリスト教の神に帰依することを決意し、髷《まげ》を切り、武具を捨てて修道士になった。第五章でも触れたが、記録によると、彼は後に修道院を去り、ディエゴ・ハラミーリョの使用人になった。しかし、この主人は冷酷な人間で、彼を奴隷扱いし、労働報酬をまったく支払わなかった。これを不服として、彼はフェリッペ四世に日本への帰国の自由と許可を願い出ている（註10）。

このトマスの請願書に対し、インディアス顧問会議は、「彼に帰国の許可を与えるべし」と返答し、「一六二三年六月七日、ヌエバ・エスパニア艦隊で、ドン・トマス・フェリッペ（日本人）を彼が来た地に向けて送り出した」と記録している（註11）。

サラゴサのヌエストラ・セニョーラ・デル・ピラル（柱のわが聖母）大聖堂に安置されている「奇跡の聖母像」（著者撮影）

九月三十日に使節一行は、サラゴサに到着した。サラゴサでは、ヌエストラ・セニョーラ・デル・ピラル（柱のわが聖母）大聖堂を訪れた。この大聖堂は、塔が四、ドームが十、中央大ドームの下に「奇跡の聖母像」が安置されている。紀元四〇年にイベリア半島へ布教にきた使徒聖ヤコブが聖母に会ったという言い伝えの地につくられた。その聖堂内に黒ずんだ聖母マリアの小立像がある。

使節一行が訪問した当時のサラゴサ

その後、カタルーニャの守護聖女といわれる「奇蹟の黒い聖母子像」がある標高千二百三十五メートルのモンセラート山に向かった。この巨大な岩山の中腹には、十一世紀に建てられたベネディクト会修道院がある。

十三世紀以来、モンセラートはカタルーニャ地方だけでなく、ヨーロッパで最も名声が高い聖地の一つになり、キリスト教世界でも、ガリシア地方のサンティアゴ・デ・コンポステラと並んで最も高名な聖地の一つになった。事実、カタルーニャ・アラゴン連合王国の成立によって、モンセラートの聖母への信仰はレバンテ地方へも広がり、イタリアの領地でも盛んとなり、さらにモンセラートの聖母への崇拝は中欧にも広がった。

記録に残されている日本人で最初にモンセラートへ巡礼したのは、天正年間に九州の肥前島原の有馬鎮貴《ありましげたか》（後の晴信《はるのぶ》）、豊後の大友宗麟《おおともそうりん》、肥前大村の大村純忠三大名の名代として巡察師アレシャンドゥロ・ヴァリニャーノと、イエズス会ディエゴ・デ・メスキータ修道士に連れられてローマまで行った伊東マンショ、千々《ちぢ》石《わ》ミゲル、原マルチノ、中浦ジュリアンの四人の少年たちである（註12）。彼らは、一五八五年三月二十三日にローマ教皇グレゴリウス十三世から謁見を賜った後、イタリアからポルトガルのリスボン

左：16世紀の巡礼地モンセラートのベネディクト修道院

S.migl.

への復路、バレンシアのイエズス会員ミゲル・ジュリアン神父の案内で、一五八五年九月九日から十一日までモンセラートの聖母の修道院に立ち寄ったのであった。

支倉使節一行のモンセラートのベネディクト会修道院滞在中の詳しい記録は存在しないが、使節一行には日本のキリスト教徒の代表者三名が加わっていたので、彼らは修道院を訪れ、「奇蹟の黒い聖母子像」の巡礼者にならって、日本におけるキリスト教徒のために祈りを捧げ、ローマまでの旅の安全と自分たちの使命が果たせることを祈願したのであろう。

使節一行はモンセラート山からマルトレル、エスパルラゲルを経由して一六一五年十月三日スペインで最後の地、バルセロナに到着した。

バルセロナは、マドリードから六百二十キロメートルの距離にある、スペインで最も商業が盛んな活気に満ちた古い港町である。バルセロナでひときわ高くそびえるのが、一四五〇年に完成したバルセロナ大聖堂である。それはカタルーニャ首座教会で、回廊を備えた巨大なゴシック建築である。

アマティの『遣欧使節記』第二十四章によると、使節一行は、総督アルマサン侯爵を病床に訪ね、またフランシスコ会修道院、市会議事堂、兵器博物館などを表敬訪問した。

マドリードから使節一行に随行していたアマティ博士は、バルセロナ市議会を訪れ、使節一行のための衣服と金銭の援助を求めて次のような演説をした。

「日本からの使節の旅行の長さ（距離）は、五千マイル（一マイル＝一・六一キロメートル）と二千レグア（一レグア＝五・五七キロメートル）におよんでおり、幾多の危険を冒しながら苦労し、また多額の費用をかけてヌエバ・エスパニアの入り口であるアカプルコ港から（スペイン）王国最後の領地バルセロナに至るまで、カトリック国王陛下のご保護およびご厚情によって、日本島の（キリスト教への）改宗の栄光の（輝かしい）目的を達するために来訪しました。これらの二つの理由に加え、第三点として、キリスト教国に新たな王国が加わるために、この嘆願を貴議会が承諾してくださるためには、これら三点の理由でもって十分であろうかと心得ます。大使らは通常の恩恵（慣例）に応じたものを願っており、これを借金としてお受けするものとし、また感謝すると明言しております」

このアマティ博士の演説の中で、「キリスト教王国に新たな王国が加わるために」とあるが、ここでアマティが言っている「王国＝帝国」とは、伊達領内に築こうとした「キリシタン帝国」のことを指しているものと思う。

また、アマティは市議会に対し金銭の援助を依頼しているが、その金額を当時の慣例に従って借金したいと当たり前のように申し出ている。ただ、マドリードを出発する時に国王陛下からローマまでの旅費として四千ドゥカドも受け取っていて十分であったのに、なぜ返済の当てもないのに借金をしようとしたのか。これではまるでたかりである。彼の思いは、多額の借金をし、多くの人たちに多大な迷惑をかけても、何とかローマまでたどり着いてローマ教皇に謁見し、政宗の希望を果たせるように請願することであった。

註1. Luys Piñeyro, *"Relación del Sucesso que tuvo Nuestra Santa Fe en los Reynos del Japón, desde el año de seyscientos y doze hasta el de seyscientos y quinze, Imperando Cubosama"*, Madrid, 1617.

註2. A.G.I., Filipinas, 1, 4n. 225

註3. A.G.I., Filipinas, 37, 1n. 28

註4. A.G.I., Filipinas, 37, 1n. 35

註5. A.G.I., Filipinas, 1, 228

註6. A.G.I., Filipinas, 1, 4n. 234

註7. A.G.I., Filipinas, 1, 1. No.158

註8. A.G.I., 67-6-1

註9. A.G.S., Estado Español, 1001-136

註10. A.G.I., Indiferente, 1452

註11. A.G.I., Contratación, 5539, Vol.II, f.368r

註12. A.R.S.I., Ital.159, ff.106 107v

第七章　念願のローマ訪問と教皇の謁見

―教皇に政宗の親書を届け「服従と忠誠」を誓う

1．日本人として初めてフランスへ上陸

使節一行は、十月上旬バルセロナから、イタリアのフラガータ船二隻とスペインのベルガンティン船一隻に分乗して、イタリアのサヴォナ港に向けて出帆した。

バルセロナ港を出帆して間もなく、まったく予期せず暴風雨に遭い、難を避けるために、南フランス（当時のフロレンシア）のサン・トロッペ湾に偶然入港した。アマティの『遣欧使節記』第二十四章には、「天候は良好であった。そして逆風が航海の妨げになり、航行をさえぎられることがあったが、危険な嵐はまったくなかった。……」と記述されていることから、本当に突然の暴風雨であったのだ。この港町には二日間滞在しただけだったが、初めて見る日本人に対して好意を持って迎えてくれたという。

サン・トロッペには、支倉や日本人随員の容貌の特徴を記録した「サン・トロッペ侯爵の書簡」と「ファーブル氏の書簡」が南フランスのカルペントラス市のアンガンベルティヌ図書館に所蔵されている。前者書簡には、

「……（略）大使を含めて、すべての日本人は極めて小柄で顔は日焼けしていた。鼻は極めて低く、扁平であった。すべての日本人は頭の後ろに半パン（約十センチメートル）の毛髪を、白色

の布で巻きつけていた。服装はスペイン風でイエズス会の神父のような胸飾りをつけ、小さい三角布をまとい、小型のスペイン風の帽子をかぶっていた。しかし、主従とも家の中で、常に無帽であったことが真相であった。

大使はミサに授かる以外はまったく外へは出なかった。ミサ聖祭の際には彼らはひざまずいて謹聴し、聖体拝領のときは大地に接吻し、十度、十五度、自分の胸を打った。（略）」（註1）

また後者には、

「大使ならびに随員は極めて小男で顔はやや大きく、顔色は悪く、鼻は低く、鼻孔は大きく、眼は小さくくぼんでおり、顔は広く顎鬚《あごひげ》はわずかでした……」（註2）

と記録されているが、こうした特徴は、仙台市博物館蔵の国宝「支倉常長像」（半身像）の容貌とまったく符合せず、むしろ著者が国立国会図書館で発見した「支倉六右衛門常長像」（半身像、八七ページの原画写真を参照）と符合する。

2. 使節一行、ローマに入市する

一六一五年十月十二日、サヴォナ港から船で数時間のところにあるジェノヴァ港に到着し、フランシスコ会のアヌンチャータ修道院に一泊してから、翌日、共和国大統領に謁見した。ジェノヴァは十五世紀の混乱期にはナポリ王国の支配を受けたが、アンドレア・ドリアが一五二八年に共和国を打ち立てた自治都市コムーネの一つである。

使節一行が宿泊したフランシスコ会のアヌンチャータ聖堂兼修道院は、第二次大戦の爆撃で破壊され終戦直後修復された屋根の部分を除いて、当時のまま残っている。この聖堂の正面はローマのパンテオンを思わせるポルティコが六本の円柱で支えられており、聖堂内は典型的なルネサンス・バロック様式でつくられている。

ジェノヴァ付近のリグリア海は、「花のリビエラ」と呼ばれているように、海岸線のもっともきれいなところである。アペニン山脈を背にした変化に富む海岸線は、使節一行の心をさぞなごませてくれたことだろう。

ジェノヴァには支倉らより三十年前に天正少年使節一行が訪れていた。ジェノヴァでは支倉らは、元老院を通して同国の税関士に対して、使節がローマ教皇に贈る品物を無税で通関させ、箱を開けないように依頼した。

使節一行のジェノヴァ滞在の様子を記録した上院の議事録に、日本人随行員の容貌と服装について、次のように記述されている。

「背丈が中位の一人を除いて、前述したすべての日本人の身長は低かった。顔色は黄色で、ほとんどオリーブ色に近く、眼は小さく、髭は少なく、珍しくほとんど剃っているようだ。顔の輪郭は皆非常に似ている。大使の衣服は黒いビロード製でそんなに長くはないが、ほとんど足が見えない上着だった。そのうえ、黒い絹製の足袋で、袖《そで》の短い上着を着用し、絹の黄色の長い靴下と太い指の形の手袋のように作られた革の靴を履き、頭には黒いフェルト帽子をかぶっていた」（註3）

冒頭の背丈が中位の人物とは、支倉の秘書官の小寺池（または小平）外記《げき》であると推察される。小寺池外記は、ヴァティカン図書館に所蔵されている文書（註4）に「気品のある日本大使の秘書官」と評されているように、他の随行員と比べて背丈があり、容貌が際立っていたようだ。

話をもとに戻すが、ジェノヴァからチレニア海を南下すればチヴィタヴェキアである。

一六一五年十月十八日、使節一行は、ローマの外港であるチヴィタヴェキアに到着し、同月二十五日、ついにローマに到着した。ローマは紀元前七五三年四月二十一日に、ロムルスと彼の羊飼いたちが、パラティーノの丘の上に定住したときに創設されたといわれる。その後、カピトリーノ、クィリナーレ、ヴィミナーレ、エスクィリーノ、チェリオ、そして南のアヴェンティーノの丘の上に広がっ

17世紀当時のローマ市全景

使節一行が宿泊したローマのサン・フランシスコ修道院に隣接されていたサンタ・マリア・イン・アラチューリ教会。主祭壇上部にはルカ・サヴェーリ筆の聖母マリアの画像が掲げられている

使節一行が宿泊したジェノヴァのアヌンチャータ聖堂兼修道院の正面

遣欧使節一行が訪れた当時のヴァティカン、サン・ピエトロ大聖堂

ていったのである。これらが古代ローマの七つの丘ですべてテーヴェレ河の左岸にある。

ローマは巨大な「石の文化」の固まりである。それは「木の文化」と違って、何千年たっても朽ち果てることがない。その意味でも、ローマは不滅の都である。ローマのように過去に直接手を触れることのできる場所は、世界にもあまり多くない。過去の栄光を物語る遺跡が至る所に散在し、現在の町の後ろには、過ぎ去った時代が二重写しで見えて来る。

支倉らが日本（月ノ浦）を発って、すでに二年という歳月を要した旅路の果てに降り立ったわけである。そのころローマ・カトリック教会は、一世紀ほど前に起こった宗教改革の嵐をようやく乗り越えたばかりだった。プロテスタントとのつばぜり合いがまだ続いていたが、カトリック教会は信仰を世界に広める運動を積極的に行っていた。使節一行が見たローマ・カトリック、それは新しい時代に合わせて生まれ変わろうとする勢いにあふれていた。

G. L. ベルニーニ作「ボルゲーゼ枢機卿」（1632年ごろ、ボルゲーゼ美術館蔵）

ローマ教皇パウルス五世像（ボルゲーゼ美術館所蔵）

ローマでの使節一行の宿舎には、ローマ七つの丘の一つ、カピトリーノの丘にあるフランシスコ修道会のサンタ・マリア・イン・アラチューリ修道院があてられた。まさしく古代ローマ発祥の地で、要塞と神殿があったところである。

修道院に併設されているアラチューリ教会は、ローマの貴族、平民を問わず国民の教会となり、中世には元老院の本拠となってローマの法律が宣言されたという由緒あるところであり、十三世紀以来フランシスコ会に属している。使節一行の宿舎にあてられた部分は、現在は残っていない。

支倉とソテロはローマ到着後、直ちに十六世紀後半に建てられたモンテ・カバルロのクィリナーレ宮殿で、非公式にローマ教皇パウルス五世（一五五二〜一六二一）に謁見した。教皇パウルス五世（本名、カミッロ・ボルゲーゼ）の父親は、マルカントニオ・ボルゲーゼ（一五〇四〜一五七四）であり、一五四七年に枢機卿会議審問官に任命され、ローマに転居した。パウルス五世の兄弟には、ローマ教会総長を務めたフランチェスコ（一五五七〜一六二〇）、聖天使城城主のジャンバッティスタ（一五五八〜一六〇九）、妹でシピオーネ・ボルゲーゼ枢機卿の母親のオルテンシアがいた。ボローニャとスペインの教皇使節の後、一五九六年に枢機卿に任命され、一六〇五年五月十六日に教皇に登位。教皇権の回復に努め、サン・ピエトロ大聖堂の完成、ヴァティカン図書館の充実を行った。また、東洋布教の発展に努め、一六〇八年六月十一日、教皇令により、日本布教に関する従来の一切の制限を撤廃、諸修道会の日本布教を認めた。教皇パウルス五世の在位期間（一六〇五〜一六二〇）は、教会権力の強化と厳しい改革の渦中にあり、全世界規模でのキリスト教伝道によって特徴づけられる。

ソテロと支倉らは教皇に対し、政宗が洗礼の秘跡を受けた暁には伊達藩内に「キリシタン帝国」を築き、政宗を「カトリック王」として認証してくれるように請願したのである。このことを裏づけているのが、後述する支倉とソテロに対し述べたボルゲーゼ枢機卿の激励の言葉である。この時の謁見の様子について、アマティの『遣欧使節記』第二十七章に次のように述べられている。

「教皇の足許にひれ伏し、使節に多くの栄誉を授けられたこと、そして奥州王の名代として教皇聖下に〈服従と忠誠〉の誓いを無事にできるように導いてくれた神に対してお礼を申し上げた……」

しかしながらローマ教皇は、支倉らに「……、使節の願いが完全にかなえられるように援助するよう努力しなければならない」と、表明したものの、これはあくまでも儀礼的な言葉であり、実際は使節一行を巡る様々な疑惑が報告されていたので、支倉らの要求に対し即答を避け、最後まで結論を出さなかったのである。

支倉とソテロは、教皇との非公式謁見を終えてから、使節一行の後見人である教皇のおいのシピオーネ・ボルゲーゼ枢機卿（一五七九〜一六三三）を表敬訪問し、お世話になっていることに対し感謝の意を表した。その際、ボルゲーゼ枢機卿は、

「我らは聖なる信仰がこれほど遠く離れた王国に根づき、キリシタン王として教皇座に服従したことを知って非常に喜び、使節が交渉で良い成果をもたらすように我らの主とともに努力する」（アマティ『遣欧使節記』第二十七章）

と、支倉とソテロらに約束したのである。ここでボルゲーゼ枢機卿は政宗が（日本における）未来のキリシタン王として教皇に服従したことを称賛し、使節が希望している要望事項がかなえられるように努力することを約束したのである。

一方、スペイン国王フェリッペ三世は、駐ローマ・スペイン大使に、使節一行に対して便宜をはかるように命じていた。そのうえ、使節一行は日本皇帝（将軍）の使節ではなく、その臣下の一人である奥州王の使節であることを特記する次のような書簡を送った。

「（ソテロや支倉が）貴下に、当地（スペイン）で拒否したことを許可するよう教皇パウルス五世に嘆願することを依頼し、もし教皇がこれを許可するようなことがあれば、大変な不都合が生じる。いまその請願の各項目に対する（わが国の）返答を添えて送付するので、もしこれらの諸項について教皇に請願するようなことがあったら、これを妨害せよ。これは日本におけるキリスト教の事情（迫害のこと）に鑑み、またこの使節が日本皇帝ではなく、奥州王の命令によって渡来したものであり、重要とは認め難いからである」

こうした事情によって、使節一行がローマにおいて使命達成のために行った請願運動に対し、駐ローマ・スペイン大使は積極的に力を尽くすことはしなかったのである。

3．教皇パウルス五世、政宗の「キリシタンの王」叙任の請願を拒否

ローマ教皇パウルス五世は、遠来の使節一行を歓迎し、十月二十八日に入市式を行うように関係者に指示した。ところが、その日は悪天候で、十一月四日に延期されることになった。しかし使節一行の強い要望により、十月二十九日の二十一時（午後十五時）に入市式の行進が行われることになった。

入市式では、先頭の近衛軽騎兵がラッパを奏しながら進むと、隊長マリオ・チェンチ氏とクルティオ・カッファレリ氏に率いられた軽騎兵五十人が先導隊となり、その中に挟まれて騎馬で枢機卿の親

族、多くの侍従を伴った各国の大使ら、そして、ローマ、フランス、スペインの貴族などが二人ずつ並び、華やかに着飾って一緒に行進した。多数の外国の貴族や騎士たちに続いて、使節の随員各人が刀や脇差《わきざし》を帯刀してローマの貴族に挟まれて行進した。支倉は絹と金糸銀糸で織られた鳥獣草花の飾りをあしらった白地の奇麗な羽織をまとって、教皇聖下のおいのマルコ・アントニオ・ヴィットリオ殿下の右側に並んで行進した（註5）。

入市式に参列したのは、支倉のほか、佐藤内蔵丞《くらのじょう》、丹野久次、菅野弥次右衛門、山口勘十郎、原田勘右衛門、山崎勘助ら支倉の随員、従者、小姓の七名に続いて、名誉ある武士（貴族級）という紹介で、氏名に貴族の敬称である〝DON〟がつけられている日本のキリスト教徒の代表者三名（滝野、伊丹、野間）と支倉の秘書官（小寺池または小平）の四名の随行員である。それ以外に馬丁二名と従者四名の計十八名である。

晴れがましい光景である。おそらく支倉常長の一生のうちで一番輝いた瞬間だったにちがいない。〝伊達男〟の意地と面目そのままに着飾り、胸を張って、この入市式に臨んだことだろう。

ローマでの盛大な入市式から五日後、一六一五年十一月三日、支倉六右衛門常長は伊達政宗の名代としてローマ教皇パウルス五世に「服従と忠誠」を誓うための謁見の日を迎えた（註6）。十月二十五日以来、二度目の謁見であった。

教皇はグレゴリウス十三世が一五八五年、「天正遣欧少年使節」に対したような公式の謁見は行わなかった。それは「天正遣欧少年使節」を派遣した大友、有馬、大村の三大名がいずれも受洗者であったのに対して、「慶長遣欧使節」を派遣した伊達政宗が未信者であり、まだ洗礼を受けたキリシ

支倉・ソテロのローマ教皇謁見図（シピオーネ・アマティ『伊達政宗遣欧使節記』ドイツ語版、1617年、ウィーン国立図書館所蔵）

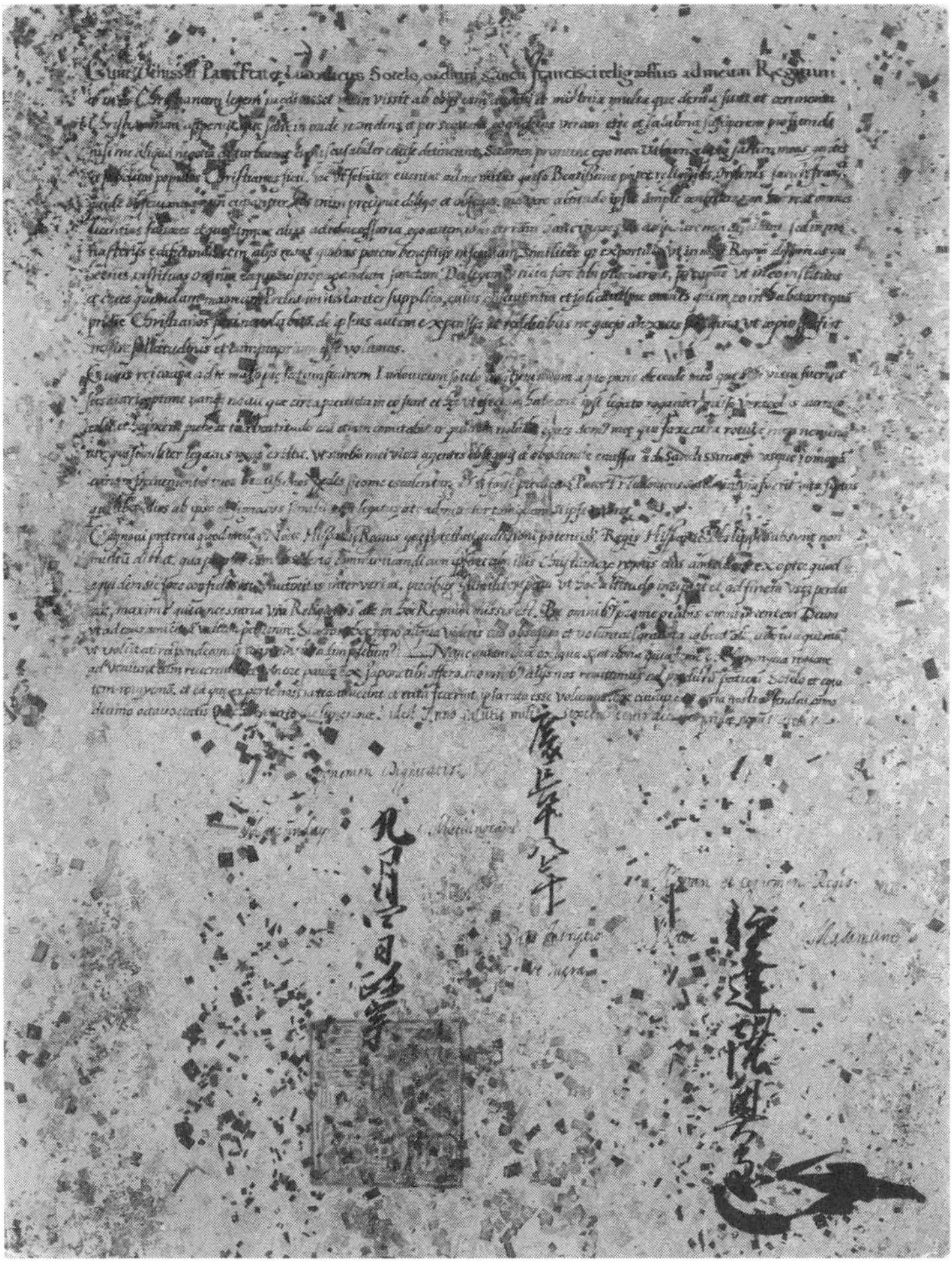

ローマ教皇パウルス五世に宛てた伊達政宗書簡のラテン語訳文（ヴァティカン機密文書館所蔵）

タンではなかったためである。しかし、教皇は支倉使節を優待するため、多数の枢機卿を列席させて引見した。

ローマ教皇パウルス五世との謁見式が行われたヴァティカンの教皇宮は、十四世紀以来歴代教皇が住んだ宮殿であり、歴史的にも、美術的にも、右に出るものはないとされている。礼拝堂、図書館、博物館、文書館もあり、ミケランジェロ（一四七五～一五六四）の壁画のあるシスティーナ礼拝堂は有名である。

サン・ピエトロ大聖堂は世界最大の聖堂で、ルネサンス・バロック芸術の殿堂である。コンスタンチヌス大帝によって、聖ピエトロの墓の上に建てられたのが最初で、その後、十五世紀に一度改築され、現在の大聖堂は着工から百七十年かけて一六二六年に完成した。使節一行の訪れたころは、完成はしていなかったが、ほぼ、その全容に触れることはできたはずである。

一六一五年十一月三日、二十一時（午後十四時三十分）、ローマ教皇聖下に公式に謁見するために、支倉やソテロら使節一行は、黒装束で四頭立て大型馬車で宿舎のアラチューリ修道院から教皇宮に向かい、門前で下車し、階段を上ってクレメンスの広間の右にある小部屋に入った。支倉は、この部屋で衣服を着替えた後、クレメンスの広間から謁見室に入った。

そこでは教皇聖下のほか、枢機卿、大司教、司教、各国の大使らが着座していた。教皇は内々の謁見に用いる衣服に、ストラ（肩かけ、ギリシャ語で十字架を意味するストロスという言葉に由来する。ストロスは十字架の横木を意味しているとも言われ、細長い帯のような形をしており、それを担っている印として肩にかけられる。このストラは、叙階の秘跡によりキリストの代理としての役割を果たす司教と司祭に固有な機能を示すシンボルとされている）をかけ、ビロードの椅子に着席した。教皇の右側には教皇のおいにあたるスルモナ公爵一人が起立していた（註7）。

支倉は教皇聖下の聖なる足下で三度ひざまずき、大いなる尊敬と服従の意をこめてその足に口づけをした。このあと支倉は日本語で言上し、ソテロがこれをラテン語に訳した。続いて支倉は奇麗な絹袋から日本語とラテン語で認められた政宗の書簡を取り出し、教皇聖下の手にこの書簡を奉呈した。

「世界において、高大な尊き御親であられるパッパパウロ様に謹んで申し上げる。余は、奥州の王伊達政宗の名代として光を求めんがため当地より最も遠隔なる地より来たりし、フェリッペ・フランシスコ・支倉と申す者なり。わが主人伊達政宗は、奥州の強大なる王なり。政宗、尊きデウスの御法を広めんがため、余を派遣せり。願わくは、宣教師を派遣して福音を伝え、正義を行わしめんことを願い奉る。……」

このとき、支倉六右衛門常長、四十五歳、月ノ浦を出てから二年一カ月。洗礼を受けてから八カ月が過ぎていた。

支倉とソテロは教皇の足もとに至って、その足に接吻し、随員二十五人も同様に許可を得て、一人ずつ進んで教皇の足に接吻し、その式を終えた。

支倉が届けた伊達政宗の親書は、現在もヴァティカンに残されている。それは金箔・銀箔を全面にちりばめた縦二十六センチメートル、横九十五センチメートルの和紙に墨で書かれている。このよう

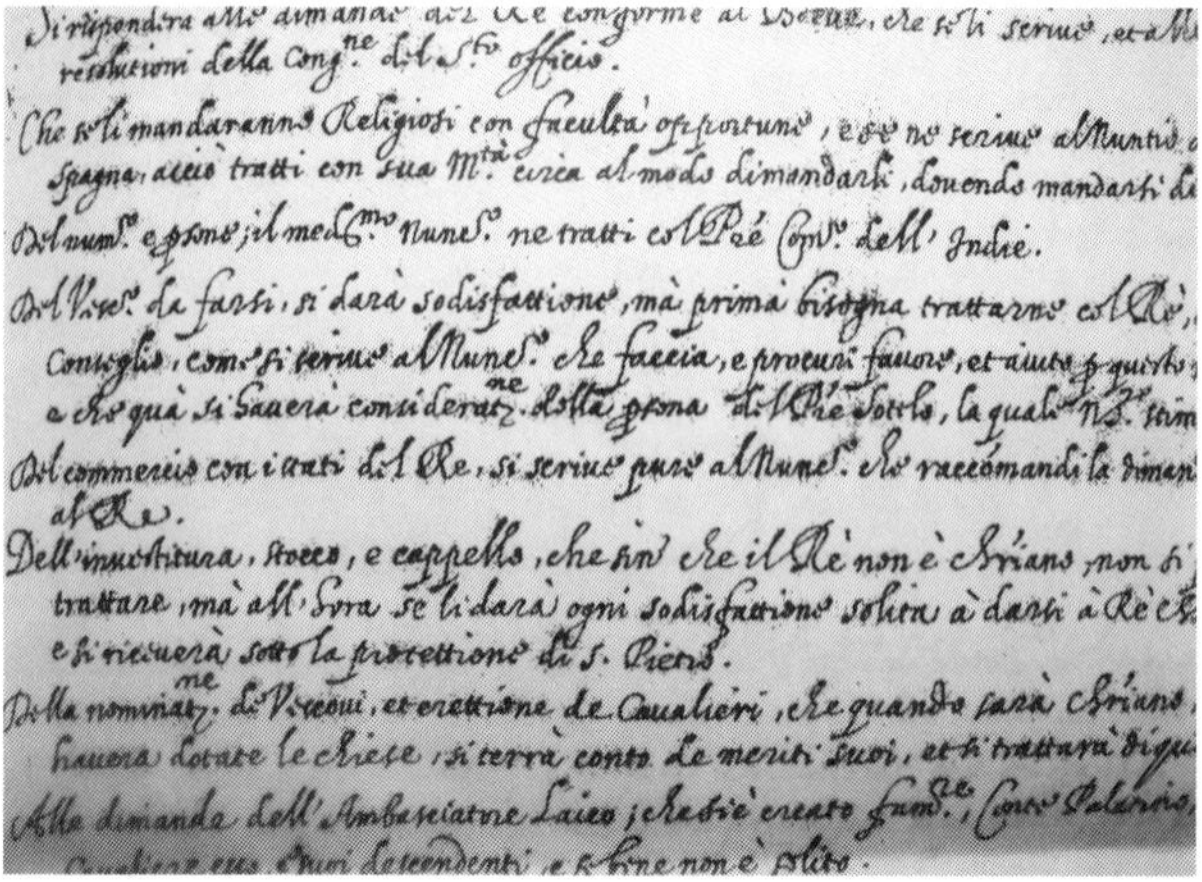
Si risponderà alle dimande del Re conforme al decreto, che se li scrive, et alle
resolutioni della Cong.ne del S.to officio.
Che se li mandaranno Religiosi con facoltà opportune, e se ne scriue al Nuntio di
Spagna, acciò tratti con sua M.tà circa al modo di mandarli, douendo mandarli di
Del num.o e persone; il med.mo Nunt.o ne tratti col P.re Conf.re dell' Indie.
Del Vesc.o da farsi, si darà sodisfattione, mà prima bisogna trattarne col Re,
Conseglio, come si scriue al Nunt.o che faccia, e procuri fauore, et aiuto per questo,
e che quà si hauerà consideratione della persona del P.re Sotelo, la quale N.S. stim
Del commercio con i stati del Re, si scriue pure al Nunt.o che raccomandi la diman
al Re.
Dell' inuestitura, stocco, e cappello, che sin che il Re non è Christiano, non si
trattare, mà all' hora se li darà ogni sodisfattione solita à darsi à Re Ch
e si riceuerà sotto la protettione di S. Pietro.
Della nominatione de Vescoui, et erettione de Caualieri, che quando sarà Christiano,
hauerà dotare le Chiese, si terrà conto de meriti suoi, et si trattarà di qu
Alle dimande dell' Ambasciatore Laico, che si è creato fam.re, Conte Palatino,
Caualiere esso e suoi descendenti e [illegible] non è solito.

使節団がローマ教皇に請願した事柄に対する回答文書（教皇勅書）の下書き（ヴァティカン機密文書館所蔵Fondo Borghese, Serie IV, No.63）

な豪華な書状は、日本国内でも例がない。政宗は、芸術品ともいえる親書によって、伊達文化の水準の高さをも伝えようとしたのである。親書は、日本文とラテン文の二通りが用意されていた。

この親書で政宗は、教皇に対し、ソテロと支倉は自分の名代として、教皇聖下に「服従と忠誠」を誓うために、「①フランシスコ会所属の宣教師の派遣要請、②（大司教区の）高位聖職者の任命、③ヌエバ・エスパニアとの直接通商交易開始を実現させるための仲介」などを請願した。

これらの政宗の請願に対し、教皇聖下は、一六一五年十二月二十七日付の小勅書で、まず、宣教師の日本への派遣については、すでに補充したので適切と思える資格と権限を持った者が赴くであろう。次に、司教区設置については、検討の必要があるので、使節一行の帰国までは設置しないことにする。さらに三つ目の、教皇の仲介によりヌエバ・エスパニアとの間に通商交易を開きたいとの希望に関しては、スペイン国王と話し合うようスペイン駐在の教皇大使に依頼してある、と返答した。なお、一六一六年一月二日発布の小勅書により、教皇聖下は、仙台領の司教にルイス・ソテロを指名され、叙階式はスペイン国王と相談のうえ行うように、スペイン駐在教皇特使に委任された。だが、スペイン側の事情から叙階式は挙行されなかったのである。

支倉が政宗の親書とともに日本から苦労してローマまで運んだ教皇聖下のための進物類は、教皇聖下のボルゲーゼ枢機卿に宛てた書簡によると、蒔絵の黒漆机、長持、蒔絵の箪笥、書棚など仙台の伝統工芸品である木漆工芸品のほか、屏風、具足、装飾品などであった（註8）。これらの贈り物は、使節一行がローマを離れた数カ月後に教皇聖下の出身家のボルゲーゼ家に寄贈されたが、現存しているものは一つもない。

ローマ・ヴァティカン機密文書館のボルゲーゼ関連文書の中に、イタリア語表記の「使節団がローマ教皇パウルス五世に請願したすべての事柄に対する回答文書」（註9）の下書きの文書が残されている。この回答文書には、政宗が教皇聖下に宛てた親書や、日本のキリスト教徒の奉呈文書を通して公に請願した以外に、支倉や日本のキリスト教徒の代表者三名が、教皇聖下に直接、口頭で請願した極秘事項が含まれていた。それらのうちの一つが**政宗の「キリスト教徒の王（カトリック王）」の叙任の認証であった**。政宗は、自らはキリスト教の洗礼を受けられないので、領国内のすべての臣下をキリスト教徒にするという条件で、自分を「キリシタンの王」に叙任してくれるように、使節団を通して教皇聖下に請願したのである。この請願事項は政宗がキリスト教の洗礼を受けていないので、少しの協議（検討）をすることもできないと、教皇庁の「異端審問会議」において却下された。なお、支倉らがローマ教皇に対し、政宗の日本における「キリスト教徒の王」の叙任の認証を請願したことに関し、仙台市博物館所蔵のルイス・ソテロ関係文書に次のように記されている。

「ルイス・ソテロ神父は、伊達またの名前は**政宗を、日本の領国の**（**キリスト教徒の**）**王に叙任するように**ローマ教皇に請願したことは周知のことである」（註10）

もう一つの重要な機密事項は、幕府の弾圧から逃れてきて、仙台領内にかくまわれているキリシタンたちによるローマ教皇支配下の**「キリスト教徒の騎士団」**を創設する認証であった。

この認証事項に関しても、政宗がキリスト教の洗礼を受けていないという理由で却下されている。しかしながら、これらの二つの機密の請願事項に対して、教皇庁は、政宗が正式に受洗すれば、**「キリスト教徒の王」**に叙任し、また、**「キリスト教徒の騎士団の創設」**も認証するというものであった。

後者の政宗の**「キリスト教徒の騎士団」**を創設する考えは、後述するルイス・ソテロのレルマ公爵宛ての書簡にも記述されているように、日本全国の三十万人のキリシタンと手を結び、武力をもって討幕することであったと推察される。

一方、駐ヴァティカン・ヴェネツィア大使シモン・コンタリーニによると、支倉は、教皇聖下に請願した三つの事項のうち、一つしか聞きいれられなかったので、甚だ不満であったとのことである。すなわち、日本への宣教師数名の派遣要請については聞きいれられたが、伊達領国内に司教区を設置する請願は拒否され、政宗と領国が教皇の最高権力のもとに入りたいとの請願（政宗の**「キリスト教**

徒の王」の叙任の認証と**「キリスト教徒の騎士団」創設の認証**）には、教皇としてはこのような問題に関与することを望まないので、スペインの教皇特使に命じ、スペイン国王に依頼したいとの返事であった。

ところで、「政宗と領国が教皇の最高権力下に入りたい」と、支倉らがローマ教皇に行った請願は、「政宗と領国を霊的な面において指導・統治してほしい」という意味よりも、むしろ「政宗と伊達領民が教皇に「服従と忠誠」を誓い、政宗を「キリスト教徒の王」とする叙任を認証し、教皇聖下の配下にして統治してほしい」という意味であった。ボンコンパニー公爵によると、教皇はこの請願に関して次のように返答されている。

「聖霊の御恵みによって貴殿（政宗）が生まれ変わり、イエズス・キリストを頭と仰ぎ、その教会に属することにより、ローマ教皇座より御子キリストにおいて最も愛する諸王に与える、恩恵および厚遇を貴殿に与え、貴殿ならびに貴殿の領国を私の聖ピエトロの保護のもとに置きましょう」

つまり、教皇は、「政宗がキリスト教徒になったときに、カトリック諸王と王国に教皇聖下が与えることになっている恩恵と援助を授け、使徒聖ピエトロの保護のもとに組み入れる」と述べている。やはり政宗が洗礼の秘跡を受けていなかったことが「カトリック王」として認められなかった最大の理由だったのである。「キリシタン帝国」のカトリック王になるには、当然カトリック信徒でなければならないので、拒否されて当たり前である。政宗は教皇宛ての親書で、「受洗したいと思っているが、今のところそれはできない……」と否定的であったことも影響したのであろう。政宗というよりソテロの考えが甘すぎたのである。

その後、政宗の受洗に関してグレゴリウス一五世は、一六二三年五月二十七日、ルイス・ソテロの仲介で、小勅書を政宗に送られ、引き続き宣教師とキリシタンの保護を求め、危惧の念をことごとく捨てて、俗世の事柄よりも救霊のことに一段と眼を向け、カトリック教会の仲間入り（受洗）をするよう勧告している。また、同日付で、小勅書を支倉六右衛門にも送られ、キリシタンを保護し、政宗に受洗を説得するよう力説している。

支倉が大使としての務めを果たしていたころ、日本ではその後の歴史を決める大きな事件が起きていた。豊臣家最後のとりでの大坂城がついに落ち、天下は完全に徳川家のものとなったのである。さらに徳川家は長期政権に向けて幕府の基礎を固め、地方の大名の権力を弱体化させていった。

こうした時代の流れの中で、支倉の主君伊達政宗の天下人への夢ははかなく消えて行ったのである。

さらに徳川幕府は、宗教と貿易を切り離して考えるオランダとの関係を強め、キリシタン禁教令を徹底して行い始める。宣教師たちを国外に追放し、時には見せしめのために火あぶりの刑にも処した。キリスト教弾圧の動きは、幕府の直轄地から各大名の領地へと急速に広がっていった。

支倉は、そうした現実を正確に知ることはできなかったが、断片的には、うわさを耳にしていたことであろう。彼はどんな気持ちで謁見に臨んだのだろうか。

4．支倉の秘書官小寺池（小平）外記の受洗式

一六一五年十一月十五日、月曜日、使節の随行員で支倉の秘書官のコデライケ・ゲキ（Conderaique Guegi＝小寺池外記）が、ローマの四大聖堂の一つである、サン・ジョバンニ・イン・ラテラノ大聖堂のコンスタンティヌス皇帝の洗礼堂で、ローマ在住の大勢の貴族、騎士、大司教、司教、そのほかの

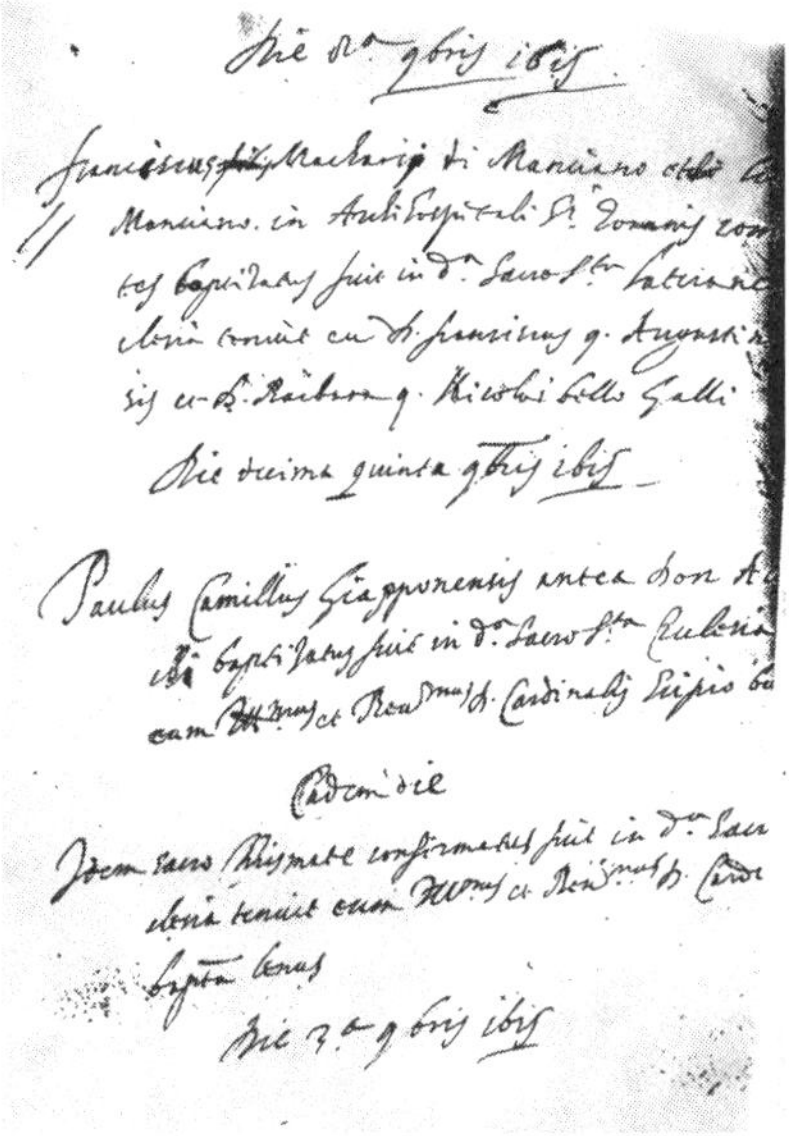

小寺池（または小平）外記の1615年11月15日の受洗記録（Archivio Storico del Vicariato所蔵）

小寺池（または小平）外記が受洗式と堅信式を行ったサン・ジョヴァンニ・イン・ラテラノ大聖堂

伊達藩士・小寺池（または小平）外記（通称支倉常長）肖像画（部分）。気品のある美男の武士であった。アルキータ・リッチ作（ローマ・カヴァッツァ伯爵所蔵）

聖職者などが参列する中、教皇聖下の命によってボルゲーゼ枢機卿が代父を務めて受洗し、ローマ教皇とボルゲーゼ枢機卿の二人の霊名からパオロ・カミルロ・シピオーネ（Paolo Camillo Scipione）と名づけられたのである。しかも、同時に行われた堅信式の司式を別の有力枢機卿が行うということは極めて異例のことであった。このような出来事はローマ教皇庁の歴史上、例のないことであった。

日本からの使節の一随員であり、身分の低いコデライケ・ゲキの洗礼式が、格式の高い大聖堂で枢機卿の司式によって盛大に行われたことは、極めて異例のことである。その背景には、ローマ教皇がコデライケ・ゲキの洗礼式を通して、カトリック教会の威光がはるか遠くの東洋の日本にもおよんでいることを、ローマ市民だけでなく全世界に示し、プロテスタントに対抗しようとした狙いがあった。

当時、カトリック教会はプロテスタントの宗教改革に対抗して、インド、東洋諸国、アフリカ、中東地域で布教活動に力を注いでいた。イエズス会は、プロテスタントの宗教改革に対抗しなければならなかったために、日本で布教に成功したという報告を、ヨーロッパでの布教活動に利用したのである。

コデライケ・ゲキの洗礼式が行われたラテラノのサン・ジョヴァンニ・イン・ラテラノ大聖堂は、

紀元三二五年にコンスタンティヌス帝が教皇シルヴェステル一世にプラティウス・ラテラヌス宮と広大な土地を提供した際、その周辺地域にローマ大司教座聖堂として建てられた。現存している聖堂は、一五八五年にシクストゥス五世によって再建されたものである。その後、幾度も建て直されたが、最後の建築は一六五〇年のもので、ベルニーニ（一五九八～一六八〇）の好敵手であったバロック時代の建築家ボロミーニ（一五九九～一六六七）の設計による。

内陣の柱のくぼみには堂々たる使徒たちの像が並んでいる。天井画は、ミケランジェロの弟子ダニエレ・ダ・ヴォルテラの作。中央祭壇の上の天蓋《てんがい》はゴシック様式だが十五世紀のものである。天蓋の金色の柵の中にある聖ペトロと聖パウロの像の頭内に、それぞれの聖人の頭蓋骨が納められている。左外陣には、秘蹟の祭壇があり、キリストの最後の晩餐のテーブルの聖遺物がある。

サン・ジョヴァンニ・イン・ラテラノ大聖堂の正面に刻まれている「聖ラテラノ教会は、ローマの世界のすべての教会の母であり、そして頭である（Sacros Lateran Eccles Omnivm Vrbis et Orbis Ecclesiarvm Mater et Capvt）」という碑文が、正にこの教会の重要性を物語っている。

一九九三年八月、著者が九十年ぶりに再発見した、ラテン語で書かれたコデライケ・ゲキの受洗記録は、現在、ローマの教区歴史文書館に所蔵されている。その洗礼台帳にラテン語で次のように書かれている。

「日本人パウロ・カミルロ。元の名前ドン・アロンソ・ゲキが当大聖堂において、シピオーネ・ボルゲーゼ枢機卿の立ち会いのもとで洗礼を受けた。

同日、同じ大聖堂において、同人にヨアネス・バピチスタ・レニ枢機卿が立ち会いのもとで堅信を受けた」（註11）。

この洗礼台帳には前の名前（霊名）は「アロンソ」と書かれているので、コデライケは日本かヌエバ・エスパニアまたはスペインで、すでに洗礼を受けた人物であったと解釈すべきである。結局、二度目に受洗して霊名を「アロンソ」から「パウロ」に替えたことになるが、極めて異例なことであった。

このような超異例なことを行ったヴァティカン側の思惑は、既述したように、ローマ教皇がコデライケ・ゲキの洗礼式を通して、カトリック教会の威光がはるか遠くの東洋の日本にもおよんでいることを、全世界に示すためであった。それも伊達の使節団員の中でとりわけ背が高く容姿端麗であった（ジェノヴァ上院議員議事録）コデライケでなければならなかったのである。

ところで、ヴァティカン機密文書館に所蔵されている「使節一行のローマ入市式の記録」（RELATIONE：報告書）で使節一行の随行員十六名の中に、支倉の身の回りの世話をしていた秘書官（イタリア語の記録にはSegretarioとある）〃Coderaique Guegi〃（小寺池外記）という名前が記録されている。〃Coderaique〃（小寺池）の苗字が現在の〃小寺〃姓に訂正されて世に初めて知られるようになったのは、明治四十二年に村上直次郎博士が編纂した『大日本史料』第十二編之十二によってである。その後、昭和二十九（一九五四）年に岡元良知博士らが編集した史料集『元和年間伊達政宗遣欧使節の史料に就いて』（国立国会図書館東洋文庫）で改めて〃小寺〃と紹介されて定着したのである。しかしながら、「小寺」または「小寺池」のいずれの苗字も、伊達藩の『家臣録』および『世臣家譜』には見当たらない。ということは、小寺または小寺池の苗字を持った伊達藩出身の人物が存在しなかったことになる。したがって、これは教皇庁の記録係が、「コダイラ（またはオダイラ）ゲキ（Codairaguegi）（小平外記）」の姓名の発音を聞き違えて「コデライケゲキ〝Coderaique Guegi〟」（小寺池外記）と記録したのではないかと推察される。ちなみに、『涌谷伊達家関係資料集』によると、小平（こだいら、または、おだいら）姓は、武石一族の重臣の家柄で、陸奥国伊具郡小平邑（宮城県亘理郡山元町小平）の地名を発祥地とする。涌谷伊達定宗の「家之子衆次第」として菱沼四郎兵衛ら五人の中の一人に「小平和泉」が数えられていた。家紋は代々「九曜紋」を用いていたことから、小平外記は、この小平和泉の一族の出身である可能性が極めて高いのである。また、当時の涌谷伊達家の家臣団には「外記」の名前が多く見られることも有力な説得材料となる。

後述する、ローマのカヴァッツァ伯爵所蔵の「日本人武士像（小平外記）全身像」（通称「支倉常長全身像」）に描かれている刀剣の鍔《つば》に「九曜紋」が描かれていることも有力な証拠となる。

小寺池（小平）外記は、ヴァティカン図書館に残されている文書によると、「気品のある（容姿端麗の）青年である日本大使の秘書官」とあり、また、ジェノヴァ市国立文書管に所蔵されている議事録に「ジェノヴァに到着した日本島奥州王の二人の大使を表敬した件」に、「背丈が中くらいの一人（小平）を除いてすべての日本人の身長は低かった」と評されているように、小平は他の随員と比べて背丈が高く容貌が際立っていたことが分かる。現在、カヴァッツァ伯爵が所蔵しているアルキータ・リッチ作の「和装の日本人武士像」（通称「支倉常長全身像」）は、著者の長年の精緻な研究によって小平外記であることが判明している。この絵で小平外記が着用している羽織袴《はかま》は、支倉常長がローマ入市式と教皇に謁見した際に着用したものであり、支倉がボルゲーゼ枢機卿に贈呈したものである（註12）。

5．支倉ら、ローマ市から「市民権証書」を受ける

一六一五年十一月二十日、ローマ市議会は、支倉六右衛門常長と日本のキリスト教徒の代表者の随行員、フランシスコ・野間半兵衛、トマス・滝野嘉兵衛、ペトロ・伊丹宋味の三名、支倉の秘書官パウロ・カミルロ・小寺池（小平）外記、使節の通訳フランシスコ・マルティネス・モンターニョ、ヴェネツィア出身の執事グレゴリオ・マティアスらにローマ市の市民権証書を贈った。

この「ローマ市民権証書」（六八・五×八八・五センチメートル、国宝、仙台市博物館所蔵）は、羊皮紙に彩色紋章をあしらい、金泥によるラテン語文で書かれており、平成二十五年六月にユネスコの世界記憶遺産に登録されている。

支倉常長のローマ市の「市民権証書」は、明治時代の初期に駐日英国公使館のW・アストン書記官がラテン語文を英訳し、それを太政官翻訳局の平井希昌が日本語に完訳した著『欧州南遣使考（伊達政宗）』（一八七六〈明治九〉年刊）の付録第六号に紹介されたものと、『大日本史料』第十二編之十二に載っている村上直次郎博士がラテン語原文から日本語に抄訳したものが知られているが、ともに日

本語訳に不備な点が指摘されることから、ここであらためてラテン語原文の日本語全訳を紹介しよう。

「親愛なるローマ市の権益保護官ルドヴィコ・レンチ・ヴィンチェンツォ……が、非常に著名で卓越したフィリッポ・フランチェスコ・ファシェクラ・ロクエモン（支倉六右衛門）にローマ市民権を授与する件について、ローマ元老（貴族）院とローマ市民に提議し、この案件を次のように処置するよう決議した。

ローマ市において、かの最古の王制期には慣例とされ、次の共和制時代に決議し、また我らの現代において見逃すことができないことは、ローマ元老院およびローマ市民は全世界から親愛なる当市へ渡来した異国の有徳・貴顕の著名人たちを、親切にだけでなく寛大に好遇し、彼らにローマ市民の偉大さに加えて、生得、固有の貴族身分を称揚し、ローマ市民権を贈った、ということである。こうして有徳・貴顕の人々は、ローマ市民の仲間に入って、我らの国家の利益となり、また栄誉ともなる。あるいはいつかはそうなり得る人々である。それゆえ我らは、最古の習慣と、我らの祖先たちの慣例と権威に動かされて、日本の奥州国仙台に生まれた、非常に著名・貴顕なフィリッポ・フランチェスコ・支倉六右衛門を、ローマの市民・愛国者に列すべき者と考えないわけにはいかない。なぜなら彼自らが非常に遠隔地から、この親愛なるローマへ来たのは、カトリック全教会の司牧者、全世界の父親であり、また全能の神の御子イエズス・キリストの代理者であるローマ教皇にふさわしい栄誉と敬意を表して、前述の国主（伊達政宗）と〝日本〟

国の保護（tutelam）を受けるべきことを勧められて、日本帝国の奥州国主伊達政宗の名代・代弁者として、我らの至聖なる最高聖職者ローマ教皇パウルス五世聖下を訪問するためだったからである。

上記の理由によって、ローマ元老院とローマ市民議会は、非常に緊密な親愛の関係によって、非常に著名・貴顕なフィリッポ・フランチェスコ・支倉六右衛門を、ローマ市民権の非常に素晴らしい栄誉を授け、貴族（元老院議会）の列に選ぶにふさわしい者と考えた。

このような意向と決議が、全員の同意と喜びをもって賛成されたことを、聖なる同議院の書記によって文書に作成し、永久に記念にとどめることをも、ローマ元老（貴族）院とローマ市民議会は賛成した。それは、恩恵と栄誉を与えているというよりは、むしろ受けている、と思われるかもしれない。

ローマ市紀年二千三百六十六年、救世主千六百十五年十一月二十日」（註13）

この証書の中で特に強調されている点は、①ローマの慣例として、②非常に著名・貴顕なフィリッポ・フランチェスコ・支倉六右衛門が、③非常に遠い地からローマ教皇パウルス五世聖下を訪問するために来た、という点である。

この市民権証書の授与はローマの伝統的な慣例に従ったものであり、著名でもなければ貴顕でもない、わずか六百石の無名下級武士だった支倉を、重要人物であると誇張表現することによって、市民権授与の要件を満たしたのである。要するに、ローマ政庁が支倉六右衛門と日本のキリスト教徒の代表者の随行員にローマ市民権証書と名誉的な貴族の称号を贈ったのは、彼ら個人に対する評価ではなく、東洋の遠国から何年もかけてローマ教皇に会いに来た使節団であるという理由からだった。当然、ローマ教皇パウルス五世の強力な働きかけがあったからである。

ところで、当時、ローマ元老（貴族）院とローマ市民は、全世界からローマ市へ渡来した外国人の有徳・貴顕の著名人に対して、貴族身分を称揚し、ローマ市民権を贈っていた。この恩恵を受けていた多くの外国人の中に、フランスのアンリ三世の侍従武官だったミシェル・ド・モンテーニュ（一五三三～一五九二）や「天正遣欧少年使節」の伊東マンショ、千々石《ちぢわ》ミゲル、原マルチノ、中浦ジュリアンの四少年がいる。

モンテーニュは一五八一年三月十三日にローマ政庁からローマ市民権証書を授与されたが、その時の感想を著書『エセー』（荒木昭太郎訳、中央公論社）の中で次のように述べている。

「運命のむなしい恩恵のなかでも、ローマ市民権の正式免許状ほど、そういうもので腹を満たしているわたしのこの愚かしい気持ちを喜ばせたものはない。これは、最近わたしがローマへ行ったときに与えられたもので、いくつもの印章が押され、金文字で書かれている豪華なものだ。そしてこれは、まったくの寛大な恩恵の気持ちからくだされたものだ。そして、この免許状は、顧慮の度合いの多少で色々に文体を違えて与えられるもので、わたしも一度その書式を見せてもらえばうれしいと思ったこともあったから、わたしと同じような好奇心にとりつかれているような人を満足させるために、ここにそれをそのままの形で引き写してみようと思う」

と、支倉に授与されたローマ市民権証書とほとんど同じ内容のものを紹介している。

さらにモンテーニュは、このローマ市民権証書が手渡されるまでの経緯について『旅日記』の中で、「庇護や縁故を利用しなかったが、全力を尽くして懇請を行い、親交のあった教皇の家令が教皇を動かしてくれたことが実った」と、述べている。

また、一五八五年四月二十五日（天正十三年四月十一日）にローマ政庁から市民権を授与された「天正遣欧少年使節」の一人、中浦ジュリアンのローマ市民権証書の文章の写し（イタリア・フィレンツェ市メディチ家文書館所蔵）には、「……晴明無比なる豊後王、有馬王および大村侯より教皇グレゴリウス十三世のもとに派遣された使節一行とともに島国日本より来たこと、またかの地において、カトリック教の熱烈な擁護者として知られていることなどによって、ローマの元老と市民とは、その好感と親愛と敬愛とを表明しようとし、元老一同の意見と国民全体の同意とによって次のように決定したい。すなわち、諸徳円満でローマ人の名に背かない顕栄なドン・ジュリアン・ナカウラはもちろん、その子々孫々に至るまで、ここに市の大権を授けてローマの貴族および市民の数に数えること……」と、記されている。

このように十六・七世紀ごろローマ政庁によって授与されたローマ市民権証書は、ローマ教皇の権威が用いられれば、特に有徳・貴顕の著名人でなくとも、モンテーニュや天正遣欧少年使節団員のように簡単に手渡されたのである。

6. 教皇に奉呈した日本のキリシタン代表の連署状で政宗支援を請願

一六一五年十一月二十五日午後、ルイス・ソテロと、「訪欧使節団」の随行員でフランシスコ会第三会会員に入会していたトマス・タキノ・カヒョーエ（滝野嘉兵衛）、日本二十六聖人の日本人殉教者の子息であり、摂津出身の朱印船貿易の豪商で当時追放されていた古参のキリシタン、ペトロ・イタミ・ソーミ（伊丹宗味）、日本二十六聖人の殉教者の一人の従兄弟に当たるフランシスコ・ノマノ・ハンペー（野間半兵衛）は、日本におけるキリシタンの代表者として教皇に謁見し、御足に口づけした後、日本人キリシタンたちの書状を奉呈した。その際、彼らは長崎で殉教をとげた二十六人の処刑に使われた十字架で作った一個の十字架を、美麗な箱に入れて教皇に献上した。

教皇に奉呈された連署状は、一六一三年十月一日（慶長十八年八月十七日）付の「日本のキリスト教徒の連署状」、そして一六一三年九月二十九日（慶長十八年八月十五日）付の「畿内キリシタン連署状」である。これらの連署状は、使節一行が月ノ浦を出帆するちょうど一カ月前の日付であることから、ソテロの考案で、京都、伏見、大坂、堺の四つの主要都市に住むキリシタンの代表者に呼びかけて作成されたものである。ただ、連名の四十名は自筆自署しておらず、全文誰か同一人物が書いている。

これらの連署状は内容から見て、一六一二（慶長十七）年三月から八月に幕府のキリシタン禁制が全国的に広まって追い詰められ、行き場を失った忠君の心のあつい各地方（京都、伏見、大坂、堺、尾

張、奥州、畿内など）のキリシタン代表者が、ソテロに呼応して、伊達政宗が領内に日本中のキリシタンを保護するための「キリシタン帝国」を築く計画を支持するために、「日本のキリスト教徒の連署状」と「畿内キリシタン連署状」を作成したものと推察される。前者の連署状には、このことを客観的に裏づける次のような記述がある。

「今年になってから新たに迫害が、現在の支配者の嫡子で、今実際に支配している偉大な将軍様（Jongunsama）によって引き起こされました。その迫害で私たちの中の二十八人と上記神父（ルイス・ソテロ）の子どもたちが殉教による栄冠を授けられました。…（中略）…。奥州一の強力な王である伊達政宗によって、聖下のいとも祝福された御足のもとへと派遣されることになっ

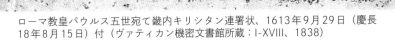

ローマ教皇パウルス五世宛て畿内キリシタン連署状、1613年9月29日（慶長18年8月15日）付（ヴァティカン機密文書館所蔵：I-XVIII、1838）

たとき、私たちは、神によって与えられたこの絶好の機会を利用して、神に感謝しながら、一つの場所に集まって、この地のキリスト教の状況について聖下にお知らせすべきであると決定しました。…（中略）…。

偉大な教父（教皇）よ、神が上述の奥州の王（伊達政宗）を召し出して、彼を照らし出したとき、大きな門が開かれたということを疑わないでください。というのは、彼はその勢力と権力において他の誰よりも強大であり、私たちは彼が将来できるだけ早く支配者（将軍）になることを期待しております。彼の生来の英知とその心の偉大さは、きらめく星のようにすべての者の中にあって輝いており、このことは上述の者たち（滝野嘉兵衛、伊丹宗味、野間半兵衛）による一連の報告から明らかになるでしょう」（ヴァティカン極秘文書館蔵）（註14）

この連署状から、まず、伊達政宗が日本のキリスト教徒の代表者をローマ教皇のもとに派遣し、当時の日本のキリスト教の状況（幕府によるキリシタン迫害の様子や宣教師が不足していることなど）について説明させ、日本の教会が必要としていた霊的、物資的な援助を求めさせたことがわかる。次に、キリシタン代表者が「（政宗が）できるだけ早く支配者（将軍）になることを期待している」と明記していることから、彼らは、（政宗が）将軍になって日本のキリシタンの指導者（カトリック王）になることを期待していたのである。

さらに、政宗のローマ教皇宛ての親書の末尾の記述と同様、本書簡の末尾に「滝野、伊丹、野間らによる一連の報告から明らかになるでしょう」と極秘事項についてはすべて口頭で伝えられている。滝野、伊丹、野間の三人はどのようなことを教皇に報告したのか分からないが、ソテロの指示に従って、伊達政宗の人物像や、彼が領内に「キリシタン帝国」を築こうとしている計略などについて報告したのであろう。

これらの連署状は、直接政宗の謀反の真意を裏づける証左にはならないが、前述したように、政宗が日本のキリスト教徒の代表者を教皇のもとに派遣している事実から、政宗がキリシタンと手を結び、領内に「キリシタン帝国」を築こうとしていた証左になる貴重な史料である。

徳川家康の独裁がますます圧迫を加えるようになってからは、洗礼を受ける大名はむろん、もう一人もいなかった。そのような時代において、伊達政宗がキリシタン大名小西行長や高山右近のように、キリシタンの指導者となって自分たちを保護してくれることを期待したのであろう。

それにしても彼らが、まだ洗礼も受けていなかった伊達政宗をキリシタンの指導者として決めつけて支持していた背景には、それだけ日本中のキリシタンたちが幕府の迫害を恐れ、信仰を守って行くために伊達政宗を頼りにしようと考えていたのである。また、「畿内キリシタン連署状」の文中にも、次のようなほぼ同様の伊達政宗を支持する内容の文が記されている。

「……、此人（奥州之屋刑〈形〉伊達政宗）日本にて、一番之大名知恵ふかき人にて御坐候へは、日本之主（将軍）になり候とのとりさた（取沙汰）御坐候間、」（ヴァティカン機密文書館所蔵）（註15）

と、伊達政宗が日本一の大名であり、日本の主（将軍）になると言われている人物であると称賛している。なお、これらの連署状で教皇聖下に請願した主な内容は次のとおりである。


⑴政宗が請願しているフランシスコ会の宣教師を陸奥（仙台）に派遣してほしい。

⑵私たちの言葉とこの国の習慣に精通していて、救霊のための行為（言葉遣い）と方法を熟知している者を、一人ずつ私たちのために選んで、司教に任命してほしい。さらに、これらの使徒的高位聖職者たちのうちの一人を、他の高位聖職者（大司教）たちと日本のこのキリスト教界全体を指導する者として任命してほしい。

⑶日本にコレジオ（学林）、あるいはセミナリオ（神学校）を設立してほしい。

⑷日本で殉教した六名のフランシスコ会の修道士と他のキリスト教徒二十名（秀吉に処刑された長

崎の日本二十六聖人のこと）を聖人に列し、真の殉教者として認めてほしい。

これに対し教皇は、一六一五年十二月二十七日付で小勅書を出し、⑴請願の宣教師問題は、フランシスコ会の修道士数名を派遣する、⑵大司教のことに関しては、目下のところ希望はかなえられない、⑶陸奥に設置が予定されている司教区ができ次第、神学校を建設する、⑷日本のフランシスコ会殉教者は教会法に基づいて審査する、という返答をした。教皇は、言葉の上では丁寧に扱ったが、実際は何一つ彼らの要求を聞き入れることはなかった。

ところで、キリシタン代表者たちは、連署状に「私たちは彼（伊達政宗）が将来できるだけ早く支配者（将軍）になることを期待しております……」とか、「伊達政宗が日本一の大名であり、日本の主（将軍）になると言われている人物である」と、いずれも政宗が「将軍」になることを期待して記述している。当時、すでに徳川幕府の統治も安定をみせ始め「将軍職」は、徳川家の世襲と定められていたので、徳川家出身でない政宗が「将軍職」に就くには、（武力で）討幕し、「将軍職」を奪う以外に方法はなかった。つまり、キリシタン代表者らは、政宗と手を結んで討幕して、政宗を「将軍職」に就けようともくろんでいたのである。

註1．Fol.251 R. 251 V.252 R. C2. Pages et demie, Relation du Sr. De St.Troppez, du Passage de L'Ambassadeur du Japon, par ledit lieu de St.Troppez, au commencement d'octobre 1615. Bibliothéque Inguimbertine de Carpentras, Vaucluse.

註2．Fol. 252 R. 252v, Lettre du St.Sr.Fabre, dudt lieu de St.Troppes sur le mesme subject.

註3．Libro Secondo delle ceremonie deli Anno 1615, Archivo di stato di Genova Ceremoniale 2/475

註4．(il segretario dell Ambre. Giapponese giovane di garbo.....

註5．"RELATIONE" della solenne entrata fatta in Roma da D. Filippo Francesco Faxicvra, con il Reverendiss. Padre Fra Lvigi Sotelo Descalzo dell Ordine Min. Osser. Ambaciadori per Idate Massamune Re di Voxu nel Giapone. Alla Santita di N.S.Papa Paolo V. l'Anno XI. Del suo Ponteficato. In Roma, Appresso Giacomo Mascardi. MDCXV.（A.S.V., Fondo Borghese, Serie IV, No.193-196)

註6．Relatione della Solenne entrata fatta in Roma da D.Filippo Francesco Faxicura.
『大日本史料』第十二編之十二および『仙台市史』では「十一月三日の支倉のローマ教皇との謁見の目的が、支倉が伊達政宗の名代としてローマ教皇に〈服従と忠誠〉を誓うためであった」という記述を削除している。

註7．Acta Avdientiae Pvblicae A.S.D.N., Pavlo V. pont. Opt. Max. Regis Voxv Iaponi Legatis. Romae die iij. Nouembris in Palatio Apostolico apud S. Petrum exhibitae, MDCXV., Romae, Apud Iacobum Mascardum. MDCXV.（A.S.V., Fondo Borghese, Serie IV No.202-206)

註8．A.S.V., Fondo Borghese, Serie IV

註9．A.S.V., Fondo Borghese, Serie IV, No.63, Lettere Dicerse, 1615

註10．浅見雅一「仙台市博物館所蔵のルイス・ソテロの関係文書」『市史せんだい』所収、仙台市博物館、VOL13、二〇〇三年七月、八〇～八六頁

註11．Archivio Storico di Vicariato, Roma, Registro di Battesimo

註12．大泉光一『伊達政宗の密使――慶長遣欧使節団の隠された使命』洋泉社歴史新書、二〇一〇年、一八九～一九〇頁

註13．大泉光一『支倉六右衛門常長――慶長遣欧使節を巡る学際的研究』文眞堂、一九九九年、三二一～三二六頁

註14．畿内キリシタン連署状、慶長十八年八月十五日付（A.S.V., I XVIII, 1838, Barberini Orientale.）

註15．日本のキリスト教徒の連署状　慶長十八年八月十七日付（ラテン語訳）（A.S.V., I XVIII, 1838, Barberini Orientale.）

第八章　スペインからの強制出国

―国家財政の危機と疑惑の使節団

1．支倉、ジェノヴァで病に倒れる

使節一行はローマに七十五日間滞在し、その間儀礼的とはいえ、それ相応な歓待を受けた。しかしながら、支倉六右衛門《はせくらろくえもん》らは期待していた成果をほとんど何も成し遂げることなく、ローマを去ることになったのである。教皇からは聖像、ロザリオ、肖像画などのほかに、通過する地方の君主宛ての紹介状と、旅費として金貨六千スクードを与えられた。教皇から支倉使節への旅費の援助は、外国使節の一切の面倒を見るのが当然という、当時の国際的な慣例に従ったものである。

支倉ら使節一行は、一六一六年一月四日、教皇に謁見、帰国の報告とローマ滞在中に受けた厚意に対し深く感謝の意を表した。

一月七日、使節一行はチヴィタヴェキアへ向けてローマを出発し帰国の途についた。一月十八日リヴォルノに寄港、そのまま予定外のフィレンツェに向かい、五日間滞在した。一行は、この二十二日間の豪遊で、ローマ教皇からマドリードまでの旅費として与えられた金貨六千スクードをすべて使い果たしてしまった。同月二十九日にジェノヴァに到着し、再びアヌンチャータ修道院に宿を取った。その数日後の二月三日に支倉は三日熱にかかり、病床に伏した。ソテロは、同年二月四日付でジェノヴァからスペイン国王宛てに、旅費援助要請のための書簡を発信している。その主な内容は次のとおりである。

「もし（大使の）病気が長引けば、経費の支払いも旅行を継続することもできなくなる恐れがあるので、やむを得ずこの件を陛下に報告いたし、当地駐在の大使あるいはしかるべき人に命じ、（支倉の）治療に必要な経費と、私たちのスペインへの旅行に必要な援助を与えて下さるよう請願いたします。もし（陛下の）恵みと庇護がなければ、ただ死を待つのみです」（註1）

このソテロの請願書に対し、インディアス顧問会議は、（使節一行が）旅行の帰路のジェノヴァで、大使が三日熱にかかってひどい困窮状態にあり、陛下の援助を受けられなければ死ぬ方法しかないと言っているので、金銭面の援助をする必要があることを国王に奏上した。

こうして使節一行は、一六一六年三月下旬、ジェノヴァからマドリード市郊外のシエラ・ゴルダ地区のフランシスコ修道会所属のサン・ペドロ教会に、やっとの思いでたどり着いたのである。ここで、日本人使節の通訳としてメキシコ市から同行し、ローマ市議会から支倉らと一緒に「ローマ市民権証書」を贈られたヌエバ・エスパニア人フランシスコ・マルティネス・モンターニョ（通称ハポン）が、四月十五日に栄養失調のような病気で死亡した。サン・ペドロ教会に残されている「死亡・埋葬台帳」には、次のように記録されている。

「**貧困のうちに**（Por Pobre）**死亡したフランシスコ・マルティネス・ハポン**

西暦一六一六年四月八日、日本人使節の通訳として来ていたヌエバ・エスパニア生まれのフランシスコ・マルティネス・モンターニョに、ゆるし（告解）の秘跡を授けるために助祭ペドロ・マルティン・セビリヤーノ学士を呼びました。（フランシスコ・マルティネス・モンターニョは）助祭に告解をし、この日（助祭は）彼に臨終の聖体拝領と（病者の）塗油の秘跡を与えました。四月十三日霊魂の加護を求めましたが、四月十五日に死亡したので、二つの小さな壁の間にある教会の墓地に埋葬しました。彼はおよそ三十四歳くらいの年齢でした。遺言書を作成することはありませんでした」（註2）

F・マルティネスはジェノヴァからマドリードへ戻る道中で病にかかり、三月下旬にマドリード市郊外に到着したときは、かなり病状が悪化していたのであろう。「死亡・埋葬台帳」に、貧困のうちに（Por Pobre）死亡したと記されているので、多分、まともな食事もできなかったのであろう。使節団はかなりの困窮状態であったことが想像される。

ソテロが一六二四年一月二十日付で大村の牢獄からローマ教皇に書き送ったラテン語の書簡（フランシスコ会年報）によると、使節一行は、マドリードに到着すると、スペイン国王に歓迎されたという。そして国王は、教皇よりの書簡を読み、使節の果たした業績に祝辞を述べ、日本人の改宗に助力する旨の暖かい申し出を行った。「教皇の書簡を手渡すと、スペイン国王は成果に祝辞を述べられ、日本人改宗のために親切な援助の申し出をして下さいました」とソテロ自らが記している。ところが事実はまったく逆であり、歓迎されたどころか、国王の意思をソテロに伝えるために用人が一人出迎えただけであった。

インディアス顧問会議は、一六一六年三月十日、「使節一行は宮廷（マドリード）にとどまらずセビィリャに直行し、そこから六月出帆のヌエバ・エスパニアへ向かう定期便に乗船するように命じ、それによってこれ以上費用がかかるのを回避すべきである」という意見書（A.G.I., Filipinas, 1, 4n. 244）を送り、これに対し国王陛下は、その意見どおりにせよと命じた。この命令を、マルティネスが危篤状態に陥っていた四月八日に、国王の書記官ファン・ルイス・デ・コントレラスの書簡を手にした使者が使節一行の宿舎のサン・ペドロ教会に出向いて、支倉とソテロらに伝えたのである。

一行は、同年五月中旬ごろまでサン・ペドロ教会に滞在していたようであり、一六一六年五月十四日付で、国王陛下から日本への帰国のための費用を与えられたのである。この支払についてメルチョール・マルドナドは、「国王陛下宛ての奥州王の書簡を持ってきた日本人の使用人ルーカス・カンシューロ（山口勘十郎）に、彼らの旅支度のための三十七万五千マラヴェディーを与えた」と記している（A.G.I., Contaduria 353, 354）。一六一六年五月十四日と二十五日の王勅、そして同年六月九日付で通商院の役人が出した支払命令書を実行したものである。これに対してカンシューロは六月十日付で領収書を手渡している（註3）。

このころには、ルイス・ピニィエロ師など日本在住のイエズス会の宣教師から、日本国内での本格的なキリシタン迫害の様子が広く伝えられており、国王の姻戚者であるトレドの枢機卿や大公爵アウグスティン・メシア公の使節一行に対する態度は、以前に増して冷淡になっていた。こうしたスペイン側の使節一行に対する処置は、明らかに国外追放に匹敵するものであった。

一方、スペインのイエズス会士たちは、インディアス顧問会議やスペイン国王から使節一行の接待を委任されていた委員に働きかけ、日本の皇帝はソテロが新任司教として国内に入り、再び宣教師たちが入国したことを知れば、異教徒の怒りは燃え無慈悲な迫害を行うだろうから、ソテロの叙階も、ローマ教皇から与えられたその他の恩典の承認も、決してしないよう説得した。そして、イエズス会の妨害によって、しばらくはソテロの司教の叙階は見合わせ、同じ理由から他の恩典も与えないことがインディアス顧問会議によって決定された。

また、一六一九年にイエズス会総代理がスペイン国王陛下に提出した『陳情書』によると、イエズス会の神父たちは、ソテロの司教叙階の妨害だけでなく、インディアス顧問会議に彼の日本再渡航を妨害させようと望み、反ソテロ運動を起こしている。

2. スペイン国王に砕かれた政宗の野望

インディアス顧問会議は支倉に対し、直ちにヌエバ・エスパニア行きの定期便に乗船するようにと国外退去勧告をした。一六一六年七月五日付の交易裁判所から国王宛ての書簡に次のように記されている。

「今朝、奥州王の大使が乗船しなかった。（彼は船が出帆する前に）ここ（セビィリャ）から三レグア（一レグア＝五・五七キロメートル）の距離にある（アンダルシア管区の）サン・フランシスコ修道会のロレート修道院にいすわってしまっていた知らせを受けた。直ちに、当市に滞在していたフライ・ルイス・ソテロに対し、私、裁判長が奥州王の大使が（スペイン国内に）とどまることに不都合があると警告した」（註4）

また、交易裁判所裁判長兼判事は、同年七月八日付セビィリャ発信の国王宛て書簡で、支倉六右衛門は、国王陛下から伊達政宗宛ての返書なしでは帰国できないと次のように述べている。

「前の書簡で陛下に通知しましたように、当地から三レグアのロレートと呼ばれるフランシスコ会の修道院にいすわってしまった大使と日本人随行員を乗船させることができるので、出帆のための許可を与えるべきであると思います。そして、陛下の命令を守って乗船してもらうために大使とルイス・ソテロ神父に手続きをしてもらいましたが、前記の大使は彼の王（伊達政宗）宛ての陛下からの書状なしでは乗船することはできないと返答しています」（註5）

スペイン政府から一方的に帰国を強制されて追い詰められたソテロと支倉は、政宗との密約を何も果たさずにおめおめと仙台には戻れないと考え、ロレート修道院にいすわったのである。彼らはこの修道院に約一年間とどまり、修道士たちと黙想などの霊的生活を送りながら、国王陛下から政宗宛ての返事をひたすら待ったのである。このとき支倉は、国王から政宗宛ての返書を催促する目的で、一六一七年四月二十四日付、セビィリャ発信で国王陛下宛てに次のような書簡を認めている。

「昨年、私の出港許可書と、国王陛下から私の主人である奥州王宛ての返書を懇願しましたが、船団が出航するまでには届きませんでした。そのため、その船団で私の随員たち（二十名）を出港させましたが、私は出港許可書と（陛下からの）返書なしでは乗船出来ませんでした。そして、

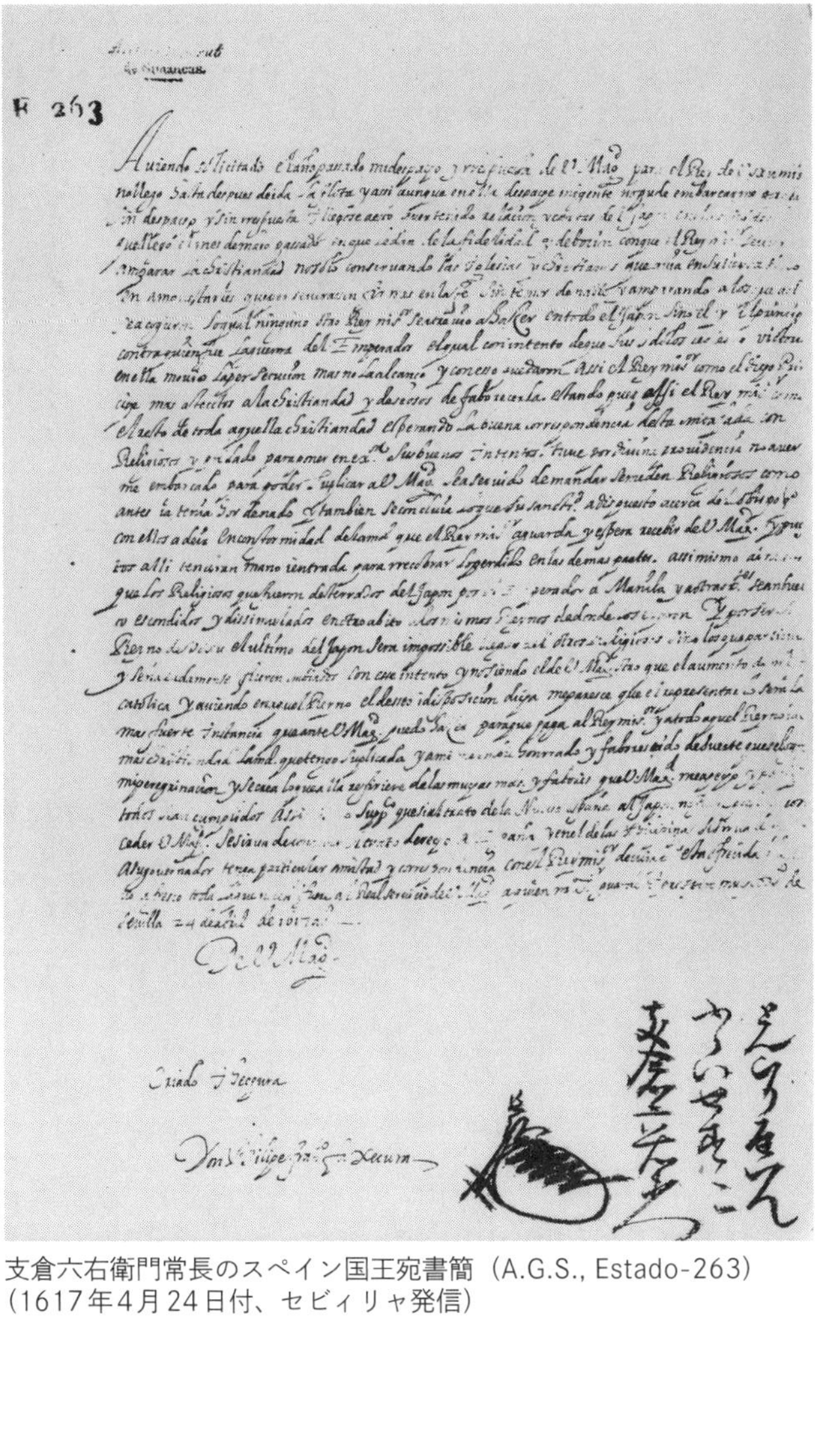

支倉六右衛門常長のスペイン国王宛書簡（A.G.S., Estado-263）
（1617年4月24日付、セビィリャ発信）

これに加えて、**去る五月に到着した定期便で、日本から報告書と書簡類を受け取りました。**それによると、**私の主の王**（**政宗**）**は、誠実と熱意をもってキリスト教界を庇護し、領内の諸教会とキリスト教徒を保護しただけでなく、誰も恐れずに堅く信仰を守り続けるように彼らをたしなめました。また彼**（**政宗**）**のもとに逃げこんできた者**（**キリシタン**）**たちを保護しております。**それは日本全国で彼が皇帝（将軍）とともに戦って対立した王子（豊臣秀頼）のほかには一人の領主も敢えてしなかったことです。…（中略）…**このように私の主人の王**（**政宗**）**と残りのかの地のキリスト教界とは、善き目的**（**企て**）**を遂行するために、修道士たちと高位聖職者とともに、この使節から善い通信**（**連絡**）**を待ち望んでおります**」（註6）

この書簡からはまず、支倉は政宗との連絡を、フィリピン—ヌエバ・エスパニア経由の定期便船を用いて頻繁にやりとりをしていたことが分かる。この支倉書簡によると、一六一六年五月にセビリャで政宗からの書簡を受け取ったと記述しているので、政宗が仙台から発信したのは、さらに約一年くらい前の一六一五年六月ごろであろう。恐らく、同年六月初めの大坂夏の陣で大坂城が落城し、豊臣方が滅亡したことについても知らせ、西日本を中心にキリシタン弾圧も激しくなっている様子についても知らせたのであろう。また、国法によってキリスト教が厳しく禁じられていたにもかかわらず、政宗が領内のキリシタンだけでなく、幕府の弾圧から逃れて来たキリシタンたちも自国領内で秘かにかくまっていたことが分かる。次に、政宗が藩内のキリシタンと「**善き目的を実行するため**」に修道士とともに吉報を待ち望んでいると書かれているのが大変興味深い。

ここで支倉が暗に伝えていることは、日本全国のキリシタンと手を結び糾合して、領内に「キリシタン帝国」を築く目的であったと考えるのが妥当である。ちなみに、一六一七（元和三）年の『貞山《ていざん》公治家記録《こうちかきろく》』を見ると、仙台藩におけるキリシタンの数は、判明しているだけで仙台に四百名、黒川・栗原郡に三百五十名、磐井・胆沢方面に四百五十名で合計千二百名いた。これに仙南地方やほかの領国から逃れて来てかくまわれていた信徒を含めると、当時の仙台藩領には二千〜三千名以上のキリシタンがいたものと推察される。

一方、ルイス・ソテロは、一六一七年十一月二十八日付、ヌエバ・エスパニア発信で、フランシスコ会の同僚神父のペドロ・バプチスタ、ディエゴ・デ・サンフランシスコらと連署して、ヌエバ・エスパニア副王グアダルカサール侯に宛てた請願書の中で、政宗が国法によるキリスト教の禁教令下にもかかわらず、キリシタンをかくまって保護していることなどについて次のように述べている。

「日本全国において、キリスト教徒を公然とまた秘密裏に保護する領主は他におらず、彼（政宗）の家臣たちだけでなく、彼の羊（領民）である他の者すべてに対しても、しかも今日では彼の領国に逃げこんだ幾人かのイエズス会の修道士までかくまっており、キリスト教徒たちや聖なる福音の宣教師たちに対する皇帝（将軍）の迫害にもかかわらず、そこに多くのキリスト教界を作っていることを考慮して下さることを懇願いたします。**彼（政宗）は、決して最初の目的（初心）を断念することはなく、むしろ皇帝の迫害下において、彼の大使（支倉）がソテロ神父や彼に随行した他の者たちと一緒に帰国するようにこの船を派遣したのです。**…（中略）…政宗がキリスト教徒に改宗し、あるいはその**帝国を奪取**（掌握）**することが可能であるならば、キリスト教界の諸問題**（**将軍によるキリスト教徒の迫害**）**は神の恵みによって望まれるように、日本全国において一斉に鎮静化することになるための有効な手段となるでしょう**」（註7）

この書簡は、支倉ら使節一行を出迎えるために再び《サン・ファン・バウティスタ号》で渡墨した政宗の家臣横沢将監《しょうげん》から、支倉とソテロが伝聞したことを副王に伝えたものである。この書簡によると、横沢将監が日本を出帆した一六一六年九月三十日の時点で、幕府の取り締まりから逃れて伊達藩領内に逃れていたキリシタンたちを政宗がかくまっていた事実と、政宗が初心（キリシタンと手を結んで討幕すること）を諦めないで、スペインとの同盟（申合条々《もうしあわせじょうじょう》）締結に成功し、使節が帰国することを待ち望んでいたことが理解される。また、ソテロは政宗が（日本の）帝国奪取（討幕）に成功すれば、日本中のキリシタン迫害がすべてなくなることを強調し、最後まで副王の支援に期待をかけていたのである。

ルイス・ソテロは、一六一七年四月二十日付の国王陛下宛ての書簡で、日本のキリシタン迫害は奥州地方にはおよんでおらず、政宗がキリスト教徒を保護していることや、支倉が（ロレート）修道院で困窮状態にあるので援助してほしいと次のように述べている。

「日本の（キリスト教徒）迫害は奥州地方にはおよんではおらず、（奥州）王はかの地にあった教会を守り、そしてキリスト教徒を保護しております。また、迫害をした皇帝（秀忠）は勝利を得ることなく、キリスト教徒に対しこれまで以上に好意を寄せています。よって（奥州）王は（スペイン政府に）懇願し求めている高位聖職者（司教）と宣教師（の派遣）の連絡を待っております。昨年五月の定期便で日本から来た報告書と書簡によって明らかなような門出が開かれていることは、我らの主イエズス・キリストの特別の摂理によるものであり、これによって宣教師たちは快適に、そして再び非常に満足してかの地に行くことができるのです…（中略）…。昨年（一六一六年）、陛下から与えられた援助や救援物資は（使節の）随員を乗船帰国させるために費やしましたが、大使は目下滞在中の（ロレート）修道院において（陛下からの）援助が必要なくらい困窮状態にあり、…（略）…」（註8）

支倉常長が1年間滞在したロレート修道院内部の祭服収納室。聖櫃の両脇に日本で殉教したフランシスコ会士の遺骨が納められている

いよいよ追い詰められたソテロは国王陛下に対し、皇帝（秀忠）はキリスト教徒に対し、これまで以上に好意を寄せているなどと、まったく根も葉もないことを述べたうえで、政宗は（領内の）教会を守って、キリスト教徒をかくまって保護しているので、司教と宣教師の派遣をしてほしいと改めて懇願している。これに対し、インディア

ス顧問会議は国王陛下に、「彼（ソテロ）から要請のあった宣教師たちの出国許可を与えるように命令して下さい」という内容の意見書を上奏した。また、ソテロはこの書簡で支倉の困窮状態を訴えて暗に援助を求めている。これに対し、インディアス顧問会議は、これ以上の経費が生じないようにできる限り早急に出帆するように、ソテロの意向に譲歩したのである。

支倉は困窮状態で病魔に侵され、毎日辛い日々を送っていた。誰にも言えない苦しみとの闘いを神に祈ることで癒していたのであろう。支倉は度重なる労苦や不条理も積極的に受け止め、ときにはキリストの受難をしのんで耐え、ときには神の正義の実現のために闘ったのであろう。

余談だが、現在、当時のまま残されているロレート修道院内の古い聖堂の祭壇両脇に、「訪欧使節団」の随行員が持って行ったと伝えられている、日本で殉教したフランシスコ会の修道士たちの小さな遺骨が祭られている。

3．インディアス顧問会議、使節一行に強制帰国命令を下す

支倉とソテロは何とか返書をもらおうと手段を講じたが、その甲斐もなく、一六一七年六月十三日、インディアス顧問会議は、ついに支倉に対して強制的な国外退去を命じたのである。しかし、「申合条々（平和条約）」について承諾をもらい、宣教師を仙台藩に遣わして下さるという返書をいただくまでは帰れぬという支倉の執念に根負けしたスペイン政府は、三日後の一六一七年六月十六日、

ソテロが選任した八名のフランシスコ会士を派遣することに合意し、日本の使節とともに修道士たちを乗船させ、「申合条々」に関しては、一行がフィリピンに着いたときにソテロに渡すと支倉に伝えた。しかし、これは一刻も早く支倉らを帰国させるための方便であることは明白であった。

この最後通告を受けた支倉とソテロは、これ以上スペイン国内にとどまることの無用さを悟り、スペインを去ることにした。一六一七年七月四日、支倉ら一行はセビィリャから帰国の途に就き、同年九月中旬ヌエバ・エスパニアの首都メキシコ市に到着した。支倉とソテロはメキシコ市でフィリピン新任総督ドン・アロンソ・ファハルドに会った。新総督は、用意したフィリピンまでのガレオン船では部下の兵士を全員収容できないので、兵士をガレオン船と政宗の船とに分乗させたいと要請。支倉らはそれを了承した。

一方、一六一六年九月三十日、伊達政宗の船《サン・ファン・バウティスタ号》は、支倉ら使節一行を出迎えるため、泉州堺津（他の史料には見当たらず、浦賀から出帆した可能性の方が大）から、帰国するスペイン遣日使節のディエゴ・デ・サンタ・カタリーナ、ディエゴ・デ・サン・フランシスコらを含む乗組員二百人を乗せて出帆した。政宗の家臣横沢将監の乗組員のうちの半数は病死するという困難な航海の末、翌年二月、ヌエバ・エスパニアのアカプルコ港に到着し、ヌエバ・エスパニア副王に政宗の書簡を手渡した。この再渡航について『貞山公治家記録』には、

「元和二年八月廿日（一六一六年九月三十日）、戊午、（政宗）公ヨリ横沢将監ヲシテ泉州堺津ヨリ南蛮国へ渡ラシム、今日便船有リ、堺津ヲ発ス、皆川与五郎、堺六郎ト云フ市人ヲ差添ラル、此

事曾テ向井将監殿忠勝ト相議セラレ、将監殿ヨリモ、船頭ヲ横沢ニ差副ラル」

とある。

ヌエバ・エスパニア副王は、国王陛下に《サン・ファン・バウティスタ号》が非常に破損してアカプルコ港に到着したと、次のように知らせている。

「アカプルコ港に入港した（日本から来た）船は、非常に破損しております。日本からいくらか商品を持って来ております。フィリピン諸島から来る（船に）適用している税金を支払うように指示し、彼らに荷降ろしの許可を与えました。……」（註9）

この報告書から《サン・ファン・バウティスタ号》は航海中かなり破損したことが分かる。そしてこの報告書にも記されているように、副王は横沢将監らがヌエバ・エスパニアに持ちこんだ商品に対し、課税することにしたため、支倉とソテロは、一六一七年十月十九日付、そして同年十一月二十八日付で、ヌエバ・エスパニア副王宛てに課税しないようにと嘆願書を送った。だがそのときすでに商品は売却済みであったため、結局課税されなかった（A.G.N., México, Ramo Civil, Vol. 76, Leg. 43）。ただ、横沢らが売却した商品の代金（金・銀）を日本へ持ち帰ることは禁止された。このことに関してヌエバ・エスパニア副王は国王陛下に対し、一六一八年五月二十五日付の書簡で次のように報告している。

「日本人が当王国を出国するために、金、銀を持ち帰ることを禁止し、彼らが（日本から）持ちこんだ商品の売上金は、当地の生産物や商品の購入のために費やすように命じた。ただし、マニラで使用するために、大使には一万二千ペソ、また、船長（横沢将監）には八千ペソを持ち出すことを許可した」（註10）

4．出迎えの船で、フィリピン経由で帰国の途へ

一六一八年四月二日、支倉やソテロなどを乗船させた《サン・ファン・バウティスタ号》と、フィリピン新任総督ドン・アロンソ・ファハルドが率いるガレオン船は、フィリピン諸島に向けてアカプルコ港を出帆し、北赤道海流（北東貿易風による吹送流）に乗って、同年六月下旬マニラ港に到着した。支倉ら使節一行はマニラのサン・フランシスコ・デル・モンテ修道院に一年半滞在した。なぜ一年半もいたのか謎とされているが、伊達政宗のサバイバル戦略の一端であり、支倉ら使節一行が海外にいることで、いつかスペイン艦隊を引き連れて日本に上陸するのではないかと、幕府に圧力をかけ続けることができたという説があるが定かではない。

使節一行がマニラに到着すると、折からオランダ艦隊は十四隻をもってマニラを襲撃しようとしていたので、ファハルド新任総督は、その対応を余儀なくされた。オランダの艦隊と戦うための船が不足していたため、政宗の《サン・ファン・バウティスタ号》を艦隊に加えることにし、ルイス・ソテ

ロを仲介して、格安の値段で譲ってもらうことにした。この船の売買交渉についてファハルド総督は、一六一九年八月十日付の書簡で、

「日本船を提供させるため、所有者とのうんざりするほどの調整や少なからぬ事務手続きがあり、やっと同船が提供された」（註11）

と、売買交渉がかなり難航したことを伝えている。《サン・ファン・バウティスタ号》の売買交渉が始まったのは、使節一行がマニラに到着した一六一八年六月二十日以降なので、支倉は同船を売却するまでの約一年の間に、日本とフィリピン間の定期便を用いた政宗との書状のやりとりを通して、船の売却許可や売却価格などについて協議したのであろう。ちなみにファハルド総督は、日本船を買収したことに関して、一六一九年七月二十八日付マニラ発信の書簡で国王陛下に正式に報告している。

支倉はフィリピン滞在中に、スペイン国王から伊達政宗に宛てた返書を受け取った。このスペイン国王の返書は儀礼的なものであり、政宗が要望した「申合条々」に関することは、何一つ具体的に答えていない。支倉やソテロのスペイン国王に対する働きかけは、ほとんど何の効果もなかったのである。

一六二〇年八月二十六日、支倉ら使節一行は、マニラに残留するソテロと別れ、便船に乗って横沢将監のほか随員の黒川市之丞《いちのじょう》、同六右衛門、松尾大源らとともにマニラを発ち、同年九月、七年ぶりに長崎港に戻った。『貞山公治家記録』によると、仙台帰着は一六二〇年九月二十二日（元和六年八月

二十六日）となっているが、アンジェリスの書簡には、八月二十四日となっている。

「ルイス・ソテロ師の洗礼志願者である政宗の大使の六右衛門が、ファチグアツ（八月）二十四日に主君の城があるシェンダイ（仙台）に到着した……」（註12）

一六二〇年十月十八日に、伊達政宗が老中の土井利勝に送った書簡では、支倉六右衛門の帰朝を報告し、かつソテロがルソンに滞在していることとその処置について幕府に指示を仰いでいる。

「急度命啓候、先年南蛮へ、向井将監（と）申談、船を遣申候時分、江戸に数年逗留被仕候そてろと申南蛮人渡被申候、其刻従公方様も南蛮へ為御音信、御具足・御屏風抔被遣候、其砌拙者内之者遣申候、奥南蛮へ参付而、七八年逗留御座候而、漸当秋るそんより之舟に而帰朝仕候。そてろ事は吉利支丹かたく御法度之由、るそんにて被及承、先々延慮之旨に而、彼地に逗留之由申来候、南蛮より之御返事も御座候由申来候、御前不苦候はば、来年るそんより帰朝仕度由被申越候、如何可有御座候哉、依御報返事仕度、其為態申入候。恐惶謹言。

九月廿三日　　松平陸奥守（花押）」

土井大炊助殿　人々御中

政宗は、この書状に、「南蛮（ヌエバ・エスパニア）へ向井将監と相談して船を派遣したのであり、公方様（家康）より南蛮への御音信として御具足、御屏風など遣わされ候」と記して、あくまでも使節は徳川家康が派遣したものであり、その際、自分の身内の者（支倉六右衛門）を奥南蛮（ヨーロッパ）まで行かせたが七、八年滞在し、この秋にルソンから便船で帰国したのであると述べて、あたかも支倉一人だけを奥南蛮まで遣わしたように装い、彼の奥南蛮訪問の理由や支倉以外の「訪欧使節団」の随行員の安否などについては何も触れていない。

幕府は「訪欧使節団」に対し疑惑を抱いていたが、結果的に土井利勝も何も追及することができず、これを了承せざるを得なかったのである。つまり、この使節は、すべて幕府の指示と了解のもとで派遣されたのであって、伊達政宗はただ仲介の労を取ったにすぎないと主張し、結局問題をうやむやにした政治決着ということになった。

また、帰国後の支倉について『貞山公治家記録』には、幕府をはばかってのことか、わずか数行しか書かれていない。そこには、帰国した支倉の話は理解し難いことばかりであると記されている。

「南蛮国ノ事物、六右衛門物語ノ趣、奇怪最多シ」

この記録では支倉六右衛門の渡航先は奥南蛮（ヨーロッパ）ではなく、南蛮となっており、訪欧したことを曖昧にしている。この記録は対外的に政宗が訪欧使節団を派遣したことを否定して、すべてを闇に葬るための策であった思われる。

一方、ソテロは、マニラに残留を余儀なくされていた。それは、日本における使徒的活動で豊かな実りを刈り取っているイエズス会にとって、ソテロの存在が極度の緊張を生み出す結果を招く恐れがあるということで、ガルシア・セラノ・マニラ大司教が日本への帰還を認めなかったためである。そのうえ、マニラ総督もソテロの日本への出発を何度も妨害していた。

このようにセラノ大司教がソテロの日本への帰還を認めなかった背景には、ジェロニモ・デ・アンジェリスが一六一七年十一月二十八日付でイエズス会総長に宛てたソテロ批判の書簡が大きく影響している。

「ソテロ師は、使節に己の欲することを言わせたのであり、すべてはテンクッタコト（天を食った事＝神を騙すこと）である。何となれば、政宗は決して使節を教皇とスペインに派遣することを夢見たのではなく、彼が望んだのは船をヌエバ・エスパニアに遣わすことだったからである。……ソテロがこの使節により求めていたのは、日本の大司教座と大司教（のポスト）を得ることであった。しかし、彼にとって、事はうまく運ばず、彼らのプロクラドール（代理人）たちを（ヨーロッパへ）派遣したことにより彼の計略は露見した。彼が二度と日本に戻らぬことをデウスが嘉《よみ》し給わんことを。なぜなら、もし彼が（再び）来たならば、我らを大いに不快にさせ、我らが常にクジス（公事または訴訟）を携えねばならなくなるからである……」（註13）

註1．A.G.S., Estado Español, 262.

註2．Parroquia de San Pedro, Madrid

註3．A.G.I., Contaduría, 353, 354, data de extraordinarios, 524

註4．A.G.I., Contratación, 5172

註5．A.G.I., Contratación, 5172

註6．A.G.S., Estado Español, 263

註7．A.G.N（México）., Ramo Civil, Vol. 76, Leg.43

註8．A.G.S., Estado Español, 263

註9．A.G.I., México, 28, No.51

註10．A.G.I., México, 28, 6n.56

註11．A.G.I., Filipinas, 7, 5n. 109

註12．A.R.S.I., Jap. Sin. 34, Documento No.1-5, f. 42

註13．A.R.S.I., Jap. Sin. 34, Documento No.1-5, f. 29

第九章　失意の帰国と絶望的な報告

―キリスト教徒を裏切った政宗

1. 仙台領内で残虐なキリシタン弾圧が始まる

伊達政宗が帰国した支倉六右衛門《はせくらろくえもん》に対して、どのような態度で臨んだのかは定かではない。支倉はスペイン国王、そしてローマ教皇との外交交渉が、すべて失敗に終わったことを報告したはずである。特に、政宗は、日本における三十万人以上のキリシタンと手を結び、領内に「キリシタン帝国」を築く夢を最後まで捨て切れずにいたのは確かである。そのため、最後までキリシタン弾圧に踏み切らなかったのである。

だが、支倉から絶望的な報告を聞き、その夢もはかなく消え去り、キリシタンとの結束も不要となった。支倉が帰った二日後の一六二〇年八月二十六日、ついに政宗は、領内でかくまっていたキリシタンを取り締まることを決意したのである。

一時的とはいえキリスト教の洗礼志願者であった政宗は、どのような心境で残酷な迫害に踏み切ったのであろうか。仙台領でキリシタン迫害が起こったときにはアンジェリスは仙台にいた。彼はそのときの様子を次のように証言している。

「一六二〇年、伊達政宗のキリシタンに対する態度は突然変わった。この年の秋までは奥州のイエズス会士はまだ四百六十六人に洗礼を施すことができた。しかし九月四日、晴天の霹靂《へきれき》のごとくキリシタンへの厳しい禁令が出て、伊達の家臣はすべてキリシタン信仰を捨てることを命ぜられた。この禁令の動機となったのは、恐らく支倉六右衛門が長崎に上陸したという知らせであっただろう。それで、政宗は江戸幕府から疑惑の眼をもって見られることを恐れ、嫌疑の先回りをしようとして、このキリシタン禁令を出したのである」（註1）。

またアンジェリスは、一六二〇年十二月、イエズス会総長に宛てた書簡の中で、政宗が将軍に対して「キリシタンと手を結ぶ考えなどない」ことを証明するため、キリシタン弾圧を始めた様子を次のように伝えている。

「彼ら（家康と秀忠）は、政宗がテンカに対して謀反を起こすため、スペイン国王、そしてキリシタンと手を結ぶ目的で大使を派遣したと考えたのであり、政宗は大使の帰着により、キリシタンと手を結ぼうとしたのではないことをショウグンに示そうと欲した。それゆえ、Rocuyemon六右衛門が仙台に帰着して二日目に、キリシタンに対する三カ条から成るフォッシキfoxiqi（法令）のフダfunda（高札）が立てられた。すなわち、第一条、tencaテンカのファト（法度）であるために領内のすべてのキリシタンはもとの教え（仏教徒）に立ち戻る（帰依する）ことを命じる。nao corobiaremもし転ばない（棄教せぬ）場合には、chiguiotoriチギョウトリ（知行取り）の者は追放し、マスチジェニ（町人）やファウショ（百姓）、マタオチ（陪臣）の者たちは処刑されること。第二条、あるキリシタンのシェンサク（詮索）の際、それ（キリシタンである）と分から

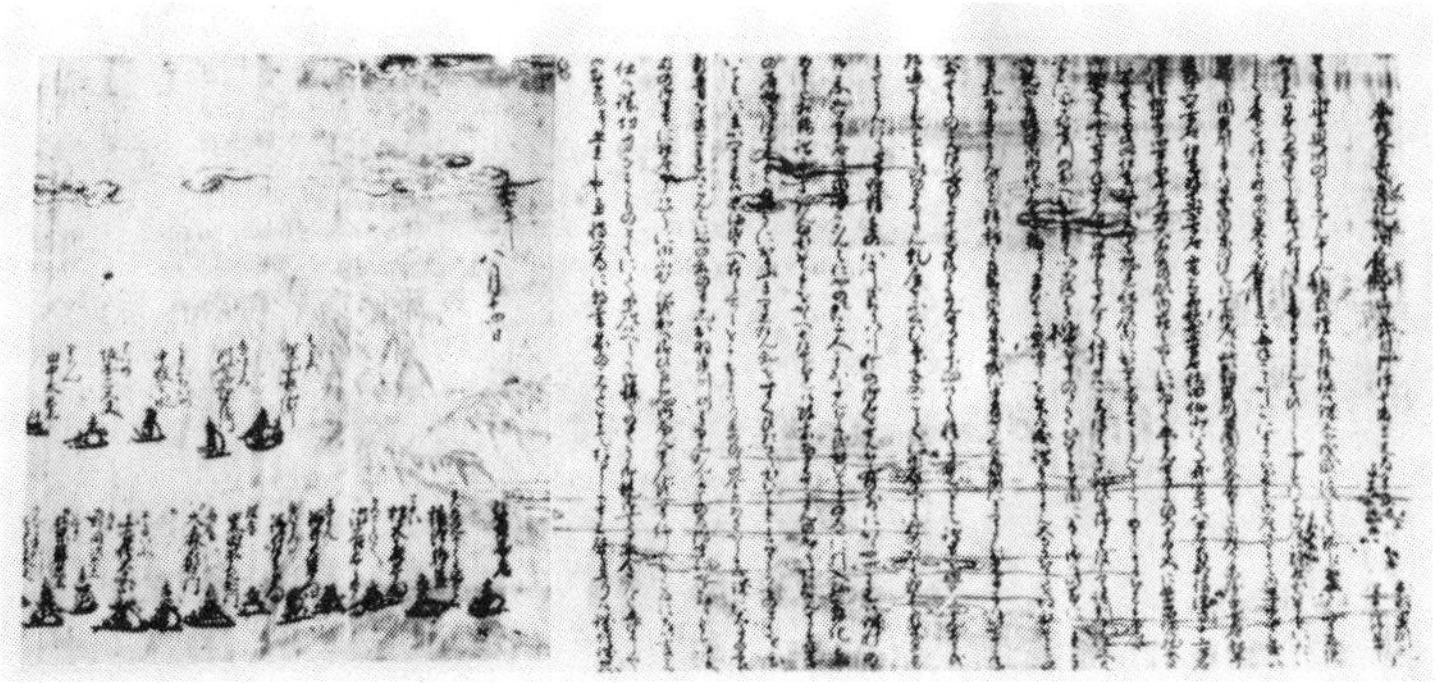

奥州の信徒からローマ教皇に宛てた連署状。1621（元和7）年。（ローマ・ヴァチカン秘密文書館〈Archivio Segreto Vaticano〉所蔵）

ぬ場合、これを暴いた者にはfobiフォウビ（褒美）を与えられること。第三条、教えを述べ伝える者たちは（すべての宣教師は）そのfunda札（高札）について知ったときには、速やかに領内から去るべし。もし去ることにmeiuacuメイワク（迷惑＝苦痛）であるというのならば、信奉している教えを捨てて、適宜、とどまるべし」（註2）。

政宗は一六一一年十一月（慶長十六年十月十九日）、天下への野望を成し遂げるために、家臣や領民にキリスト教に入信することを許可する布告を発令した。それから九年後に、天下取りの最後の頼みの綱であったキリシタンたちを、幕府の禁教令に従わざるを得なかったとはいえ、今度は逆に、彼らを弾圧しなければならない立場となった。

領内のキリシタン家臣たちも政宗に対し、最後まで自分たちを保護してくれると信じていたのであろうが、殉教の場に臨んで最後まで落ち着いた態度を取り、キリスト教で教えられたとおり、殉教を神の恩寵と考えて歓喜の中で死んでいっ

後藤寿庵像（岩手県水沢カトリック教会）

たのである。これらの政宗のキリシタン家臣の中に後藤寿庵《ごとうじゅあん》が含まれていたが、彼は政宗の説得や脅しにも耳を貸さず、棄教を拒んだのである。後藤にとって信仰を捨てることは、武士を捨てることとほぼ同義だったからである。

　政宗がキリシタン弾圧を始めて一年後の一六二一年（元和七年八月十四日）付で、後藤寿庵を筆頭にした奥州のキリシタン代表者たちがローマ教皇パウルス五世に宛てた連署状で、政宗のキリシタン弾圧について次のように伝えている。

「去歳上旬の比、伊達政宗、天下を恐れ、私の領内におゐて、へれせき（迫害）さんをおこし、あまた（数多）まるちれす（殉教者）御座候。御出世以来千六百廿年せてんほろ（九月）の廿日よりせんさく（穿鑿）仕りはじめ、……ひいて（信仰）す堅固に之有儀に候。…（中略）…。**出羽奥州のキリシタンがダテ（伊達政宗）のため深重に存じ奉り候、今より以後デウスの御奉公にあい届申し候やうに、ご不憫（都合が悪い）を加へ給ひ、恐れながら、御ヘンサン（神から与えられる祝福）を仰ぎ奉るべきため、この如く言上仕り候。**……」（ヴァティカン機密文書館所蔵）

後藤寿庵らが、自分たちキリシタンを保護してくれるはずの政宗が、天下を恐れて領内で迫害を始め、大勢の殉教者が出ていることをローマ教皇に伝えたものであるが、後藤らがなぜこのような連署状をローマ教皇に送ったのか、その確かな理由は分からない。後藤寿庵らは、洗礼志願者であった政宗に裏切られたという断腸の思いをこめて、ローマ教皇に伝えたのであろう。この連署状を読んだローマ教皇は、政宗の君主としてのあるまじき二枚舌に呆れ果てたに違いない。

既述したように、ローマ教皇が政宗にキリスト教徒になるよう勧告し、領内のキリシタンと宣教師の保護を要請したのは当然であり、政宗は書状と使節を通してそのようにローマ教皇に伝えたのである。明らかに政宗は、キリシタンを利用して自らの野望を果たそうとしたのである。政宗がキリスト教に関心を抱き、本気で領内に「キリシタン帝国」を築き、キリシタンや宣教師を保護しようと考えていたならば、幕府を恐れず、使節を派遣する前に、堂々とキリスト教の洗礼を受けてキリシタン大名（カトリック王）となり、スペイン国王やローマ教皇へ使節を派遣したはずである。それができなかったのは、キリシタンになる気持ちなど毛頭なかったことは明白である。

広瀬川で「水籠の拷問」を受けるカルヴァリョ神父。1624年2月22日
出所：アントニオ・カルディム

日欧交渉史研究の権威で元京都外国語大学大学院教授の故松田毅一博士も述べているが、このような政宗の行為が国際的信義という観点から許されてよいわけはなく、伊達政宗はその点では、日本人の恥を海外にさらし、日本人為政者の言は信用がおけぬ

ということを立証したことになる。これに対し徳川家康は、法治国家の統治者として、当初からわが国においてはキリスト教の布教を禁じると宣言し、そして日本の国法を守らぬことを理由に、宣教師とキリスト教徒を断罪したのである。

政宗は仙台の広瀬川で、一六二〇年に蝦夷島に渡り、同地における最初のミサを挙げたことで知られているイエズス会宣教師のディエゴ・カルヴァリョ師（日本名長崎五郎衛門、一五七八〜一六二四）らを「水責めの拷問」によって残酷に処刑した。

この「水責めの拷問」には、二つの方法があり、一つは大量の水を飲ませ、飲めなくなると口にじょうごを差しこんで水を流しこみ、その後、地上に置いた彼らの身体に板を載せ、その上に二人の男が乗って口や鼻や耳、目、その他すべてのところから水を吐き出させる、という残酷なものであった。もう一つは、「水籠の拷問」である。「水籠」とは周囲に木柵をめぐらした円形の穴で、水深は二尺（約六〇センチメートル）ほどであり、一人ずつを裸体にしてそれに入れ、中の杭木に、すわらずにはいられないように縛りつけて、三時間から十時間位放置しておく方法である。

政宗は家老の茂庭周防守《もにわすおうのかみ》に、カルヴァリョ神父の刑を、従来一度も日本で使用したことのない拷問と刑死の種類であった後者の「水籠の拷問」で執行するように命じた。カルヴァリョ神父は、厳冬の（一六二四年）二月二十二日に広瀬川の河畔の水籠に連れて行かれ、衣服を脱がされ籠内の柱に縛られた。最初は膝まで水につかって立っていたが、それからすわらせられ、水は胸のあたりにおよんだ。刺すような苦しみを感じさせるために、立て、屈め、すわれ、といろいろに変えさせられ、第一回の拷問で三時間、第二回の拷問で十時間も氷結した水の中につけられ殉教した。翌日役人たちは死体を穴から引き出し、五体を切り裂いて河に投げ入れたのである。

いくら幕府から厳しい弾圧を命じられているとはいえ、こうした行為ができた政宗の恐ろしさには戦慄する。それにしても政宗はキリシタン弾圧に「火刑」や「斬首」ではなく、なぜ過酷な「水責めの拷問」のような残虐な方法を用いたのであろうか。疑問がつきまとうのである。

総じて言えば、政宗についてローマ・イエズス会本部に報告したアンジェリス書簡の内容が正しく、ソテロが力説した政宗への讃辞は不当であったと言える。

政宗が奥州で本格的なキリシタン弾圧に踏み切ったのは、支倉が帰国して三年後である。一六二三年十二月七日、江戸参勤中の政宗は、家光から江戸城二の丸に招かれ、将軍手ずから茶を振る舞われた。その席で家光は奥州のキリシタン禁圧を直談した。政宗は家光の権威に屈し、伊藤彌兵衛を急使として、次のような奉書を国許の重臣たちに送った。

「以㆓御意㆒申入候　然者昨七日朝於㆓御二之丸㆒御茶被㆑為㆑進無㆓残所㆒御仕合共御座候其上御直談被㆑成御意候ハ　江戸中にても吉利支丹御座候而唯今沢山に罷出候定而奥州にも可有之候間　成程致㆓詮索㆒可㆑被㆓申付㆒候由　御諚ニ付而　伊藤彌兵衛被㆓相下㆒候　委細口上に可㆑被㆑申候
恐々謹言

古内伊賀守
古内主膳正《しゅぜんのかみ》
中嶋監物丞《けんもつのじょう》

石母田大膳《いしもだだいぜん》殿
茂庭周防守殿
津田近江守殿」

2. 支倉の棄教説の真相は？

帰国後の支倉六右衛門は、主君伊達政宗に迷惑をかけぬよう蟄居《ちっきょ》同然の生活を送っていたようであるが、アンジェリスは一六二〇年十二月付の書簡で、支倉の棄教のうわさについて次のように述べている。

「本当なのかうそなのか分からぬが、大使の六右衛門は、彼の異教徒のおいの言葉によれば、コロビオウ（転宗・棄教）したという。何らかの動きがあるように思う。なぜなら、彼のおいは某キリシタンにそう語ったが、それは六右衛門を貶《けな》してのことで、六右衛門が南蛮において洗礼を授かって、ヨーロッパで沢山のチソス（馳走＝もてなし）を受けてから転ぶのは卑怯者（野蛮で品行と礼節を欠く者）であると言ったからです」（註3）

アンジェリスは「本当かうそなのか分からないが」と前置きして、支倉の棄教について、おいという人物の言葉をそのまま漠然と記しているだけで、彼自身が直接確認しているわけではないので信憑性は薄い。一方、フランシスコ会の修道士たちの証言は、「支倉は修道士たちにみとられて、安らかに死を遂げた」と指摘している。このように、支倉の信仰の結末に関して、イエズス会とフランシスコ会の間の対立が影響しており、双方の言い分が大きく食い違っている。ちなみに、支倉の子の常頼は、キリシタン禁制を破った罪で領地没収のうえ、切腹を命じられた。

ところで、一六二八年初期にマドリードで印刷され普及した、ルイス・ソテロ神父のローマ教皇宛てラテン語書簡に関する異端審問委員会長官ドン・イバン・セビコス博士の覚書によると、一六二〇年八月に支倉常長が仙台へ戻った一年後に、家族や家来たちをキリスト教徒にしたと、次のように記述している。

「使節団で彼（ソテロ神父）の同僚（仲間）であったフェリッペ・ファセクラ（Felipe Faxecura）は、政宗から大きな栄誉を授かりました。そして政宗は、彼（支倉）の長い旅の休養を取らせるために国（故郷）へ送りました。彼（支倉）は自分の妻、息子たちと使用人たち、多くの彼の家来たちと他の高貴な彼の親族たちをキリスト教徒にしました。彼はこれらの聖なる事業に携わって立派な手本を示し、死を覚悟して一年後に亡くなりました。政宗は大いに心を痛めたのですが、そのこと（訃報）について書状を通じて知ったと言います」（一六二四年一月二十四日記）（註4）

註1．A.R.S.I., Jap. Sin. 34, Documento No.1-5, f.42

註2．A.R.S.I., Jap. Sin. 34, Documento No.1-5, f.42

註3．A.R.S.I., Jap. Sin. 34, Documento No.1-5, f.42

註4．Real Academia de la Historia, Oshu edicto de Date Masamune, Tomo 108, ff.407 408

エピローグ——夢の「キリシタン帝国」から現実の「鎖国日本」へ

時代に翻弄された支倉常長

奥州の覇者伊達政宗の偉業の一つとして称賛を浴びてきたのが、「慶長遣欧使節団」のヌエバ・エスパニア、そしてヨーロッパ派遣である。最後まで天下取りの野望を捨てきれなかった政宗が、自らの資金で使節船《サン・ファン・バウティスタ号》を建造し、使節団をヨーロッパまで派遣した史的事実は、後世に伝えられるべきである。しかしながら、使節一行は訪問先で儀礼的な歓迎は受けたものの、どちらかといえばキリシタン弾圧国からやって来た厄介者として扱われた。伊達政宗の期待を一身に背負って船出した使節一行には、苛酷な運命が待ち受けていたのである。そして、この使節は悲惨な評価を得てしまった。

こうした結果をもたらした最大の原因は、使節派遣の計画・立案（ヌエバ・エスパニアとの直接通商交易を開始し、領内に「キリシタン帝国」を建設し、政宗がカトリック王となり、日本中のキリシタンを保護する）から実行だけでなく、外交文書の作成から外交交渉まで、すべてルイス・ソテロ神父一人に任せていた、伊達政宗の他力本願型の姿勢にあったといえる。政宗が天下取りの野望を果たすために、ソテロをすべて信用して使節派遣を決断した勇気は評価できるが、あまりにも不確実性の高い企画であったことは歪めない事実である。

政宗は、最初からキリスト教の洗礼を受ける考えなど毛頭ないのに、あたかも洗礼志願者のように振る舞い、「キリシタン帝国」を築こうとしてスペイン国王やローマ教皇を欺こうとしたのである。確かにソテロの考えとはいえ、キリシタン大名でもない政宗が領内の家臣や領民に対し、キリシタンの洗礼を受けることを積極的に奨励したのは、それだけの魂胆があったからである。その魂胆とは、ソテロが考えついたことであろうが、政宗が幕府のキリシタン迫害で追い詰められている三十万人以上の日本中のキリシタンと手を結び、彼らの指導者となって「キリシタン帝国」を築き、スペインからの軍事支援を受けて討幕し、あわよくば将軍となって、ローマ教皇に「服従と忠誠」を誓って配下になることとであった。

この使節派遣の最大の犠牲者は、伊達政宗に翻弄された支倉六右衛門である。支倉は主君の使命を途中で放棄し、いつでも逃亡できたはずである。しかし、彼は人一倍責任感が強く、日本に残してきた家族を大事にする人物だったので、最後まで健康を犠牲にしながら、忠実にその使命を果たそうと努力したのである。だが、支倉は、政宗から与えられた密命を何一つ果たすことができないで帰国を余儀なくされた。支倉六右衛門が帰国後、失意の余生を送ったのか、政宗の庇護のもと安らかに天命を全うしたかは、知る術《すべ》がない。徳川家康はすでに世を去り、歴史は、支倉の出発前に政宗が考えていたものとは違う方向に大きく動き始めていた。

一方、日本のキリスト教徒の代表としてローマ教皇に謁見し、政宗を支持する連署状を奉呈した滝野嘉兵衛、伊丹宗味、野間半兵衛の三人のキリシタン随行員のその後の消息については、スペインに残留した支倉の護衛隊長のドン・トマス（滝野嘉兵衛）以外分からない。ローマ教皇に奉呈した「日本のキリスト教徒書簡」によると、この人物はフランシスコ会修道士とともに殉教したキリシタン

過程で起きた、近世前期最後の大規模な武力反乱であった（大石学『江戸の外交戦略』）。一六三九（寛永十六）年七月、当時布教活動を続けていたイエズス会の宣教師を放逐するために、キリシタン禁制を発布するとともに、ポルトガル船の来航を禁止した。これによって、スペイン人に次いでポルトガル人も、ついに日本から姿を消したのである。

あとがき

本書は、日欧間におよぶ壮大なスケールのもと、諸学上の一大アポリアの領域たる「慶長遣欧使節」、とりわけ伊達政宗がキリシタンと手を結び、伊達領国内に「キリシタン帝国」を築いて討幕をはかるため、スペイン国王とローマ教皇の支援を求めて派遣された支倉六右衛門とフライ・ルイス・ソテロ、そして、日本のキリスト教徒の代表者三名の、七年間におよぶ外交交渉と旅の苦労を描いた。斯界《しかい》の権威におもねず、〝定説〟には柔軟に対応し、かつ不備を糺《ただ》して視界をひらき、独自の実態把握（真理探究）に励むことは言うに易しく行なうに難しいものである。

著者はこの孤独な研究者の道にあって、約半世紀にわたって日本国内はもとより、留学・研究等で通算十五年間滞在したメキシコをはじめ、スペイン、イタリア、ポルトガル、その他の関係国における原史料の渉猟・探索調査を行い、発掘・入手したロマンス語表記の新原史料の解読操作を一人でやり遂げるといった困難に耐えてきた。

特に心に残っているのは、イエズス会士ジェロニモ・デ・アンジェリス（Jeronimo de Angelis 一五六八～一六二三）の五通の書簡の翻刻および邦訳である。一九九〇年代の初め著者は、学位請求論文のテーマである「慶長遣欧使節」の研究で、わが国におけるキリシタン史研究の権威で天皇・皇后両陛下のご進講を務められた京都外国語大学大学院名誉教授・松田毅一博士から、本格的な指導を受けるようになった。そのとき博士から、《「慶長遣欧使節」の研究で学位を取得するには、同使節団の真の派遣目的を解明することが不可欠である。そのためには君自身が、ローマのイエズス会本部の総文書館に保管されている未公開の、ジェロニモ・デ・アンジェリス神父がローマのイエズス会本部総長に宛てた日本語混じりの古典ポルトガル語で書かれた五通の手稿書簡の採録調査と、それらの書簡の翻刻と邦訳をしなければならない。しかし、これらの書簡の翻字は極めて難しく、そのうえ古い日本語がたくさん含まれているため、ヨーロッパの研究者でも解読が難しいということで手がつけられていない》という非常に難解な課題を与えられた。

著者の長年の慶長遣欧使節の共同研究者、スペイン王立言語アカデミー会員、セビィリャ大学名誉教授Juan Gil、Consuelo Valdez博士夫妻とともに（2015年9月）

著者はその難題に取り組むため、一九九六（平成八）年五～七月にかけて、前任校の日本大学海外派遣研究員としてローマのイエズス会本部を訪れた。そして同修道会の高位聖職者の紹介により、イエズス会付属文書館のヨゼフ・デ・コック館長から特別な許可を得て、複写コピーやマイクロフィルムの作成が原則として禁止されている、アンジェリス神父の「慶長遣欧使節」関係の古典ポルトガル語による五通の書簡の写本を、奇跡的に入手することができた。

ただ、松田博士が指摘していたように、同書簡は破損が激しく、判読が困難な不透明な文字が多かった。そのため、世界的な古典言語学者として知られるスペイン国立セビィリャ大学名誉教授、ファン・ヒル博士や、リスボン大学の複数の古文書学専門の教授たちの協力を得て、二年半の歳月をかけて、五通の書簡の翻刻（手稿原文を活字体に直す作業）および邦訳を、日本だけでなく東西の学界で初めて完成させ、日本大学に提出した学位請求論文の中で公に提示した。

したがって、著者がアンジェリス書簡の翻刻・翻訳を一九九八年十月に拙著『支倉六右衛門常長—慶長遣欧使節を巡る学際的研究』（文眞堂刊）で最初に公に提示した後に出版された『仙台市史・特別編8・慶長遣欧使節』などの他の著作物や論文で使用されている五通のアンジェリス書簡の翻刻文および翻訳文は、前述の拙著、または二〇一〇年三月に上梓した『支倉六右衛門常長「慶長遣欧使節」研究史料集成』第1巻（雄山閣刊）から引用したものであることを明記しておく。

アンジェリス書簡は、イエズス会とフランシスコ会が対立していて、使節派遣やルイス・ソテロに関して悪意で書かれたものなので信用がおけないとか、同書簡の位置づけ、信憑性が問題であるという指摘がある。しかしながら、これらの書簡に記述されている内容は、政宗に重用された奥州見分《みわけ》（現在の岩手県水沢市）のキリシタン領主後藤寿庵から伝聞したものであるが、日本側の史料とも合致している。一九八五（昭和六十）年一月に仙台市博物館で発見された伊達政宗の自筆の書状の中の、支倉六右衛門は「処刑人の息子である」ということと同様の記述がアンジェリス書簡にもあり、日本側の史料と符合していてその正確さが証明されている。

また、「使節派遣の目的および性格」、「伊達政宗のキリスト教信仰に対する真意」、「支倉六右衛門大使の実際の身分」などに関するローマ・イエズス会本部からの問い合わせに対し、アンジェリスは日本側の史料と符合する正確な内容の返事をしている。松田毅一博士は、「アンジェリス証言は、イエズス会の総長に宛てた（非公開性の）機密に属する私信であり、彼は何ら真実を歪曲したり、感情に走って不要なことを書く必要はなかった」と述べている。さらに同博士は、「……当時在日したイエズス会宣教師たちの報告書の多くを、一言一句、日本側の史料で検討して何十年もの歳月を過ごしてきた者が、個人的にこのアンジェリスの総長宛ての書簡は、専門外のことではあるが、伊達政宗の遺欧使節に関し、真実を明かすものであると直感したとしてもあり得るべきことであろう」とも述べている。

いずれにせよ、アンジェリス書簡は慶長遣欧使節の真相を知るうえで、絶対に欠かせない第一級の史料といえる。

さて、著者の既刊書で繰り返し述べているが、仙台市博物館や東北大学の関係者は、著者の半世紀にわたる、当該使節に関する海外の文書館や図書館に所蔵されている大量の議事録、公文書、外交文書、教皇勅書、儀典日記などの古典ロマンス語表記の手稿一次史料の翻刻・翻訳による伊達政宗の「討幕説」の事実に関して、何ら客観的な検証を行わず、一方的に著者の「憶測と思いこみ」による「荒唐無稽」の説であると批判している。こうした背景には、仙台市博物館側に、使節派遣の目的がヌエバ・エスパニアとの直接貿易開始のためという定説が覆されれば、伊達政宗の威信が大きく損なわれる恐れがあるという懸念があるからではないかと推察される。それゆえに、仙台市博物館が発行した『仙台市史・特別篇8・慶長遣欧使節』の資料集の中の欧文からの邦訳には、討幕説を裏づける証左や傍証になるような内容の文章の削除（あるいは省略）や、原文書の中の「服従」という言葉を一般的に馴染の薄い「恭順の意」という表現に邦訳したりしている。また、博物館側は、内容が直接的および間接的に伊達政宗の討幕説の証左や傍証になるような宗教的な要素が濃い文書類を極端に過小評価し、仙台市博物館が発行している刊行物などで一般に広く紹介しているが、それらの詳しい内容の分析や史料評価などはほとんど行われていないのである。

著者の近刊書『歴史研究と郷土愛―伊達政宗と慶長遣欧使節―』(雄山閣、二〇一五年)でも詳しく述べたが、当該使節に関する著者の歴史研究の基本作業は、研究素材としての原史料の収集、正確な読解、そして史料の信憑性、信頼性を厳しく検討し史料批判(史料の分析)を行うことである。そして、難解な手書きの原文書を正しく解読するために半世紀にわたって古典ロマンス語を習得し、原文書の翻刻・邦訳の修錬を積み重ねてきた。同時に正しく解釈し、分析に供するために、史料の性格や当時のカトリック教会の慣習を中心に、使節一行が訪問したヌエバ・エスパニア、スペイン、イタリアの当時の社会・経済情勢や歴史的背景の研究などを行ってきたのである。

なお、本書で使用した古典ロマンス語表記の手書きの原文書の翻刻・邦訳にあたっては、まず、何よりも原文の意図を損なわないように気を配った。そして能う限り誤刻・誤訳をしないように心がけた。しかし、それでも気づかぬ誤刻・誤訳もあろうと恐れているが、前述の拙著『支倉六右衛門常長「慶長遣欧使節」研究史料集成』第一巻および第二巻(雄山閣刊)に掲載したすべての邦訳には、原文書の翻刻文をつけ加えて、疑問に答えられるようにした。

ところで、メキシコ留学、そして約半世紀にわたる著者の「支倉六右衛門常長・慶長遣欧使節」の研究では、数え切れない多くの方々の御協力、御援助を必要とした。特に、著者の当該使節関係の古典ロマンス語による一次史料の翻刻作業で長年ご教示いただき、家族ぐるみで交際している言語・歴史学者の畏友ファン・ヒル博士(スペイン王立言語アカデミー〈ラテン語部門〉会員)およびコンスエロ・バレロ博士（元スペイン国立高等歴史院院長）ご夫妻に満腔の謝意を表したい。すでに故人となっている著者の父方の親族大泉孝神父（元上智大学学長）、大泉はるシスター（元東京純心女子〈短期〉大学学長）と母方の親族赤坂武（元日本鋼管〈現ＪＦＥスティール〉社長）には、メキシコ留学中に物心ともにご支援をいただいた。また、学恩の故松田毅一博士および元日本大学理事・顧問・故菅野一博士、さらに二〇一四年十二月二十六日に逝去された元上智大学学長でローマ教皇庁教育省次官を歴任したジュゼッペ（ヨゼフ）・ピタウ大司教からは、著者が一九六九年に上智大学国際部（現国際教養学部）に逆留学していた当時以来、イエズス会本部付属文書館やヴァティカン機密文書館などにおける当該使節関係の史料収集面においてご協力、ご援助をいただき大変お世話になった。これらの亡き大恩人のご冥福をお祈りするとともに、本書を謹んでご霊前に捧げます。

最後になったが、二〇〇七年四月以来、学校法人青森田中学園・青森中央学院大学理事長・石田憲久先生および同学園長・青森中央短期大学学長・久保薫先生ならびに青森中央学院大学学長・花田勝美博士には、海外における研究調査の御支援ならびに当該使節関連著書の出版助成金給付の面で大変お世話になった。ここに御芳名を掲げて満腔の謝意を表したい。

また、本書の刊行ならびに校正その他の諸事万端については大空出版代表取締役社長・加藤玄一氏および編集部の齊藤和彦氏の懇篤なる御援助をいただいた。深く感謝の意を表したい。

二〇一五年十二月

大泉　光一

慶長遣欧使節関係年表

西暦		和暦		支倉常長と関係者の主な出来事	関連事項
1613年	10・28	慶長十八年	九・十五	●支倉六右衛門常長、向井将監の家人ら使節、ソテロ、ビスカイノら合わせて百五十余人が、サン・ファン・バウティスタ号で仙台藩・牡鹿半島の月ノ浦を出港。	
			十二・二十二		●家康、金地院崇伝にキリスト教禁令を起草させ、弾圧する態度を決める。
1614年	1・29(25)	慶長十九年		●ヌエバ・エスパニア太平洋岸のアカプルコ入港。	
	3・4			●使節の先発隊、ヌエバ・エスパニア入り。	
				●ヌエバ・エスパニア副王、六右衛門ら七人を除き、使節の武器を取り上げるように命令する。	
	3・24			●六右衛門ら使節メキシコ市入り。	
	5・8(29)			●六右衛門ら使節メキシコ市を出発。	
	6・10			●使節、スペイン艦隊に乗ってヴェラクルスのサン・ファン・デ・ウルア港を出港。	
	7・23			●キューバのハバナに着く。	
	8・7			●ハバナを出港。	
	8・24		七・十九		●六右衛門の養父時正死去(数え年七四)。
	9・29			●六右衛門、レルマ公爵宛てに披露状を書く。	
	10・5			●使節、スペイン南部のサン・ルカール・デ・バラメダに入港。セビィリヤへ。	
	10・27			●六右衛門、セビィリヤ臨時市会議に臨み、使命を述べる。	

11・7	十・六		近畿のキリシタン大名だった高山右近らがフィリピンのマニラに追放。
11・25		使節、セビィリャを出発。	
	十一・十一		政宗、大坂冬の陣を前に、家康に会う。
12・20		使節、スペインの首都マドリードに入る。	
1615年 1・22	慶長二十年 十二・二十三		大坂冬の陣で和睦が調ったのを受け、政宗も大坂城の堀を埋める作業にかかわる。
1・30		六右衛門ら使節、スペイン国王フェリッペ三世に謁見。	
2・17		六右衛門、王立跣足会女子修道院の付属教会で洗礼を受ける。フェリッペ三世ら臨席する。	
4・28		アカプルコに抑留されていたサン・ファン・バウティスタ号で、ヌエバ・エスパニア残留組が出港。	
	五・七		大坂夏の陣。二日間にわたる激戦の末、大坂城落ちる。仙台藩勢も奮戦。
	閏六・二十一		サン・ファン・バウティスタ号、浦川に帰着。
8・22		使節、マドリードを出発。	
9・5	元和元年 七・十三		年号を元和に改元。
10・25		使節、ローマに到着。	
10・29		使節、ローマで入市式を行う。	
11・3		六右衛門、ソテロら、ローマ教皇パウルス五世に謁見する。	

	11・15			●小寺池（小平）外記、ローマ・サン・ジョヴァンニ・イン・ラテラーノ大聖堂で洗礼を受ける。	
	11・20			●六右衛門ら、ローマ市民権証書を授与される。	
	12・24			●六右衛門、アラチェーリ教会で堅信を受ける。	
1616年	1・7	元和二年		●使節、ローマを出発。再びスペインへ。	
			二・二十二		●政宗、病床の家康を見舞いに駿府到着。
			四・十七		●家康死去（数え年七五）。
			七・二十四		●政宗、同日付でヌエバ・エスパニア総督らに書状を書く。
	9・30				●仙台藩士横沢将監、政宗の命を受け六右衛門ら使節を迎えに、サン・ファン・バウティスタ号で堺（浦川説も）を出港。
1617年	4・24	元和三年		●六右衛門、セビィリャでフェリッペ三世に政宗宛ての返書の催促を願う書状を書く。	
	7・12			●フェリッペ三世、同日付で政宗宛てに返事を書く。	
1618年	8・10頃	元和四年		●ヌエバ・エスパニアまで戻り、さらに迎えのサン・ファン・バウティスタ号でアカプルコを出港した六右衛門、ソテロら、フィリピンのマニラに着く。 ●六右衛門、二十二日付でマニラから息子勘三郎に手紙を書く。	
1619年	10・6	元和五年	八・二十九		●京都で五十二人のキリシタンが火あぶりにされ、殉教。
1620年	8・26	元和六年	七・二十八	●六右衛門ら使節、ソテロをマニラに残し、船で帰国の途につく（サン・ファン・バウティスタ号はマニラで買収される）。	

	9・4		八・八		●仙台藩内の公道などに、キリスト教禁令の制札が掲げられる。
			九・二十三	●政宗、フィリピンにいるソテロの扱いについて幕府重臣に指示を求める。	
1621年	1・28	元和七年			●パウルス五世死去（六八）。
	3・31				●フェリッペ三世死去（四二）。
1622年		元和八年	七・一	●六右衛門死去（数え年五二）。	
	10月末			●ソテロ、マニラから薩摩（現・鹿児島県）に潜入しようとして捕まり、大村藩の牢に投獄される。	
			十一・二十五	●ソテロ、牢獄から政宗に書状を書く。	
1623年	5・27	元和九年			●ローマ教皇グレゴリウス十五世、同日付の書状で、政宗が洗礼を受け、キリスト教を保護するよう願う。
			七・二十四	●仙台藩の重臣石母田大膳、獄中のソテロに返事を書く。	
			閏八・二十七	●長崎奉行、ソテロの件で石母田宛てに書状を書く。	
1624年	2・22	元和十年	一・四	●ポルトガル人宣教師デ・カルヴァリョら、仙台城下の広瀬川で水責めに遭い、殉教。	
	8・25	寛永元年	七・十二	●ソテロ、大村（現・長崎県大村市）の放虎原で火あぶりにされ死去（四九）。	
1636年		寛永十三年	五・二十四	●政宗死去（七〇）。	

主な参考文献

清水紘一『キリシタン禁制史』教育社、一九九五年
山本博文『殉教――日本人は何を信仰したか』光文社新書、二〇〇九年
大石学『江戸の外交戦略』角川選書、二〇〇九年
パステルス著、松田毅一訳『16―17世紀日本・スペイン交渉史』、大修館書店、一九九四年
井手勝美『キリシタン思想史研究序説―日本人のキリスト教受容―』ぺりかん社、一九九五年
須藤光興『検証・伊達の黒船―技術屋が解く歴史の謎―』宝文堂、二〇〇二年
若桑みどり『クアトロ・ラガッツィ―天正少年使節と世界帝国―』集英社、二〇〇三年
ロレンソ・ペレス著、野間一正訳『ベアト・ルイス・ソテーロ伝：慶長遣欧使節のいきさつ』東海大学出版会、一九六八年
松田毅一『慶長遣欧使節――徳川家康と南蛮人』朝文社、一九九二年
佐藤憲一『伊達政宗の手紙』洋泉社ＭＣ新書、二〇一〇年
ファン・ヒル著、平山篤子訳『イダルゴとサムライ　16・17世紀のイスパニアと日本』法政大学出版局、二〇〇一年
大泉光一『支倉常長――慶長遣欧使節の悲劇』中公新書、一九九九年
大泉光一『捏造された慶長遣欧使節記――間違いだらけの「支倉常長」論考』雄山閣、二〇〇八年
大泉光一『支倉六右衛門常長「慶長遣欧使節」研究史料集成』第1巻、雄山閣、二〇一〇年
大泉光一『支倉六右衛門常長「慶長遣欧使節」研究史料集成』第2巻、雄山閣、二〇一三年
大泉光一『支倉常長　慶長遣欧使節の真相――肖像画に秘められた実像』雄山閣、二〇〇五年
大泉光一『キリシタン将軍伊達政宗』柏書房、二〇一三
大泉光一『伊達政宗の密使――慶長遣欧使節団の隠された使命』洋泉社歴史新書、二〇一〇年

大泉光一『支倉六右衛門常長――慶長遣欧使節を巡る学際的研究』文眞堂、一九九九年
大泉光一『歴史研究と郷土愛――伊達政宗と慶長遣欧使節』雄山閣、二〇一五年
大泉光一『メキシコにおける日本人移住先史の研究―伊達藩ルイス・福地蔵人とその一族―』文眞堂、二〇〇二年
大泉光一『メキシコの大地に消えた侍たち―伊達藩士・福地蔵人とその一族の盛衰―』新人物往来社、二〇〇四年
菅野義之助『奥羽切支丹史』佼成出版社、一九七四年
片岡弥吉『日本キリシタン殉教史』時事通信社、一九七九年
紫桃正隆『水軍福地左馬之助一族』宝文堂、二〇〇四年

欧文文献

1. Scipione Amati, "*Historia Del Regno Di Voxu Del Giapone, Dell Antichita, Nobilita, Evalore Del Svo Re Idate Masamune, Dedicate alla Santa di N. S. papa PAOLO V.*" Roma, MDCXV, 1615.
2. José de Olarra Garmendia, Maria Luisa de Larramendi, "*Correspondencia entre la Nunciatura en España y la Santa Sede Reinado de Felipe III.* (*1598-1621*), *vl. Año 1615-1617.*" Roma Iglesia Nacional Española, 1966.
3. P. Aniceto Chiappini, "*Annales Minorum seu Trium Ordinum A.S. Francisco Institutorum, Tomus XXVI* (*1623-1627*)," Ad Claras Aquas (Quaracchi) Prope Florentiam, 1933.
4. Fabrizio Apollonj Ghetti, "*Il mio Concittadino Hasekura Strenna dei Romanisti Natale di Roma MMDCCXLIV.*" Editrice Roma Amor, Al'rile, 1991, pp.17-33.
5. Miguel León Portilla, "*La Embajada de los Japóneses en México, 1614*". El Testimonio en Nahuatl del Cronista Chimalpahin, Estudios de Asia y Africa, Vol. XVI. No.2 Abril-Junio, 1981, pp.215-241.
6. Manuel Rivera Cambas, "*México Pintoresco Artistico y Monumental,*" Editorial del Valle de México, S.A., 1974.

7. Andres Cavo, "*Los Tres siglos de México durante el Gobierno Español,*" Tomo I,. 1836.

8. Antonio Dominguez Ortiz, "*Historia de España-La Crisis del Siglo XVII,*" Planeta, 1992.

9. Angel Nuñez Ortega, "*Noticia Histórica de las relaciones Politicas y Comerciales entre México y el Japón,*" Durante el Siglo XVII. SRE. México, 1923

10. Cesare D'onofrio, *Roma nel Seicento*, Vallecchi Editore, 1969. pp.247-305. Kristhina Herrmann Fiore,"*Testimonianze Storiche Sull'evangelizzazione dell oriente Attraverso I Ritratti Nella sala Regia del Quirinale,*""*Da sendai a Roma, Un'Ambasceria Giapponese a Paolo V.*" Ministero Dell' Educazione del Giappone Comitato per Gli Scambi Culturali Sendai-Roma. Comune Di Sendai, Museo di Sendai, 1991.

11. Marco A. Almazan, "*El Galeón de Manila, Artes de México,*" No.143. A50 XVII, 1971. p.12. Guillermo Tarcliff, "*Historia General del Comercio Exterior Mexicano,*" Antecedéntes, Documentos, Glosas y Comentarios, 1503-1847, Tomo I, México,1968, p.74.

12. D.Francisco Navas del valle, "*Catálogo de los documentos relativos a las islas Filipinas,*" Archivo de Indias de Sevilla, P.Pablo Pastells. S.J., *Historia General de Filipinas,*" *Tomo VI,* Compañia General de Tabacos de Filipinas, Barcelona, 1930, Cap V.

13. Fray Fidel de Jesús Chauvet O.F.M., "*San Francisco de México,*" Editorial Fr. Junipero Sarra, México, 1973, p.22.

14. José Manuel Caballero Bonaldo, "*Sevilla en tiempos de cervantes,*" Planeta, Barcelona (España), 1991.

15. "*El Galeón de Manila,*" Arte de México, No.143, 1971, pp.13-14.

16. "*Copia de la Orden que embio por escrito el Marques de Guadalcazar, virrey de la Nueva España, al Doctor Antonio de Morga, sobre el quitar las armas a los Japóneses y del Santo que dicto para su buen tratamiento,*" (Archivo General de Indias, Sivilla)

17. Manual Rivera, "*Los Gobernantes de México,*" Tomo,Imp. de J.M. Aguilar Ortiz, 1872, p.104. CR.923, 572, RiV. g V. eg 2, Biblioteca Nacional de México.

18. Elisa Vargas Lugo, "*Claustro Franciscana de Tlatelolco,*" Secretaria de Relaciones Exteriores, México, 1987, p.13.
19. Mariano Cuevas, S.J., "*Historia de la iglesia en México,*" Tomo III (1600-1699), Quinta edicion, Editorial Patria, S.A., 1946, p.139
20. José Kouichi Oizumi Akasaka, "*Intercambio Comercial Diplomático Eñtre el Japón y México en el Siglo XVII,*" Editorial Letras, S. A. México D.F., 1971. Nov.
21. Luys Pineyro, "*Relación del Sucesso que tuvo Nustra Santa Fe en los Reynos del Japón, desde el año de seyscientos y doze hasta el de seyscientos y quinze, Imperando Cubosama.*" Madrid, 1617.
22. León Pagés, "*Histoire de la religion chretienne au Japon,*" Paris, 1869.
23. Charlevoix, "*Histoire et Description General du Japon.*" lib. XVI, VIII i Paris, 1736.
24. P. shovolevoisc "*Historia del Japón y sus Misiones.*" Valladolid, 1860.
25. Montero Vidal, "*Historia de Filipinas,*" Tom I Cap. IV i Madrid, 1887.
26. Rama Civil Vol. 76-Leg, 43. Archivo General de la Nación (México). (『大日本史料』第十二編之十二　四四二～四四五頁)
27. Fernando López Rios Fernández, "*Medicina Naval Española en la época de los descubrimientos,*" Editorial Labor, S.A., 1993.
28. V. Belloni, "*l'Annunziata di Genova,*" S. A. G. A. Genova, 1974
29. Thomas Calvo, "*Japoneses en Guadalajara, 《Blancos de honor》 durante el seiscientos Mexicanos,*" Revista de Indias, voL. XLIII, NO172, Julio-Diciembre, 1983, pp.533-547. Instituto Gouzalo Fernandez de oviedo, C. S. L. C.
30. W. Michael Mathes, "*Sebastian Vizcaino y la expansión española en el océano pacifico 1580-1630.*" U. N. A. M., 1973.
31. Juan Gil, "*Hidalgos y Samurais España y Japón en los siglos XVI y XVII,*" Alianza editorial, S.A. Madrid, 1991.
32. Información de Pedimento de clemente de Valdes, Manuscrito de 1618 inédito: Ramo civil, Tomo 76, Legajo 43, FF, 4-19. Archivo General de la Nación, México D.F.

33. José Koichi Oizumi y Juan Gil, "*Historia de la embajada de Idate Masamúne al papa paulo V (1613-1615)* ", ediciones Doce Calles, Madrid, 2012.

本書は、平成二十二年十二月、洋泉社から刊行された『伊達政宗の密使――慶長遣欧使節団の隠された使命』（歴史新書）に、その後、著者が海外の文書館や図書館で発掘した多くの新史料を加えて大幅に加筆したものです。

+著者略歴

大泉光一　おおいずみ・こういち

1943年長野県生まれ、宮城県大河原町で育つ
日本大学博士(国際関係)
メキシコ国立自治大学(UNAM)東洋研究所研究員、スペイン国立バリャドリード大学客員教授、同大学アジア研究センター上席所員・顧問、スペイン国立サンティアゴ・デ・コンポステラ大学大学院客員教授、日本大学国際関係学部・大学院教授等を歴任。
現在は青森中央学院大学大学院地域マネジメント研究科教授

【主要関連単著書】
『支倉常長──慶長遣欧使節の悲劇』(中公新書、1999)
『支倉六右衛門常長──慶長遣欧使節を巡る学際的研究』(文眞堂、1999)
『メキシコの大地に消えた侍たち──伊達藩士・福地蔵人とその一族の盛衰』(新人物往来社、2004)
『支倉常長　慶長遣欧使節の真相──肖像画に秘められた実像』(雄山閣、2005)(**2006年度第19回「和辻哲郎文化賞」受賞)**
『捏造された慶長遣欧使節記──間違いだらけの「支倉常長」論考』(雄山閣、2008)
『伊達政宗の密使──慶長遣欧使節団の隠された使命』(洋泉社歴史新書、2010)
『支倉六右衛門常長「慶長遣欧使節」研究史料集成』第1巻、第2巻(雄山閣、2010、2013)
『キリシタン将軍伊達政宗』(柏書房、2013)
『歴史研究と「郷土愛」──伊達政宗と慶長遣欧使節』(雄山閣、2015)
など多数。

政宗の陰謀
─支倉常長使節、ヨーロッパ渡航の真相─

二〇一六年二月一〇日　初版第一刷発行

著者　大泉光一
発行者　加藤玄一
発行所　株式会社 大空出版
東京都千代田区神田神保町三─一〇─二
共立ビル八階
電話（〇三）三二二一─〇九七七
編集・校正　齊藤和彦
デザイン　大類百世　芥川葉子
印刷・製本　中央精版印刷株式会社
乱丁・落丁本は小社までご送付ください。
送料小社負担でお取り替えいたします。
ご注文・お問い合わせも右記までご連絡ください。
本書の無断複写・複製、転載を厳重に禁じます。

© OZORA PUBLISHING CO., LTD. 2016 Printed in Japan
ISBN978-4-903175-62-1 C0021

大空出版の本　好評既刊

中大兄皇子は「皇太子」ではなかった！

万葉集があばく
捏造された天皇・天智
〈上・下〉

渡辺康則　著

藤原不比等が捏造した日本書紀をあばく万葉史観

「万葉集」。そこには、変則表記、異例記述など不自然な箇所が多く残されている。これまでは編者のミスとして見過ごされてきたが、表記通りに読解すると、この不自然な箇所こそが改ざんされた「日本書紀」を読み解く重要な鍵だった。藤原不比等が隠匿しようとしたものは何だったのか？

◎上巻２５６頁／下巻２４０頁◎〈各巻とも〉Ａ５判◎並製◎１４００円＋税

大空出版の本 好評既刊

聖徳太子の実在論争に衝撃の新説！

日本書紀が隠ぺいした
聖徳太子は天皇だった

渡辺康則 著

万葉集に登場する軍王は斉明天皇の恋人であり、蘇我蝦夷であり、天皇だった。

私たちの知る聖徳太子の基本情報は『日本書紀』がもとになっている。しかし、現在ではその多くは創作とされ、非実在説が説かれ、歴史の教科書からその名前が消失するに至った。しかしながら、法隆寺は存在し、『隋書倭国伝』には遣隋使の派遣について記されている。はたして、聖徳太子とは何者なのか？ 虚実織り交ざる文献を紐解いたときに見えてくる、聖徳太子の実像に迫る！

◎472頁◎四六判◎上製◎2400円＋税